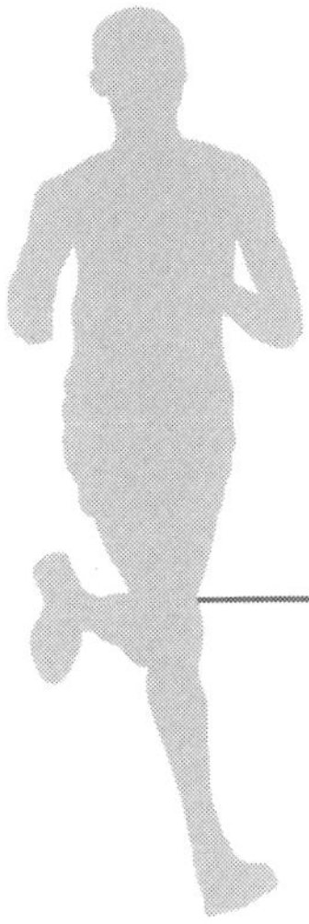

体育营销学

李屹松　邹新娴　编著

北京体育大学出版社

策划编辑 佟　晖
责任编辑 佟　晖
责任校对 赵红霞
版式设计 联众恒创

图书在版编目（CIP）数据

体育营销学 / 李屹松，邹新娴编著．-- 北京：北京体育大学出版社，2022.9（2025.7重印）
ISBN 978-7-5644-3735-0

Ⅰ．①体… Ⅱ．①李… ②邹… Ⅲ．①体育－市场营销学－高等学校－教材 Ⅳ．①G80-05

中国版本图书馆 CIP 数据核字（2022）第 172614 号

体育营销学
TIYU YINGXIAOXUE

李屹松　邹新娴　编著

出版发行：北京体育大学出版社
地　　址：北京市海淀区农大南路 1 号院 2 号楼 2 层办公 B-212
邮　　编：100084
网　　址：http://cbs. bsu. edu. cn
发 行 部：010-62989320
邮 购 部：北京体育大学出版社读者服务部 010-62989432
印　　刷：北京昌联印刷有限公司
开　　本：787 mm × 1092 mm　1/16
成品尺寸：185 mm × 260 mm
印　　张：12.5
字　　数：317 千字
版　　次：2022 年 9 月第 1 版
印　　次：2025 年 7 月第 3 次印刷
定　　价：50.00 元

目录 CONTENTS

第五章　体育营销环境

第六章　目标市场战略

第七章　体育产品

第八章　体育产品的定价策略

第九章　体育营销渠道策略

第十章　体育营销传播策略

第十一章　体育赞助策略

第十二章　体育新媒体营销

第一章　体育营销学概述

本章学习目标

1. 理解体育营销的内涵，掌握体育营销的核心概念。
2. 了解体育营销的特点，知晓体育营销的地位和作用。
3. 了解体育营销学的产生和发展历程。
4. 关注体育营销学面临的机遇和挑战。

案例导入：大卫·斯特恩的中央电视台之行

美国职业篮球联赛（NBA）如今在中国已经家喻户晓，但在20世纪80年代末的中国，提到NBA比赛，却只有很少的人知道。NBA是如何从几乎无人知晓做到家喻户晓的，要从1989年NBA总裁大卫·斯特恩的中央电视台之行谈起。

20世纪80年代末，中央电视台已经开始录播NBA的比赛，但由于群众基础太弱，因此这一段回忆只是残存在极少数人的记忆当中。斯特恩的造访则彻底改变了当时的情况。

据央视体育记者孙正平回忆："1989年，刚刚上任不久的NBA总裁斯特恩先生来到北京，第一次敲开了中央电视台的大门。但在1989年的时候，按照中央电视台的规矩，外国人要进台，必须经过外事部门和领导的批准，办理证件才行。于是在中央电视台东门的传达室里，斯特恩干等了40分钟，终于见到了当时总编室负责购买节目的李壮。当时双方也没有签任何协议，斯特恩希望免费向中央电视台按期提供NBA录像带，如果我们觉得好，就按期播出。至于以后的事情再说，等于这是一笔不要钱的买卖。”

就这样，斯特恩正式敲开了中国市场的大门。

随后，斯特恩开始运作中国球员登陆 NBA 赛场。王治郅、姚明、孙悦等球员纷纷进驻 NBA。其中，姚明在火箭队的大获成功，更是令中国市场爆发式增长。随后在中国本土开展的 NBA 季前赛使球迷的热情达到前所未有的高度。

（来源：张延陶. 斯特恩 成就巨人运动的“矮子” [J]. 英才，2017，12：100 - 101.）

在这个案例中，NBA 为什么要进入中国市场？斯特恩为什么选择通过中央电视台来敲开中国市场的大门？斯特恩为什么要免费向中央电视台提供 NBA 录像带？中国市场对 NBA 全球市场开发有何意义？

回答这一系列问题，我们需要在体育营销学中寻求答案。体育营销学是一门研究体育市场营销活动及其规律的应用科学。随着体育产业在全球的快速发展，体育营销在体育产业中的地位日益重要。认识体育营销核心概念，掌握体育营销技巧，懂得体育营销策略，对于搞好体育营销、提高体育产业竞争力具有重要意义。本章将对体育营销中的重要概念和体育营销的独特性等内容进行详细阐述。

第一节　体育营销的内涵

一、什么是市场营销

要理解什么是“体育营销”，我们首先需要了解体育营销的上位概念“市场营销”的定义是什么。在生活中我们经常听到“市场营销“一词，人们对市场营销的理解也多种多样。一些人认为“市场营销”就是为产品做广告，让更多人了解产品并购买它。还有些人认为市场营销就是商场里的打折促销，通过降低商品价格的方式来吸引更多的消费者购买它，或者有人理解为在公众号上发布一个信息，让大家通过阅读文章来了解产品并购买它。事实上，市场营销比这种狭隘的理解要全面得多。市场营销活动从 20 世纪初在美国以分销活动为主要形式开展以来，已经有 100 多年的历史。关于市场营销的概念界定，有 100 多种。美国营销学会对营销的定义是：营销就是为了向顾客、客户、合作伙伴和社会提供有价值的产品或服务，所进行的一系列创造、沟通、传递和交换的行为①。最为精炼

① American Marketing Association. Definition of Marketing [EB/OL]. www. marketingpower. com/aboutAMA/Pages/ DefinitionofMarketing. aspx. 2020 - 12 - 18.

的营销定义是：营销是在实现企业利润的同时满足顾客需求。由此可见，满足顾客需求和实现企业利益是营销要实现的主要目标。营销如何同时满足企业利益和顾客需求？美国著名的营销学者菲利普·科特勒指出了营销的核心概念是企业和顾客之间的价值交换，他认为市场营销是以满足人类各种需要和欲望为目的，通过市场变潜在交换为现实交换的一系列活动过程①。由此，我们可以将市场营销理解为市场营销者为了实现其目标，所进行的探寻和满足顾客需求的一系列活动，这些活动在市场上将潜在交换变成现实交换。

需要注意的是，营销活动包括了销售活动，但不仅限于销售活动。著名的管理学大师彼得·德鲁克指出："营销的目标就是更好地了解并理解顾客需求，生产出与需求相匹配的产品或服务，让产品或服务实现自我销售。"好的产品可以自己吸引消费者。消费者曾经为了购买苹果公司推出的 iphone 手机而通宵排队，说明苹果公司以消费者需求为出发点的营销理念获得了消费者的认可。

为了更清晰地理解这个概念，有必要对概念中的一些重要术语进行详细解释。

1. 市场营销者（marketer）

"市场营销者"是指企业、社会组织、甚至是个人等一切主动发起体育营销活动的主体。通常我们在想到市场营销者时会认为市场营销者是卖方。比如李宁、安踏等体育企业，它们会为了营销其产品而主动做广告或发起其他营销活动。但是事实上，有些情况下，买方也会成为"市场营销者"。比如有一个赛事的转播权非常紧俏，很多媒体都想购买这个赛事的转播权，这些媒体为了使自己被挑中，主动展示自己的实力，这些媒体就是市场营销者。还有一种情况下，买卖双方都积极寻求交换，那么，我们就把双方都称为市场营销者，并把这种情况称为相互营销。

市场营销者可以是企业，如为人们的生产和生活提供各种实体产品和服务的各种企业。也可以是社会组织，比如商会、协会、联盟等各类组织。当然也可以是个人，比如体育明星、娱乐明星等。

2. 顾客（customer）

顾客是指那些通过支付费用来购买产品或服务的人。常常与"顾客"混用的一个概念是"消费者"（consumer）。消费者通常是指实际使用产品或服务的人。顾客和消费者可以是同一个人，也可以是不同的人。比如说一个人购买了一件运动服，那么他就是顾客。如果这个人买运动服是为了自己穿，那么他既是顾客也是消费者。如果他是为家人购买运动服，那么他是顾客，真正穿运动服的家人是消费者。虽然这两个术语有着细微差别，但是在实践中，这两个术语通常可以互换使用，指那些支付产品费用和使用产品的人。本书中"消费者"和"顾客"这两个术语贯穿全文，不再做区分。

3. 需求（demand）

需求（demand）是指人们对于有能力购买并且愿意购买某个具体产品的想法。人类对空气、水、阳光、食物、衣服等有着基本的要求，同样对体育、文化、教育等精神产品

---

① KOTLER P, ARMSTRONG G. Principles of Marketing (16th Ed) [M]. New Jersey: Pearson Education, Inc, 2016: 29.

也有着强烈的需求。这些为了满足人的生理和心理生存而存在的基本需求是需要。这些基本需要和具体的事物相关联时，需要就转变成了想法。例如人需要穿鞋，一个喜欢体育和时尚的人，可能会去买一双新潮的运动鞋；一个严谨和务实的人，可能会去买一双中规中矩的皮鞋。由此可见，一个人的想法受到他所处环境和其自身因素的影响。消费者的需要和想法都是营销者应该去了解和预测的，但是营销者更应该掌握的是消费者的需求信息，因为只有当消费者拥有足够的购买能力来满足其想法时，他才真正具有了对产品的需求，他可以通过购买成为产品的消费者。所以，需求是人们对于有能力购买并且愿意购买的某个具体产品的想法。营销者不仅应该知道有多少人想要其产品，更应该知道有多少人愿意并且有能力购买其产品。也就是说，营销者在估算消费者需求时，不仅要了解消费者的需要和想法，还应该进一步测算消费者的真实需求。

4. 交换

交换是一种市场行为，是指两方或两方以上通过提供某种产品或服务，从对方那里取得所需物的行为。交换得以发生，需要满足特定的条件：（1）存在希望进行交换的两方或更多方；（2）每一方都有被对方认为值得交换的有价值的产品或服务；（3）每一方都能自由表达交换与否的意愿；（4）每一方都能从交换中获得一定程度的满足。例如，观众去观看一场体育比赛，就是观众和赛事组织者之间的交换。观众通过支付门票费获得了观赛的资格；而赛事组织者通过提供比赛，获得了门票收入。

二、什么是体育营销

体育营销是市场营销的一个分支。结合市场营销的定义，我们可以将体育营销定义为：体育营销是市场营销者为了实现其目标，所进行的探寻和满足体育顾客需求的一系列活动，这些活动在体育市场上将潜在交换变成现实交换。由此可见，体育营销是重点满足顾客或消费者对体育消费的需求。顾客或消费者对体育产品和服务的需要和想法是非常广泛的。例如，参与体育运动、观看或收听体育节目、购买赛事衍生商品、收集体育明星纪念品、购买运动服装和用具，甚至是浏览一个与运动相关的网站来了解他们最喜欢的球队、球员或事件最新的信息……体育营销者的核心任务就是帮助消费者认识自己体育消费的需求，并提供能够满足消费者对体育产品和服务的需求。

虽然有些体育活动组织者很早就将体育作为一种服务产品来经营，并且从中获利，但是将系统的市场营销学知识引入体育领域还是一件新鲜事。“体育”和“营销”这两个术语在 1979 年“中国广告业发展的元年”时被放到了一起，用来描述一种现象，即越来越多的企业开始将体育作为一种推广其消费品和工业品的渠道，电视广告中体育明星代言啤酒、汽车等多种产品的情况越来越多见①。这个将体育营销看成是其他类别产品促销工具的看法，有一定的局限性，只看到了体育营销这枚硬币的一面。事实上，体育营销由两部分构成，一是体育产品自身的营销，简称“体育产品营销”，这是体育营销的核心部分；

① KESLER L. Man Created Ads in Sport's Own Image[J]. Advertising Age,27 August 1979,5－10.

二是其他产业类别的产品借助体育活动展开的营销，简称“借助体育的营销”。这两部分相辅相成，共同构成了体育营销的产品内容。

1. 体育产品营销

体育产品营销，是指体育领域各类企业、组织及个人为了满足体育消费者的需求，而进行的各种营销活动。体育产品和服务的类别丰富，样式繁多。体育消费者的需求也各不相同。想要将各种各样的体育产品与消费者的需求相协调，就需要体育营销者对体育产品进行营销。通过体育产品营销可以让体育消费者了解体育产品和服务，进而产生购买欲望，实现价值交换。现实生活中，体育产品营销的例子比比皆是，如本章开篇案例中提到的为了开拓中国市场，NBA 总裁斯特恩先生亲赴中央电视台免费送录像带就是体育产品营销活动的表现；体育用品生产商，如安踏、李宁等企业展开的促销活动等也属于体育产品营销。

2. 借助体育的营销

借助体育的营销是指其他产业领域的组织通过体育平台对非体育类产品展开的营销活动。其他产业领域的组织之所以会借助体育平台来进行营销是因为体育所具有的传播特性，或者可以说体育是一种媒介渠道。一场精彩的体育比赛可以吸引许多观众来观看，对这些观众而言，体育比赛场馆就是一个巨大的媒介平台，在这里他们会接收到各种各样的信息。正是看到了体育所具有的传播特性，非体育类企业越来越多地运用体育平台来开展营销活动。常见的借助体育进行营销的形式有体育赞助和体育代言，如梅赛德斯－奔驰冠名赞助了上海梅赛德斯－奔驰文化中心，中国平安是中超联赛 2019 赛季的冠名赞助商。除冠名赞助外，还有其他级别的赞助可以供非体育类企业选择，如蒙牛、海信、vivo 三家中国企业都是 2018 年足球世界杯的二级赞助商。体育明星代言也是较为常见的借助体育的营销，如姚明、李娜等知名运动员都曾为企业产品代言。

三、体育营销的价值

全球体育产业产值快速增长，体育营销的作用功不可没。试想如果体育组织的产品和服务不能满足体育消费者的需要，消费者不购买体育产品和服务，那么体育组织就无法创造利润，甚至生存都成为问题；体育企业的其他职能部门，如财务、运营、人事等部门就无法发挥作用。大型企业通常都有强大的营销能力。例如，耐克公司在全球的快速扩张是以其强大的全球营销战略规划为基础的。从我国体育用品企业——安踏（中国）有限公司的成长之路可以看到体育营销所发挥的重要作用。除体育用品企业外，体育社会组织同样需要体育营销，如国际奥委会、国际单项体育组织都会开展营销活动，以获得各组织生存和发展所需要的资源。即使是民间体育组织也需要体育营销活动，离开了营销活动，民间体育组织将很难获得发展所需资金或实物的赞助，其发展将难以为继。

体育营销不仅对体育组织和体育企业有着非常重要的意义，而且对整个社会有着非常重要的价值和作用。通过体育营销活动，体育营销者不断去寻找、探求、辨识体育消费者的需要和想法，通过产品创新设计生产出符合体育消费者需求的产品，并在消费者便利的时间和地点将产品和服务提供给消费者。在这一过程中，体育营销者不断开发和运用新的技术，创造新的产品和服务，丰富和改变着人们的体育生活。越来越新潮的运动鞋，灵活多样的赛事转播，都是我们生活中能感受到的体育营销带来的变化。

随着互联网的日益普及，大数据、云计算、物联网等新兴科技的迅猛发展，体育营销的影响力日益加大，体育营销的手段和方式也在不断发生变化。无论是多媒体平台的广泛应用，还是如今虚拟技术、可穿戴技术的潜入，都使体育营销的发展与革新达到了前所未有的广度和高度。

第二节　体育营销的特点

一、体育营销的层级概念

需注意的是，在理解体育营销的特点时，应把体育营销看成是一个包含着多重层级内容的整体概念。

体育营销的第一层概念是指体育营销是一门哲学，是关于如何进行体育领域营销的完整理念。体育营销不仅仅是体育组织中营销经理或营销部门从营销角度思考的问题，体育营销哲学要求体育组织在做任何决策时，都将顾客的需要和想法放在第一位。体育组织在设定组织目标时，应将组织发展目标与顾客的需要相结合。在其他产业领域中，企业的目标往往是创造利润，但在体育领域中，诸如球队、俱乐部等体育组织往往将最重要的目标设定为球队可以获胜。事实上，如果消费者的需求得不到满足，即使球队赢得了比赛也不会吸引消费者对球队的注意。体育营销理念从消费者需求角度出发，为体育组织和消费者创造双赢局面。可以说，满足消费者的需求是体育营销哲学的基础。培养和建立体育品牌与消费者的长期关系是体育营销哲学的关键。

体育营销的第二层概念是指体育营销是一个过程。完整的体育营销活动涉及多项系列活动和步骤。体育营销活动通常包括：体育市场调研和分析、制定体育营销战略规划，设计体育营销策略，执行体育营销机会和控制体育营销执行效果等步骤，这些步骤共同组成了体育营销的结构框架。本书中将对这些步骤逐一进行讲解，使读者了解体育营销的完整过程。

体育营销的第三层概念是指体育营销是一组原则。这些原则由体育营销的基本原理和规则构成，为体育营销者从事体育营销活动提供指导。

体育营销的第四层概念是指体育营销是技巧和工具。这层概念是操作层面的概念，体育营销者运用这些技巧和工具来执行体育营销计划，在满足消费者需求的同时，实现组织目标。（图 1 -1）

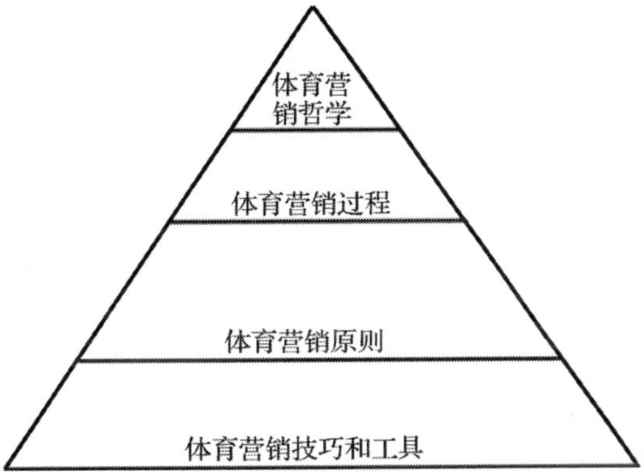

图1－1 体育营销层级概念

（资料来源：Aaron C. T. Smith. *Introduction to Sport Marketing*[M]. Elsevier Ltd. ,2008:7. ）

二、体育营销的独特性

由于体育本身具有与众不同的独特魅力，使得服务于体育领域的体育营销相应产生了一些独特性。体育作为一项古已有之的人类活动，其内涵丰富，对其概念的理解受到各国经济、文化、教育等因素的影响。在本书中，我们从市场的角度来看，体育是一种产品和服务，人们购买体育产品和服务是为了从中获得价值。体育营销人员在体育市场中通过营销的手段将体育产品和服务与消费者实现价值进行交换。这一过程的达成，需要体育营销人员对体育营销的独特性有充分的了解和认识。体育营销的特色可以从体育产品特色、体育市场特色、体育财务特色和体育促销特色四个方面来理解①。

1. 体育产品特色

产品是指能够供给市场，被人们使用和消费，并能满足人们某种需求的任何东西，包括有形的物品，无形的服务、组织、观念或它们的组合。体育产品的组合与其他产品不同，它至少应该包括如下因素②：

（1）以游戏形式开展的有趣竞争；

（2）独立的时间和空间；

（3）特定的规则；

（4）健康的体魄；

（5）专用设施和专用设备。

---

① MULLIN B J, HARDY S, SUTTON W A. Sport Marketing（4th Ed.）［M］Champaign IL：Human Kinetics，2014：19.

② ENIS B, ROERING K. "Services Marketing: Different Products, Similar Strategy," in Marketing of Services, ed. J. H. Donnelly and W. R. George(Chicago: American Marketing Association, 1981), 1. The classic definition of sport comes from John Loy, "The Nature of Sport," Quest, 10(May 1968): 1－15.

这些因素构成了体育产品的基本部分，共同提供体育产品的核心价值：健康、娱乐、社交或成就。其他类型的产品也可能提供与体育产品类似的核心价值，如一场话剧演出也可以是一场让人感到愉快的社交活动。但是通过参加有趣的竞赛活动来锻炼身体这一特点是体育以外的其他活动所不能带给消费者的。图 1 – 2 展示了体育产品的独特构成。

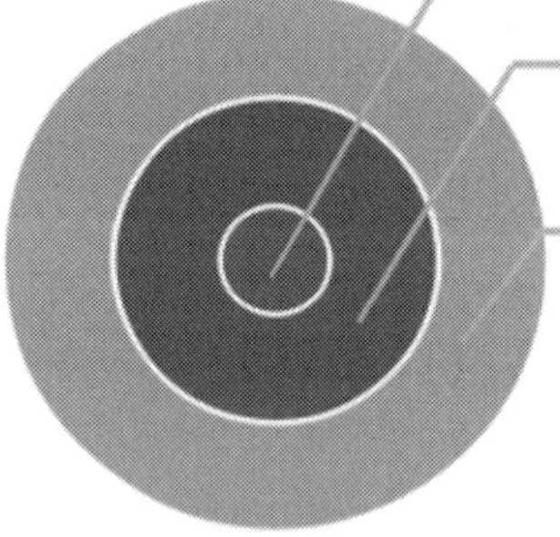

图 1 –2　体育产品的构成

体育产品通常包含实体产品和无形产品两部分。体育比赛、体育俱乐部等体育产品具有很强的服务产品特征①。

（1）无形性、易逝性、体验性和主观性。体育是人类的一种活动，它不能像食物那样装在盘子里。即使是有形的体育设备离开了体育活动也毫无意义。很少有产品能受到消费者如此广泛的关注。每个消费者对一项运动的看法都是主观的，每个消费者在体育活动中获得的体验和感受都是不同的，具有很强的主观性。这使得体育营销人员很难保证每个消费者都有很高的满意度。体育营销人员销售的是一种体验、一段记忆、一种历程，这和销售一瓶水或一个面包完全不同。

（2）强烈的个人认同和情感认同。很少有产品可以像体育这样引发强烈的个人认同和情感认同。球迷们对他们喜欢的运动和喜欢的明星会产生强烈的认同感和情感。当他们喜欢的明星或球队赢得比赛时，他们会自豪地说“我们赢了”。这种认同感会引发球迷忠诚，形成强大的球迷效应。

（3）生产和消费同时发生。与其他服务型产品类似，体育产品的生产和消费是同时发生的。例如，一场体育比赛中，运动员们在球场上竞赛的同时，观众在现场或通过实时转播同时收看。又如，在健身房，你的私人教练在生产产品——提供私人教练服务的同时，你在消费这个产品——接受教练指导。因为生产和消费的同时发生，体育服务产品无法储存或运输。事实上，没有任何一个人会购买一张已经过期了的比赛门票，也没有人会为远在外地的健身服务付费。

---

① EDGETT S T, PARKINSON S. Marketing for Service Industries[J]. Service Industries Journal, 13(3)(July 1993): 19 – 39.

（4）社交依赖性。虽然长跑、登山等运动可以独自进行，但是大多数人是在社交场合中感受到体育运动的快乐的。试想一下，有多少人是独自去看球赛的呢？当你观看了一场激动人心的足球比赛，却没人跟你分享感受时，你是否感受到球赛都没那么精彩了呢？有数据显示，和朋友、家人一起观看比赛或一起参加体育锻炼是大多数人首选的体育参与方式。体育产品的社交依赖性应该引起体育营销人员的重视。

（5）不一致性和不可预期性。世界上没有任何两场一模一样的比赛。即使比赛的双方是一样的，参赛队员也是一样，甚至球场也是一样的，但是仍然有许多因素，如天气、伤病、竞争和观众反应等会使比赛发生变化。体育比赛没有办法像实体产品一样按照制作工艺严格统一质量标准，太多的因素导致每一场比赛都与众不同，比赛的结果难以预测。不一致性和结果难以预期性一方面增加了比赛的精彩程度，使比赛更受欢迎；但是另一方面却使营销人员的工作变得更加复杂。实体产品的营销人员可以按照观众需求来设计和控制产品，但是体育营销者却必须面对随时都在变化的产品。体育营销人员能够做到的就是适应体育产品的快速变化。

（6）核心产品不受体育营销者控制。正如上一点所提到的，体育服务产品是不一致、不可预期的。体育比赛的结果掌握在参赛队员、裁判员，甚至观众的手中。体育营销者对体育比赛结果的控制少之又少。这使体育营销人员面临严峻的挑战：如何让观众对结果不可控的比赛产生兴趣呢？如何在比赛质量不一致的情况下，让观众获得良好的观赛体验呢？……体育营销人员通过增加和改进赛事周边产品和服务的方式，如通过提供更好地现场观赛服务、开发比赛衍生产品、组建球迷俱乐部、增加球迷互动等来提高消费者的体验。

正是体育产品的这些独特性，使消费者在消费体育产品时获得了与其他产品不同的消费体验。需注意的是，体育营销人员在设计体育营销活动时，应从体育产品的独特性出发，建立起体育产品与消费者之间的良好互动关系。

2. 体育市场特色

体育市场是体育营销者和体育消费者进行价值交换的场所。由体育企业和体育组织等构成的体育营销者与其他产业市场中的营销者有很大不同。以球迷为代表的体育消费者与其他产业市场中的消费者也存在着不少差异。

（1）体育组织间既有竞争又有合作。很少有体育组织可以很好地独立生存，体育组织之间往往既存在竞争关系又存在合作关系。例如，两支美国职业篮球联赛球队，他们既是竞争者也是合作者。从体育比赛来看，他们在赛场上为夺得比赛的胜利展开竞争，但同时他们互相合作，共同为观众奉献了一场篮球比赛；在赛场外，他们的合作关系更加明显，他们共同开拓美国职业篮球联盟的市场。从某种程度来讲，体育组织，尤其是职业球队或俱乐部，如果缺少了势均力敌的竞争对手，体育比赛将大为失色，球队或俱乐部的生存和发展也将受到很大的影响。

（2）体育消费者的专家特性。对于喜爱的体育项目，体育消费者往往愿意投入巨大的精力和丰富的情感，在长时间的研究后，他们通常认为自己成了该领域的专家，他们甚至可以比体育专业人士做得更好。在美国进行的一项消费者调查中，证实了体育消费者的专家特性。当体育消费者被问道：“如果让你参加系统训练，你觉得你可以成为职业球员吗?”有52%的被访者回答“是”。当被问道:“你觉得你可以比裁判员更好地裁决比赛吗?”有74%的被访者回答“是”。当被问道:“你觉得你可以比一般教练更好地执教吗?”,有51%的被访者回答“是”。需注意的是,体育消费者中有许多专家型消费者,体育营销人员在与消费者沟通时应该更加注重专业性和客观性,以便提高沟通的质量和效率。

(3)体育消费需求呈现周期性波动。消费者对体育消费的需求往往具有年度生命周期,换句话说,消费者对体育项目的兴趣波动很大。例如,在美国职业篮球联赛每赛季开始时,球迷们对即将开始的比赛兴趣高涨,但是到季中赛时球迷的兴趣就会大幅下降。

(4)体育具有普遍吸引力。体育能够渗透到生活的各个方面。虽然世界上许多受欢迎的体育运动都是西方的传统项目,但是各种体育运动的爱好者却遍布世界各地。不管是好是坏,看似简单的运动——足球、马拉松或篮球,都能轻易地与我们生活的各个方面联系起来。

3. 体育财务特色

体育财务的特性表现在体育产品价格、体育组织收入来源、体育赛事经济影响等方面。

(1)体育产品定价与众不同。对于体育产品来说,很难用传统的成本价格法进行定价。例如,营销人员很难根据工作成本来计算每一位观众的票价。在体育产品定价中,营销人员往往采用需求定价法来定价。

(2)体育组织的直接收入往往低于间接收入。体育产品具有的媒体特性所带来的体育转播收入和体育赞助收入是体育组织的重要收入来源。大型体育赛事,如奥林匹克运动会、世界杯足球赛等具有广泛的公众影响,其来自体育转播和体育赞助的收入比来自观众的门票收入要多得多。

(3)体育消费会引致其他消费。消费者在进行因体育而产生的活动中,还会产生交通、餐饮、旅游、住宿等其他费用。如因观看奥运会比赛而进行体育旅游的人,往往会给举办地带来巨大的旅游人群,相应地为当地旅游、餐饮、住宿、交通等行业带来巨大的收入。例如,随着2014年俄罗斯索契冬奥会的成功举办,使来索契冬季旅游的人数大幅增加。统计数据表明,2014年共有300多万人到访索契,同比增长了28%。又如,2018年韩国平昌冬奥会,自从平昌成功申办冬奥会的消息发布后,访问韩国的冬季游客数量便急剧增加。在平昌冬奥会举办期间,来韩外国游客达110.2万人,比2017年同期增加了14倍。

4. 体育促销特色

体育传播的特性来自其天然的媒体特性,传播学者马歇尔·麦克卢汉曾说过,“媒介即讯息”,说明了体育所具有的吸引公众关注的特性。因为容易受到各方关注,所以体育组织的传播过程相较其他组织来说,具有如下特点。

(1)容易获得广泛的免费传播。相较其他品类产品而言,体育产品更容易受到媒体和公众的偏爱,体育产品的各种报道有许多是由媒体主动发布的。这种广泛的免费传播一方面为体育组织节省了传播费用;另一方面也为体育组织传播带来了挑战,如媒体或者公众通过大众媒体、自媒体等平台发布的信息，不一定符合组织的利益，甚至可能为组织带来危机。因此，广泛的免费传播对于体育组织来说，是一把双刃剑。

（2）体育明星比体育组织更受关注。在体育传播中，公众对体育明星的热爱，会引起媒体对明星的追踪报道，对体育明星的报道篇幅往往大过对明星背后的体育组织的报道。这种现象常常带来体育明星和体育组织的商业开发利益冲突，因此体育组织在传播过程中，应注重加强体育明星与体育组织之间的关联。

三、体育营销的产生和早期发展

体育营销的原型可以追溯到公元前776年的第一届古代奥运会。在当时，精明的商人们就已经意识到和一个受欢迎的运动员建立联系可以带来潜在的利益①。从那时起，体育营销就以某种形式一直伴随着体育活动的发展。虽然我们今天通用的“体育营销”这一术语当时并未出现，但是赞助体育活动对产品进行促销的策略是显而易见的。

近代体育营销在美国等发达国家得到了快速发展。美国有史可鉴的体育营销活动发生在19世纪五六十年代，美国商人开始注意到体育广受欢迎，他们尝试着将体育活动与商业机会结合起来。当时在体育营销发展史上值得关注的两个事件分别发生在学校体育领域和职业体育领域。

1. 学校体育领域

1852年，美国首次出现了有历史记载的体育赞助营销协议。第一份体育赞助协议的签订与当年首次举办的耶鲁大学与哈佛大学间的赛艇对抗赛有着密切关系。赛艇活动在美国有着悠久的历史，耶鲁大学早在1843年就成立了赛艇队，哈佛大学赛艇队在1852年成立。哈佛大学成立赛艇队后，有人倡议耶鲁大学和哈佛大学两队之间举行对抗赛。但是，哈佛大学位于马萨诸塞州，耶鲁大学位于康涅狄格州纽黑文市，两队要在一起比赛，就需要选择一个合适的比赛地点。经协商最终将两队比赛的地点定在康涅狄格州新伦敦市的泰晤士河举行。为使比赛得以顺利进行，两队都需要乘坐交通工具到达新伦敦市。由于这是两大名校之间的第一次赛艇对抗赛，吸引了大批观众前来助阵。美国新英格兰铁路运输公司敏感地注意到了这一情况。在当时，美国铁路正处在大规模发展时期，在新英格兰、芝加哥等地方相继成立了铁路运输公司，当时铁路公司都认为应该修大量的铁路把美国各地都连通起来，他们认为铁路是新世界到来的象征，但大批的民众却不这么认为。新英格兰铁路运输公司注意到，哈佛大学与耶鲁大学赛艇对抗赛，是宣传铁路的最佳时机。于是，就与哈佛大学和耶鲁大学赛艇队分别签订了有史料记载的第一个体育赞助营销协议。按照所签订的体育赞助营销协议，美国新英格兰铁路运输公司向耶鲁大学和哈佛大学的赛艇队员提供运输服务，免费运送他们去参加比赛。同时，这两支球队同意新英格兰铁路运输公司对此事进行宣传。新英格兰铁路运输公司趁此机会进行了广泛的营销传播。通过宣传，

① LEE K C－B. A History of Sports Marketing and the Media, UMI Microform 1450380, Proquest Information and Learning Company, 2007.

不仅吸引了大量球迷为参赛队喝彩助威，而且还推广了铁路这种新型的交通运输形式。

2. 职业体育领域

19世纪50年代末60年代初，烟草公司与美国职业棒球联盟达成了合作协议，烟草公司开始使用球队的照片来帮助销售它们的产品和服务。烟草公司制作的棒球卡，上面印有球队的照片，然后将其插入烟盒中以提升销量和增加品牌忠诚度。

1861年，英国人斯皮尔斯（Spiers）和庞德（Pond）为英国板球队到澳大利亚比赛提供了赞助，并借机宣传，获利不菲。英国有记载的足球营销赞助出现在1898年，获得了赞助商支持的诺丁汉森林队如虎添翼，愈战愈勇，当年捧得英格兰足总杯冠军。诺丁汉森林俱乐部通过在夺冠海报中提及赞助商的形式回报赞助商。1956年的怀特布莱德金杯赛马比赛被视作英国体育营销史上一个重要的体育赛事冠名赞助营销活动。南非最早的体育营销活动可以追溯到1902年，当年南非啤酒厂向奥尔森（Ohlssons）曲棍球俱乐部提供了赞助。

虽然西方各国的体育营销活动在19世纪中叶到20世纪初已经开始显现，但在20世纪50年代之前，各国体育营销的发展一直处于较为缓慢的自发阶段，历时较长，人们对体育营销的认识不足，体育营销的独特功能也未得到有效开发。总体来讲，早期的体育营销具有出如下特点：

（1）体育营销活动形式单一。早期体育营销活动以体育赞助为主要形式，体育营销主动权通常掌握在借助体育来进行营销的非体育企业手中。这一时期，体育企业还没有展现出对体育产品展开营销活动的自觉。

（2）体育营销活动具有很强的自发性。早期以赞助为主的营销行为是少数企业的自发行为，企业对体育赞助营销并没有详细地规划，企业进行体育赞助营销的偶然性强，企业是否参与体育赞助营销往往受到企业主的兴趣或体育活动的受欢迎程度的影响。企业往往没有明确的体育赞助营销目标，对赞助回报没有清晰的界定。企业的体育赞助行为都是较为短暂的，通常仅在所赞助的体育赛事前后进行短期的营销活动，基本不存在对体育赞助进行长期的规划和管理。体育营销费用在企业营销总费用中所占比例较小，体育营销仅仅是其他营销手段的补充。

第三节　体育营销面临的机遇和挑战

一、科技迅猛发展

社会的变化，科技的进步令人震惊。电子商务、移动互联、人工智能、大数据等新技术迅速崛起，对体育营销活动产生了强烈的冲击和碰撞。以开放、共享、平等、互联为特点的“互联网+”思维正深刻地改变着社会。以网络购物为例，在中国网络购物正逐渐取代传统购物模式，成为人们主要的购物方式。2020年网络购物市场交易总规模达11.76万亿元，同比增长10.6%，预计到2021年网络购物交易总规模将会有更大的增长。

大数据几乎已经覆盖了体育营销的所有方面。微信运动、Nike Running等体育App及虎扑体育、新浪体育等网络平台无时无刻不在产生大量的体育活动数据。在体育组织外部信息平台会产生大量的体育活动数据，给体育组织带来了极大的挑战。获取、挖掘、分析、应用这些数据需要强大的信息技术支持。此外还需要特别注意大数据来源的合法性，若体育组织通过非法渠道获取体育消费者信息并展开体育营销，不但不能实现营销目标，而且还会使体育组织陷入法律困境。

二、全球化浪潮席卷世界

当今世界的信息流、物流、资金流、商流将世界变成了一个“地球村”。我们可以通过快速流通了解外面的世界，购买他国的产品，在世界各地经商、旅游等。曾有人指出虽然全球化对我们的生活产生负面影响，但是全球化势不可挡地改变了我们的生活。在全球化的影响下，体育也经历着深刻的变革。例如，美国职业篮球联赛（NBA）将其赛事和各种相关产品推广到了全世界，世界各地的球迷通过电视、电脑、手机等各种平台观看NBA比赛，甚至可以通过网络对正在直播的篮球比赛进行讨论；美国国家职业橄榄球联盟（NFL）的比赛在伦敦等城市受到越来越多的关注，皇马的球迷中有相当一部分人不会西班牙语……这些都是体育全球化的表现。

体育全球化是任何一个体育组织都无法阻挡的趋势，正确的态度是去拥抱全球化，而不是去回避全球化。正如NBA球星科比·布莱恩特所说，任何想要拓宽自己影响力的体育联盟都应该参考NBA在30年前所制定的发展蓝图。大卫·斯特恩凭借其超凡的远见制定了战略规划，成功地在北美之外开拓了新的市场，投合了中国和非洲各国的广大人群。

目前全球化正在改变人们的生活方式，体育营销者需要具有全球化的视野，对本行业的未来发展趋势有着全新的认识。如果体育营销者不具有全球化视野，那么企业将缺乏竞争力。

三、营销伦理和企业社会责任

营销伦理是指营销者在从事各种营销活动时，应遵守的道德准则。营销伦理的本质是营销道德问题，它服从于整个社会的伦理，是商业伦理的重要组成部分。菲利浦·科特勒就曾经说过：“公司需要用最后一种工具来评价他们究竟是否真正实行道德与社会责任营销。我们相信，企业的成功和不断地满足顾客与其他利益相关者，是与采用和执行高标准的企业与营销条件紧密结合在一起的。世界上最令人羡慕的公司都遵守为公众利益服务的准则，而不仅仅是为了他们自己。”企业只有充分、全面地考虑顾客、合作伙伴和其他利益相关者的利益，才能在市场上获得真正的优势。企业制造假冒伪劣产品、进行虚假宣传、产品以次充好、哗众取宠等违背营销伦理的做法，即使可以短暂获利，也无法长期经营，最终会被消费者所摒弃。

当今社会大气污染严重、水资源枯竭、贫富加剧、气候变化、战争等问题仍然威胁着人类的生存。体育组织在为消费者提供体育产品和服务的同时应为改善社会环境尽一份力。企业社会责任是指企业在实现企业目标的同时，应对员工、消费者、合作伙伴、社会环境等利益相关者承担责任。体育营销活动的影响，可以延伸至整个社会，如姚明为世界野生救援组织所作的“拒吃鱼翅”公益广告便产生了巨大的影响，为保护野生动物起到了积极的作用。企业社会责任已成为公众评价一个企业的重要标准，所以体育营销人员在营销过程中必须考虑道德、环境、法律、文化和社会责任等问题。

四、市场变化

体育市场的快速变化主要来自参与体育市场交易的卖方市场和买方市场。从卖方市场来看，加入体育产业进行市场竞争的企业越来越多，企业实力快速增长，竞争更加激烈，体育营销手段日趋丰富。例如，在中国快速发展的职业体育赛事市场中，从赛事运营、营销、传媒到周边的任意环节都有众多企业参与经营和竞争，与综合性赛事相比，职业体育赛事中参与的市场主体更多，覆盖的领域也更为广泛。

从买方市场来看，近年来中国体育消费者的数量大幅提升。根据《2020 年全民健身活动状况调查公报》数据，相比 2016 年，整体全民运动健身的人群比例增长近 8 个百分点，尤其是 20 ~ 40 岁人群，锻炼人群比例翻了一番，逐渐缩小与发达国家之间的差距。20 ~ 40 岁人群是社会的中坚力量，具有强大的消费需求，消费价值更高。

在消费者数量增加的同时，消费者的需求越来越个性化。从参与体育项目来看，中国体育消费者的注意力正从传统体育项目向小众化项目转移。特定人群的“小众”运动项目正逐渐成为热潮，垂钓、登山、徒步、骑行、露营、攀岩及皮划艇等体育项目正在成为许多体育消费者的日常体育锻炼项目。此外，从体育用品消费来看，不少消费者购买和使用的体育用品也从传统的大路货（质量一般而销路广的货物）转向个性化定制，如耐克公司推出的定制球鞋服务就受到了不少消费者的青睐。

体育市场竞争的加剧和消费者需求的变化引发了体育营销的变革。体育营销人员在营销过程中更加注重塑造品牌和增加顾客基数，并对企业财务指标和利润目标承担起更多的责任。创新产品和服务设计、维护顾客关系、建立与雇员和经销商的良好合作关系等营销手段被更多的体育企业和体育组织加以运用。

五、新媒体

现代市场营销从其诞之日起，就与大众传媒相生相依。市场营销依托大众传媒进行传播，大众传媒的每一次变革都会引发市场营销传播的变革。19 世纪报纸广告取代了口口相传。20 世纪 30 年代，有声电视的出现打破了报纸在广告传播中的一枝独秀。电视广告逐渐成为企业进行市场营销的主场。21 世纪以来，互联网的出现使得精准营销成为可能。精准营销是在充分了解顾客信息的基础上，针对顾客偏好，有针对性地一对一进行营销。

移动互联、人工智能等技术的兴起，使移动广告、自媒体广告等新兴形式应运而生。传媒形式的变革使营销人员和消费者之间的互动方式发生了变化。对营销者而言，需要寻找与消费者之间更契合的传播方式，不断迎接新媒体的挑战。

重要概念

市场营销 市场营销者 顾客 需求 交换 体育营销

复习题

1. 体育营销和市场营销之间有哪些联系和区别？
2. 如何理解体育营销是具有多层次内容的整体概念？
3. 体育营销的独特性体现在哪些方面？
4. 如何看待当前体育营销面临的新环境？

案例思考：超级企鹅篮球名人赛

2015 年腾讯体育与 NBA 签下 5 年长约，致力将原汁原味的 NBA 篮球文化带给中国所有的爱好者们。经历近两年的合作与运营，腾讯体育在用户及会员的培养上都取得了优异的成绩，并获得行业内外的一致好评。但线上直播并不能满足更广泛的体育用户们的苛求，而这些用户却是篮球文化中最重要的一部分。在美国，一年一度的全明星周末不仅是现役球员和退役名宿们相聚一堂的娱乐时刻，更是很多家庭及大众用户们的一次节日派对，体育已经成为人们生活当中不可或缺的一部分。然而长久以来在中国并未出现类似高质量的赛事来满足人们的需求，于是超级企鹅篮球名人赛应运而生。

2016 年首届超级企鹅篮球名人赛，是腾讯体育打造自有优质 IP 赛事的一次积极尝试。“我们在做名人赛的时候，最终落点一定是体育，围绕体育而非娱乐来做，这样才能真正去打造一个有生命力的品牌赛事。”腾讯体育运营总经理、腾讯网副总编辑赵国臣透露，名人赛是一场真正的比赛，所有明星会在 24 小时内暂别娱乐圈，“穿上特制战袍后，他们就会是一个个篮球运动员，像萧敬腾等明星，都说他们的篮球水平很高，这次他们的粉丝也有机会看到偶像的真正实力。”

首届名人赛群星云集，前 NBA 巨星麦蒂、“白巧克力”——贾森·威廉姆斯、昌西·比卢普斯、慈世平和马布里携手出战。在职业球员方面，除了 NBA 众球星外，前中国男篮主力得分后卫，中国男子职业篮球联赛（CBA）广东队名将王仕鹏也出战了本次名人赛，同时中国女子职业篮球联赛（WCBA）球员邵婷、许诺也一并出席。腾讯体育还邀请了演艺文化圈内火热的艺人，如萧敬腾、蒋劲夫、白敬亭、释小龙、苏醒、邱心志、刘帅良、刘海宽、张皓然等人出战。

在赛场、球场氛围方面，超级企鹅篮球名人赛力争达到NBA的水平。无论是比赛的规则、裁判员、数据还是解说，全部与国际赛事规格看齐；同时有国际级裁判场上吹罚，NBA级别的数据记录；此外还配以超越总决赛级别的4组超豪华解说天团。赛场转播采用了NBA焦点战才使用的24台高清摄像机。腾讯体育还引入了很多赛场互动环节，如赛前明星大咖红毯秀，开场3D投影地板播放，歌手艺人开场献唱，当红明星中场演出，NBA啦啦队表演，KISS CAM游戏等。除参赛明星外，腾讯还邀请了众多知名体育娱乐明星观赛。

继2016年成功举办第一届超级企鹅篮球名人赛后，2017年9月腾讯体育在上海东方体育中心举办了第二届超级企鹅篮球名人赛，由皮尔斯领衔的明星红队最终以108：105战胜了雷阿伦、蒋劲夫、刘帅良、赵爽等率领的明星蓝队。

在第二届超级企鹅篮球名人赛中，腾讯体育引入了更多的内容和技术元素，包括名人赛红毯秀、明星3 vs. 3表演赛、李荣浩中场秀、致敬艾弗森仪式等内容，赛事直播时长为8小时。在直播技术方面，腾讯体育在正赛配置了16个常规机位，还引入外景无人机、AR机位、超高速机位、更衣室机位等直播系统。本届篮球名人赛增加制作了一路公共信号，提供给国内各大地方电视台和ESPN、FOX等海外电视台进行转播，成为“网台输出”在互联网体育领域的首个案例。

连续两季的超级企鹅篮球名人赛显示出极高的商业价值。2016年的首届超级企鹅篮球名人赛吸引了荣耀手机等一系列赞助商的加盟。2017年第二届超级企鹅篮球名人赛则吸引了超过10家赞助商的倾力支持。腾讯体育也对球衣、训练衣、T恤等一系列衍生品进行了开发，现场近乎百分之百的上座率也让2017年名人赛的门票收入不菲。

根据腾讯体育公布的数据，第二届超级企鹅篮球名人赛共吸引到近13000名观众，上座率超过90%。在线上端，赛事总播放量为1.1亿，赛事直播观众最高峰值为1677万，其中女性观众占比31.6%。超级企鹅篮球名人赛的相关话题阅读量也超过7.21亿。通过门票、赞助等收入，第二届超级企鹅篮球名人赛已经实现了盈利。

（来源：超级企鹅篮球名人赛，百度百科，https：//baike.baidu.com/item/%E8%B6%85%E7%BA%A7%E4%BC%81%E9%B9%85%E7%AF%AE%E7%90%83%E5%90%8D%E4%BA%BA%E8%B5%9B/20724136？fr=aladdin，体育与综艺的跨界融合，腾讯这次“玩真的”！知乎专栏：黑马营销，https：//zhuanlan.zhihu.com/p/99854017。）

思考题

1. 超级企鹅篮球名人赛案例对你理解体育营销的含义及独特性有哪些启发？

2. 腾讯公司是如何将一个全新的体育赛事打造成一个可盈利的体育赛事的？腾讯公司在体育营销过程中抓住了哪些关键要素？

3. 观众对于体育赛事来说有何意义？

第二章　战略性体育营销管理

本章学习目标

1. 理解战略性体育管理的概念和意义。
2. 了解什么是组织的使命和愿景。
3. 了解组织长期战略目标和短期目标的区别。
4. 掌握组织战略性体育营销管理的过程。

案例导入：中国篮协发布愿景、使命、价值观及口号

虎扑 11 月 19 日讯　2018 11 月 18 日，在清华大学西体育馆召开的 2018 中国小篮球论坛暨中国小篮球联赛表彰大会上，中国篮球协会（以下简称中国篮协）副主席兼秘书长白喜林正式发布了中国篮协愿景、使命、价值观及口号。这将是未来指导中国篮协各项工作以及中国篮球各项事业的总宣言和总遵循。

白喜林表示，中国篮协自 2017 年换届以来，一直在思考自己的定位、目标、任务是什么，通过什么方式可以让中国篮球发展得越来越好，让更多优秀人才涌现出来，让篮球更好地满足人民群众的美好生活需要。一年多以来，中国篮协积极探索、尝试、验证，在国家队、青训、小篮球、三人篮球、文化品牌等方面都有了新气象、新起色、新局面。在这个过程中，中国篮协也更加明确了协会存在的意义，明确了新时代中国篮球的使命、责任和担当。

在此基础上，中国篮协发布愿景、使命、价值观和口号。这是协会顶层设计的重要内容，从酝酿到出台汇聚了社会各领域知名专家以及基层代

表的真知灼见。而本次发布会的场所也不同寻常。白喜林说："清华大学是世界知名学府，西体育馆则有着深厚的体育文化传统，今天又在中国小篮球论坛现场，有来自全国各省市、自治区篮球协会代表、教育界代表，中国小篮球联赛的小球员代表、教练员代表、裁判员代表和家长代表，以及全国各地媒体记者代表的共同见证，显得更加有意义。"

中国篮协的愿景是：篮球让生活更美好。对此白喜林阐释说，篮球运动在中国有着深厚的群众基础，融入了教育、社会、做人、团队、规则、精神等一系列内容，早已超越篮球本身。所以我们的愿景不仅局限于篮球，而是站在社会、国家的层面。在党的十九大提出的让人民生活更美好的愿景的基础上，中国篮协提出"篮球让生活更美好"的愿景，希望篮球成为国民生活的一部分，为培养青少年健康身心、健全人格助力。

中国篮协的使命：（1）提升篮球运动在中国的影响力。白喜林表示，我们要增强国家篮球队的国际竞争力，以此来带动其他项目的快速发展。同时在各级联赛、社会篮球等各方面发力，让篮球产业不断发展壮大，使篮球在中国的影响力、整体的价值和认同不断增强。

（2）扩大以青少年为主体的篮球人口。"'少年强则中国强，体育强则中国强''青年兴则国家兴，青年强则国家强'，青少年篮球人才的培养是中国篮球事业发展的基石。今年中国篮协在青训环节打通了与教育系统的渠道，为更多业余球员搭建了实现梦想的平台，这一切都是围绕着未来的青少年人才，围绕着扩大中国篮球人口层面所做的。"

（3）以篮球的名义架起沟通世界的桥梁。"篮球无国界，我们希望通过中国篮球的蓬勃发展，向世界展示中国篮球文化、中国人的精神面貌尤其是中国改革开放40年来的良好精神风貌，同时搭建中外各国人民交流沟通和增进友谊的桥梁。"

中国篮协的价值观：厚德、超越、共享。"厚德载物"是中国传统文化的重要内容，也是社会主义核心价值观的体现。作为一名篮球从业者，我们要在诚信、尊重、公正、守则、感恩、团结、友爱等方面去践行篮协的价值观，这是我们的行为准则和基本要求。

超越包括追求卓越、超越自我、超越篮球，不断挑战困难挫折；也包括弘扬体育精神、运动精神。我们要创新思维和工作方式，推动篮球事业不断进步和突破。这其中我们的一个重要责任就是实现竞技成绩的突破，振兴中国篮球，建设篮球强国。

篮球事业应该成果共创，价值共享。小篮球的蓬勃开展就是以点带面的例证，因为孩子带动了社会各方面的积极响应和参与。中国篮球的发展离不开关心支持篮球事业的每一个人，成果理应也属于所有人。我们要以海纳百川、开放包容的格局，建立一个风气清新、生机勃勃、和谐共生的篮球生态环境，这是我们努力的方向和归宿。

所有愿景、使命、价值观汇聚为一个声音——这个声音吹响体育强国梦号角，这个声音彰显民族自信，这个声音凝聚篮球力量，这就是中国篮协的口号——让平凡伟大。白喜林用主题海报以及小篮球、三人篮球、国家男女篮、“擦地哥”孟飞、体育记者洪南丽、国家队忠实球迷、2018CBA全明星扣篮大赛冠军张健豪、工地上的篮球少年、原始洞穴中的篮球架等一系列鲜活的事例，阐释了什么是“让平凡伟大”。

中国篮协主席姚明在接受媒体采访时也对“让平凡伟大”表达了见解：“并非所有人都能成就伟大，但伟大一定来自任何角落。这也阐释了我们的篮球运动就像一个金字塔结构，只有足够的群众基础，让每个人都参与进来——不管是普及性、参与性、竞技性，还是贡献性，才能实现共赢和共享。”

对于口号如何更好地融入和指导实践，姚明表示：“篮球运动是个集体项目，场上五个人，全队十二个人，但是如果我们把它想象成一个社会的话，这个团队有合作、协作、竞争的关系，我想篮球运动最重要的应该起到一个价值引领的作用。”

（来源：虎扑篮球 https://voice. hupu. com/cba/2364058. html）

中国篮协为什么要在成立多年后发布中国篮协愿景、使命、价值观及口号呢？发布愿景、使命、价值观及口号对中国篮协的市场化发展有何意义和价值呢？中国篮协的市场开发计划是否应该相应作出调整呢？

学完本章战略性体育营销管理，你将能回答上述问题。在本章中我们将介绍战略性体育营销管理的概念，阐述战略性体育营销管理的价值和意义，阐明战略性体育营销管理的过程。

第一节 战略性体育营销管理简介

一、战略性体育营销管理的概念

在当下激烈的市场竞争环境下，体育组织需要制订以市场营销为导向的长期战略计划。无论你所经营的是一个小型的健身工作室，还是你管理着一个大型的职业俱乐部联盟，缺少了长期战略营销计划，你的组织都将在激烈的竞争中失利。本章对战略性体育营销管理给出全局概览，并对制订战略营销计划的基本要素和步骤进行简要说明，后续章节将对各个要素和步骤进行具体解释和说明。

所谓战略性体育营销管理就是从体育组织的总体战略层面出发，将体育营销作为组织核心战略要素来进行规划和管理，通过体育营销活动来建立起组织的战略优势。虽然很多体育组织在规划组织总体战略时，将体育营销看作组织战略的核心要素之一，但是这并不意味着所有体育组织的组织战略都以树立营销优势作为战略目标。当一个体育组织的总体战略以其他职能作为构筑战略优势的核心战略时，体育营销就处于从属地位。由此可见，体育营销是否发挥战略作用，是体育组织的战略选择。当我们讲到战略性体育营销管理时，“战略”一词表明组织的核心战略是体育营销战略，体育组织以创造营销优势为目标，在营销环节建立强大的竞争地位，这是战略性体育营销管理中“战略”一词的意义所在。例如，美国职业橄榄球联盟（NFL）就是通过战略性体育营销管理来获得竞争优势的典范。美国职业橄榄球联盟是世界最大的美式职业橄榄球联盟，也是世界最具商业价值的体育联盟之一。在美国，美式橄榄球是一项极具号召力的运动，吉恩·华盛顿、布雷特·法弗、汤姆·布拉迪等美国职业橄榄球联盟体育明星在美国几乎家喻户晓。美国职业橄榄球联盟通过战略性体育营销管理建立起强大的市场竞争地位，其商业价值和球迷数量都远超美国其他职业体育联盟。

二、战略性体育营销管理的意义

体育组织进行战略性体育营销管理的意义包括以下两方面。

（1）体育营销在体育组织的总体战略规划中起到了关键作用。体育营销为制定组织战略提供了指导原则，组织战略应围绕满足消费者的需要来制定。体育营销活动通过营销环境分析、市场调查等体育营销职能帮助组织找到有吸引力的市场机会，并评估这些机会对组织的意义和价值，从而有利于组织高层领导做出准确的战略决策。

（2）体育营销在体育组织的各个职能中占据主导地位。一个组织的运作是组织内部的各个职能部门分工合作来完成的。一个组织的职能部门主要包括：财务部门、营销部门、研发部门、人力资源部门、生产制造部门等。但是，在不同的组织战略中，各个职能部门的职责有主次之分。各个职能部门的主要职责必定是组织价值链中的主要价值来源，它对组织业务价值的贡献最大。宏碁集团创办人施振荣先生，在 1992 年提出了有名的“微笑曲线”（smiling curve）理论。如图 2－1 所示，微笑曲线的中间是制造职能，左边是研发职能，右边是营销职能。微笑曲线理论认为，制造职能产生的利润低，研发职能与营销职能的附加价值高。体育组织没有研发能力就只能做市场尾随者，难以领先市场，赚一点辛苦钱；没有营销能力，再好的产品，只要生产周期过了就只能当作废品处理。因此体育产业未来应朝着微笑曲线的两端发展，也就是在左边应加强研展创造智慧财产权，在右边应加强客户导向的营销与服务。微笑曲线理论说明了在价值创造中，营销职能和研发职能比其他职能重要。那么营销职能和研发职能相比较，哪个职能更为重要呢？在市场环境下体育组织最根本的目的是盈利。营销学者诺埃尔·凯普和郑毓煌认为，组织盈利的根本源头是顾客，以消费者需求为导向的营销职能可以帮助组织获得顾客，即使是产品创新和研发也要考虑顾客需求，离开了顾客需求的创新不能为组织带来任何利益，甚至可能因为投入大量研发资金使组织陷入困境。因此，诺埃尔·凯普和郑毓煌认为，在市场竞争环境中，组织的最核心职能是营销职能。

图2－1　微笑曲线

第二节　战略性体育营销管理过程

战略性体育营销管理是体育组织的核心战略规划，其制定和实施有着相关的管理过程。总体来讲，可以将战略性体育营销管理分成五个步骤：明确体育组织的使命和愿景，制定营销战略目标，制定体育营销方案，执行市场营销计划，控制和评估。

一、明确体育组织的使命和愿景

“组织使命”是指该组织（作为一个子系统）在社会（大系统）中所处的地位、起到的作用、承担的义务以及扮演的角色。组织使命是一种广泛的意向，体现了组织的根本目的；它既是反映外界社会对本组织的要求，又体现着组织的创办者或高层领导人的追求和抱负。例如，耐克公司的使命是为世界上每一位喜爱运动的人带来灵感和创新。

组织使命对组织而言具有重要作用。组织使命的确定有利于组织制订战略目标、战略规划和行动计划。组织使命有助于促进组织成员对组织主要活动的认同，形成共同语言以至共同的价值观，便于协同行动。组织使命为组织资源的取得、调配、使用（投入）以及业绩的取得（产出）提供了依据及衡量标准。组织使命还便于吸引志同道合的人才。

体育组织在制定组织使命时，需要注意的是组织使命是组织的态度和社会角色的描述，而不是对具体细节的阐述。组织使命需要阐明组织向社会提供何种服务，承担何种任务，确定组织的业务活动范围，说明组织的经营目的、用户、产品或服务、市场等业务内容。

“愿景”是一种由组织领导者与组织成员共同形成，具有引导和激励组织成员的未来情景的意象描绘。组织愿景为处于不断变化的环境中的组织提出方向性的成长导向，把组织活动聚焦在一个核心焦点的目标状态上，使组织及其成员在面对混沌状态或环境阻碍时能有所坚持，持续依循明确的方向、步骤与路径前进；并且借由愿景，有效培育与鼓舞组织内部所有成员提升职能，激发个人潜能，促使成员竭尽全力，增加组织生产力，达到使顾客满意的组织目标。

组织愿景是组织领导者和内部成员对组织前景和发展方向的一种高度概括，是组织根据现有阶段经营与管理发展的需要，对组织未来发展方向的一种期望、预测和定位。愿景受到领导者及组织成员的信念和价值观、组织的宗旨等影响，是一种对组织及个人未来发展预期达成未来意象的想法，它会引导组织及其成员的行动和行为。一般而言，组织愿景大都具有前瞻性的计划或开创性的目标，作为组织发展的指导方针。

组织愿景包括两部分：核心信仰和未来前景。核心信仰包括核心价值观和核心目标。它用以规定组织的基本价值观和存在的原因，是组织长期不变的信条，如同把组织聚合起来的黏合剂，核心信仰必须被组织成员共享，它的形成是组织自我认识的一个过程。未来前景是组织未来 10～30 年欲实现的宏大愿景目标及对它的鲜活描述。

体育组织在开展营销战略规划之前，需要明确自己的使命和愿景，从而确定组织在市场中的地位，同时诠释组织在市场中的业务范围、行动纲领及价值体系。可以说，使命和愿景为体育组织的营销规划指明了方向，营销规划需要与组织的使命和愿景相适应，并推动使命和愿景的达成。

二、制定战略营销目标

战略营销目标是将体育组织愿景和使命落实到营销层面的主要工具，是体育组织愿景和使命在营销活动中的展开和具体化。所谓战略营销目标就是体育组织对战略营销活动预期取得主要成果的期望，战略营销目标是组织整体战略的重要组成部分，为战略营销方案的决策和实施提供了可供评价的标准和可以考核的依据。战略营销目标分为长期战略营销目标和短期战略营销目标。长期战略营销目标是企业在较长时间内营销活动的预期目标，如体育组织希望实现的竞争性地位，体育组织希望培养的核心竞争优势等。短期战略营销目标则是在一年或更短时间内希望取得的营销结果。短期的战略营销目标应该符合 SMART 原则，即具体性、可量化、切实可行、相关性及时效性。短期战略营销目标通常以量化目标为主，常常涉及利润率上涨、资产回报率增加、市场占有率扩大、销售额增长、顾客满意度提升等内容。

体育组织制定战略营销目标应充分考虑内、外部环境因素，在充分分析自身的优势和劣势并准确认识外部环境中的机会和挑战的基础上制定组织的体育战略营销目标。

三、制定体育营销方案

根据体育组织制定的战略营销目标，体育营销人员需要为组织中的每个产品、每条产品线、每个品牌建立营销方案。通常体育营销方案的内容包括体育产品的 STP 营销战略和体育产品的市场营销 7Ps 策略组合两个部分。

1. 体育产品的 STP 营销战略

体育产品的 STP 营销战略，包括以下 3 部分：

（1）市场细分。

市场细分（segmentation）是指对市场进行研究，根据消费者需求的不同将市场细分成不同消费者群体的过程。市场细分的依据是消费者具有不同的需求。例如，人们参与体育活动的形式多种多样，有人喜欢打篮球，有人喜欢踢足球，还有人喜欢跑步、健身等。此外，体育消费者的需求不同还体现在性别、年龄等人口统计要素上，兴趣、生活方式、个人等心理细分要素上；购买时间、支付方式、购买频次等行为要素上及因所在地域不同而形成的地域要素上。根据消费者需求不同将消费者划分为不同的群体时需要注意在同一细分市场中的消费者具有大致相同的消费需求，而在不同细分市场中的消费者需求有显著不同。进行市场细分的基础是对消费者的准确了解。因此在进行市场细分之前，营销者应对消费者展开调研。

（2）目标市场选择。

目标市场选择（targeting）是指在市场细分的基础上，根据组织的使命、战略目标和组织能力，选择一个或多个细分市场为组织的目标市场的过程。组织进行目标市场选择是为了在组织资源的限制下，更好地获得竞争优势。组织在进行目标市场选择时应从组织的目标出发，在充分分析各细分市场的结构及增长潜力的基础上，结合组织的能力进行选择。

（3）市场定位。

市场定位（positioning）是指在企业选择的目标市场中的消费者心目中塑造产品、品牌或组织的形象或个性特征的营销技术。市场定位的实质是通过在消费者心目中确定产品、品牌或组织的明确印象，而吸引、培育消费者，使组织获得竞争优势。良好的市场定位可以帮助组织树立良好的品牌和产品形象，使组织的产品或品牌在竞争中脱颖而出。

STP 营销战略决定了体育组织所要服务的客户群体，并为体育组织设计了要在客户心目中树立的市场定位。体育组织的市场定位是否可以在目标消费者中得到认可，是否可以和其他竞争者有效区分，是否可以长期吸引潜在消费者的注意等问题都关系到组织的生存和发展。由此可见，一个体育组织的 STP 营销战略是其营销活动取得成功的基础。因此，体育组织在制定 STP 营销战略时应重点考虑如下问题。

（1）STP 营销战略是否是以客户为导向的。以客户为导向的 STP 营销战略更关注客户的需求和欲望，并以客户的需求为出发点来设计组织产品和服务，从而更容易获得目标客户的认同。

（2）STP 营销战略是否是前瞻性的。前瞻性的 STP 营销战略可以走在客户之前，引领客户的需求；并且具有较好的稳定性，可以在相当长的时间内指导体育组织的营销活动。

（3）STP 营销战略是否具有竞争性。一个有竞争性的 STP 营销战略可以有效地将组织定位与竞争者定位区分开来。而且，有竞争性的 STP 营销战略，可以帮助组织在目标客户心目中树立独一无二的市场定位，给目标客户一个充分的购买理由。

（4）STP 营销战略是否具有易沟通性。STP 营销战略是体育组织营销活动的核心指导思想，如果非常晦涩难懂，那么不仅体育组织的员工在执行战略时容易出现偏差，还有可能导致目标客户对组织定位的认知模糊不清。

2. 体育产品的市场营销 7Ps 策略组合

营销策略是 STP 营销战略的具体表现。体育组织通过营销策略的制定和实施来实现其营销战略目标。体育组织提供的产品既有有形产品也有无形产品（即服务）。因此，在制定体育组织的营销策略时，应考虑以下 7 个方面的策略，即 7Ps 策略组合。

（1）产品策略（product）。提供既满足目标客户需求又符合 STP 战略定位的产品。

（2）定价策略（price）。为产品设计有竞争力的价格。

（3）渠道策略（place）。建立起可以让组织和客户进行价值交换的场所和渠道。

（4）促销策略（promotion）。沟通组织和客户之间的信息，增加客户对组织的了解和认识。

（5）人本策略（people）。所有参与营销活动的人都直接或间接地被卷入为客户提供产品和服务的过程中。体育组织中的工作人员和客户都会影响服务效果。体育组织既应关注员工的服务态度和服务技巧，也要了解客户对服务效果的评价。

（6）程序管理（process）。体育组织通过一定的程序、机制以及活动向客户提供服务。体育组织提供服务的过程构成客户价值的一部分。如果服务过程复杂，客户的满意度将会降低。

（7）有形展示（physical evidence）。产品和服务本身的有形展示是指对产品和服务进行介绍的图片、文字等材料。提供有形展示可以使顾客体验可触及的线索组织所提供的无形服务质量。

在制定好 7Ps 营销策略后，体育组织应该思考这七个方面的内容是否相互关联，它们是否和组织的 STP 营销战略相吻合，每个策略向客户传递的信号是否一致。如果各个营销策略之间是相互矛盾的，那么组织定位就会混淆不清，客户就很难对组织有准确的认识。因此，在制定营销策略时，体育组织应将 7Ps 营销策略整合起来，使它们既相互联系又相互依托，同时向客户传递准确的信息，从而使组织的产品和品牌在目标市场上找准定位。

四、执行市场营销计划

市场营销计划的执行是将体育组织的 STP 营销战略和 7Ps 营销策略落到实处。在执行市场营销计划时，体育组织通常需经过如下步骤。

1. 制定具体的营销行动方案

具体的营销行动方案是指导营销人员工作的执行文件。体育组织在制定具体的营销行动方案时要明确当前阶段具体要完成的营销任务是什么、将采取的市场行动是什么、各项任务具体的分工情况、各项任务的时间进度要求和需要的成本等具体问题。

2. 建立执行机构

营销计划的实现需要建立一定的组织结构。当现有的组织结构不足以完成营销计划时，需要进行适当的调整。组织结构的调整应该明确组织的战略目标、符合组织的特点和适应组织的环境。体育组织通过明确的分工和有效的协调，高效有序地完成各项营销任务。

3. 建立健全人力资源机制

营销计划的成败很大程度上取决于执行计划的人。确立公平的、具有激励性的人力资源绩效评估制度和奖惩制度是保障营销计划得以顺利进行的基础。

4. 建设组织文化

组织文化是组织全体成员所共同遵循的价值观、信念和行为准则。良好的组织文化是组织凝聚力的促进剂，可以将组织全体成员凝聚在一起，不管遇到任何困难都要坚定地执行组织的各项营销计划和任务。

5. 确定管理风格

管理风格是指在管理过程中一贯坚持的原则、目标及方式等的总称。管理风格并非一成不变。针对不同的管理任务要求管理者具有不同的管理风格，不同的管理者也有不同的管理风格。体育组织应根据具体的营销任务、组织结构、人员和环境等要素确定适宜的管理风格。

在执行营销计划的过程中，具体的营销行动方案、执行机构、人力资源机制、组织文化和管理风格等要素需要协调一致，互相配合，从而促使体育组织的 STP 营销战略和 7Ps 营销策略得以顺利实施。

五、控制和评估

组织在执行市场营销计划的过程中，可能会出现很多由于外部环境变化或组织内部因素改变导致的意外情况。面对意外情况的发生，组织可能不得不思考是否要调整原定的营销计划。组织在决定何时调整、如何调整等问题之间需要对组织计划执行情况进行监测和检查。通过检查来回答市场营销计划是否在按计划顺利执行，还是已经偏离轨道，计划完成的时间节点是否符合预期，没有按时保质完成计划的原因是什么等问题。组织对营销计划进行监测和检查，了解计划与实际情况的一致性，找出原因，并采取适当措施和正确行动，保证营销计划可以顺利完成的活动就是营销控制和评估。

营销控制主要包括年度计划控制、盈利控制、营销效率控制和战略控制。

年度计划控制是按照年度核算营销目标的实现情况，主要包括销售分析、市场占有率分析、营销费用对销售额比率分析、财务分析和顾客态度追踪等。盈利控制是指分析不同产品、不同销售区域、不同客户群体、不同渠道的盈利情况。营销效率控制是指对营销人员和促销活动的效率控制，主要包括销售人员效率控制、广告效率控制、销售促进效率控制、分销效率控制等。

体育组织在进行营销计划的控制和评估时，应注重对量化指标的测评。同时注重对消费者满意度的调查。体育组织应该记住只有消费者满意的营销计划才是真正成功的营销计划，因为消费者是体育组织长期生存和发展的基础。

重要概念

战略性体育营销管理　使命　愿景　STP 营销战略　7Ps 营销策略　营销控制

复习题

1. 战略性体育营销管理过程包含哪些步骤？
2. 体育组织的使命和愿景对组织有何意义？
3. 体育组织执行市场营销计划包含哪些步骤？
4. 为什么要进行营销控制？

案例思考：MLB 的英国扩张计划

2019 年 6 月，美国职业棒球大联盟（MLB）首次把常规赛带到了英国伦敦。他们希望在英国逐渐培养起棒球文化，并逐步扩张到其他欧洲国家。

MLB 在英国伦敦举办了两场 MLB 海外常规赛。两支传奇球队——波士顿红袜队和纽约洋基队，在英国伦敦的奥林匹克体育场展开对决。这是 MLB 历史上第一次在英国打常规赛。

MLB 认为英国市场至少有 500 万人经常买或打算买 MLB 的产品，比如球衣或帽子。在伦敦办常规赛，MLB 的想法也很简单，就是把这些对 MLB 时尚感兴趣的人转化成自己的粉丝。

查理・希尔（Charlie Hill）是 MLB 在英国的总经理。据他保守估计，MLB 在英国的 500 万粉丝，大约有 150 万人对棒球感兴趣，知道棒球，觉得这个运动不错，但却还没有充分地关注和参与这项运动。这也就是他认为这个有着 116 年历史的联赛有可能在英国成功的信心的来源。

“在伦敦随便走一走，不出 10 米，你就会看到带着纽约洋基队的帽子或洛杉矶道奇队帽子的人。”希尔说：“联赛的商品是我们在欧洲的一种主要存在形式。一些人只是把我们的产品作为一种时尚商品来购买，这没关系。不过在这些人中，有一部分人是对体育感兴趣的。我们如何开始与这些人建立更多的纽带？这就是目标。”

不过，把这两支球队带到英国打常规赛可不是一件简单的工作，因为英国缺少的不仅是棒球文化，还缺少棒球比赛设施——希尔不仅要制定伦敦系列赛的品牌策略，首先他还需要搭建一个球场。

MLB 团队得到 21 天的时间来改造伦敦奥林匹克体育场，也就是现在英超西汉姆联足球俱乐部的主场。他们需要把这个球场改装成一个可以装得下 6 万名观众的棒球场。他们在体育场里铺了43平方千米的人造草皮，竖起18米高的柱子，拉起400米长的围栏；从美国运来34.5万千克土来做比赛场地；还搭建了球员休息区和更衣室（足球更衣室对于棒球球队不够大）等很多其他的设施。

为了尽可能好地复制美国比赛日的样子和感受，所有细节也都不能放过。就拿在看台上走动贩卖甜品、热狗和啤酒的人来说，伦敦体育场里并没有雇佣这样的工作人员，因为球迷不能在看得到球场的地方喝酒。为了提供这个服务，MLB专门训练了200名工作人员，在这个周末的比赛中在看台上为观众服务。

“为了照顾到每一个细节，我们不得不仔细地解构比赛日。”希尔说，“在MLB，你会觉得很多东西都是理所应当的——音乐、氛围、食物，但是如果我们在球场里没有这些，那就不是棒球，因为这些东西和比赛结合得太紧密了，就是我们想要提供的体验的一部分。”

其实这次MLB的伦敦常规赛的策略之一就是体验营销。除了球场内外，这个周末，在时髦的伦敦东区的老杜鲁门酿酒厂艺术区里，会举办一个叫“London Yards”的球迷节活动，有现场音乐表演，有采用纽约和波士顿主题的食物摊位，有虚拟现实的击球区，让人们可以在这里体验打棒球。

希尔说，通过几年举办国际赛事的经验，他们摸索出这是一种最好的吸引新的人来关注这项运动的方式。他预估在三天的粉丝节里，会吸引到1.5万人。他们还会在粉丝节上组织体育明星和名人之间的棒球比赛，让粉丝节的观众自发拍摄一些精彩的内容。2017年他们在海德公园举办的一个类似的活动就获得了不错的效果——在推特上有100万人观看直播。

两场常规赛是在BT体育上直播（BT体育是MLB在英国的独家电视合作伙伴），不过BBC也会在线上播出这两场比赛。BT鼓励他们做一些线上播出，来增加观众数量，支持年轻人。BT认为最终所有人都会从中受益。

希尔说他们不执着于设定一个有多少人看这场比赛转播的目标，而是会更加注意收视数据的分析，来获得更多信息。“这些人从哪里来，最喜欢比赛的哪一部分，看了多久。我们要收集尽可能多的数据来分析和弄清现状，想想12个月后、两年以后，我们应该达到什么样的状态，然后开始努力”。

现在他们的目标不是让还不大感兴趣的公众突然变成狂热的棒球观众。“你不能也不应该指挥球迷如何接触你的运动。不论是买东西、去看比赛、在Instagram上分享一个很火的30秒的视频，还是去美国旅行，都是可以的。我们的工作就是不断地倾听，寻找他们觉得可以和我们的运动产生联系的方式，然后提供这些方式”。

MLB在英国也面临着激烈的市场竞争。NFL和NBA已经在伦敦成功地举办过比赛，而且也有更大的粉丝基础。代理商Ear to the Ground公司收集的数据显示，棒球在英国只有4000名常规球员，而篮球有15万。

希尔说，他不担心竞争，相比于从NBA或NFL学习，他更希望从MLB自己在墨西哥和澳大利亚的扩张中吸收经验。不过，他也比较遗憾地承认，MLB想要的是在欧洲的扩张，而不只是聚焦在英国这一个市场上。他们试图通过伦敦来触达更广阔的欧洲观众，包括主要市场德国等。“所有人都在尝试扩张。你必须意识到，培养新观众需要时间和坚持。我们能够提供的是完全不同的东西”。

这次让洋基队和红袜队来伦敦比赛，对于比赛的营销和推广有非常大的帮助，因为即使是对棒球没什么了解的人也听说过这两支球队。而这两支球队是非常积极和愿意来的，所以才选择了他们。“我们和所有球队做了交流，给他们展示了我们想要打的国际比赛，问他们对哪些项目感兴趣。洋基队和红袜队对伦敦的比赛非常积极，他们非常想来。”

MLB 在赛前就已宣布明年 6 月会再来伦敦打比赛，两支参与的球队将是圣路易红雀队和芝加哥小熊队。明年 6 月之后会怎样，希尔也还不确定，但是他很明确，MLB 不是来伦敦短期停留赚一笔就走的，他们要在伦敦打造一些长远的东西。

（来源：MLB 的英国扩张计划．禹唐体育．(2019－06－30) http://www. ytsports. cn/news－19610. html)

思考题

1 MLB 将棒球带到伦敦的战略是否符合其组织发展的长期战略目标？为什么？

2. MLB 为伦敦比赛开展了哪些具体的营销活动？

3. 假设 MLB 要到中国举办比赛，请为 MLB 制定中国区比赛的营销方案。

第三章　体育营销调研

本章学习目标

1. 掌握体育营销调研的概念，能够分辨体育营销调研和体育市场调研的区别。

2. 了解体育营销调研的意义，知晓体育营销调研在体育营销中的地位和作用。

3. 了解体育营销调研的基本技巧和方法。

案例导入：普华永道 2018 年体育行业调研报告（节选）

数字化时代背景下传统体育行业的变革已经箭在弦上：电子竞技对传统体育行业的冲击不容小觑，流媒体时代头部内容的核心正在悄然变化，数字技术与设备的盛行使得赞助商们的核心诉求发生了根本性转变，从而进一步改变了版权方的角色与版权价值衡量标准。

本年度体育行业调研报告在 2018 年 5 ~ 6 月期间通过网上问卷的形式，与世界范围内的体育行业从业人士就行业热点与重点问题进行了调研与探讨，并最终获得来自 42 个国家及地区的 470 余份受访者的反馈。在中文版本的报告里，我们增加了针对中国调研结果的分析，希望通过这份报告，与大家共同分享普华永道在全球体育领域知识领导力的成果。

本报告中的数据与分析主要基于受访者的反馈，此外，本报告还获得德国的国际体育市场研究机构 Intelligent Research 的数据与研究成果支持。

(1) 全球市场增长趋于稳定，其中亚洲市场最为乐观。

报告显示：预计未来3～5年，全球体育行业整体增长率将从过去3～5年的7.7%降至7%，降幅为10.2%。而2017年预计同期增长率从8%降至6.4%，降幅达20.7%。由此可见，体育行业市场增长逐渐趋于稳定，业内人士对未来市场前景也转忧为安。其中，亚洲地区的受访者最为乐观，预计行业增长率为7.9%。

(2) 体育科技公司前景无限，传统广播公司与体育联盟发展堪忧。

从体育行业内不同利益实体的发展来看，体育科技公司前景最为乐观，预期增长率从7.6%增至8%，技术创新孕育了大量的市场机会。而传统广播公司与体育联盟发展状况堪忧，预计增长率将从9.2%降至6.3%。

(3) 借力商业模式转型，转播权与赞助收入增长势头喜人。

从收入角度来看，数字媒体转播权最为看好，据预测，其未来3～5年的年均收入增长率达11.5%，是传统电视转播权的3.5倍，这主要是由于消费行为数字化转型的不断深入而导致的。

(4) 电子竞技成为最具增长潜力的体育项目。

在本年度的调研中，电子竞技取代了2017年度排名第一的足球，成为全球体育行业人士一致看好的最具创收潜力的体育项目。通过进一步分析，我们预测至2022年，电子竞技行业的经济规模将翻番。

(5) 消费行为的数字化转型。

与2017年一样，年轻一代消费者在新时代背景下消费行为的不断转变是当前体育行业面临的首要威胁，有超过三分之二的受访者将其列为行业主要威胁之一（高于去年的56.6%）。最近研究表明，低龄群体的主要娱乐平台正从传统有线电视向无线移动设备转移。

（来源：搜狐网 http://www.sohu.com/a/289195680_483389）

通过学习本章体育营销调研，你将能回答以下3个问题。本案例中所给出的调研报告属于哪种类型的体育营销调研报告？本案例中的调研数据是如何取得的？这样一份体育行业调研报告对于体育企业而言有何意义？

本章我们将讲解体育营销调研的概念，阐述体育营销调研对体育营销的价值和意义，说明体育营销调研的种类和范畴，介绍体育营销调研的技巧和方法。

第一节　体育营销调研概述

一、体育营销调研的概念

体育营销调研是指为了制定体育营销战略，系统地收集、记录和分析并报告与体育营销有关的各种数据和资料的营销活动。体育营销调研的主要目的在于分析体育市场的特性，调研与预测体育产品的市场需求，分析行业内的竞争情况，从而探求最有利的体育营销环境和最优的体育营销方案，为体育企业与组织决策提供客观依据。

体育市场中消费者需求日新月异，竞争局势瞬息万变，宏观环境也处于不断变化之中。外界环境的变化对体育企业的战略决策有着重要影响，对外界环境一无所知的企业，必将招致失败。在当今信息社会中，大多数企业都会通过各种信息源对行业、竞争者、消费者、合作伙伴等进行研究。体育营销调研活动可以将体育营销者与消费者、合作伙伴和公众等联结起来。通过收集和分析调研信息，可以帮助体育营销者发现和定义市场机会和问题，完善和监督市场营销活动，监测营销绩效。

二、体育营销调研的类型

体育企业通常进行的体育营销调研活动主要有三大类：探索性调研、描述性调研、因果性调研。

1. 探索性调研

体育企业进行探索性调研往往是因为对所需调研问题的内容与性质不太明确时，为了了解问题的性质，确定调研的方向与范围而进行的初步资料调研。通过这种调研，可以了解情况，发现问题，从而得到关于调研项目的某些假定或新设想，以供进一步研究。

2. 描述性调研

描述性调研是企业通过调研如实地记录，并描述市场变化方面的数据资料，诸如描述某种产品的市场潜量、顾客态度和偏好等方面的数据资料。与探索性调研不同，描述性调研基于对调研问题的性质有了一些预先理解，但对决定行动方案所必需的事实性问题作出回答的结论性证据仍需要在收集的情况下运用。描述性调研能够实现一系列的调研目标，描述某类群体的特点，决定不同消费者群体之间的需要、态度、行为和意见方面的差异。识别行业的市场份额和市场潜力也是最常见的描述性调研。

3. 因果性调研

因果性调研是调研一个变量是否会引起或决定另一个变量的变动，以识别变量之间的原因与结果的关系。调研早期阶段，当调研人员还不能肯定问题的性质时实施探索性调研；当调研人员意识到了问题，但对问题有关情形缺乏完整的认识时，通常进行描述性调研；因果调研则要求严格地定义问题。所以，探索性调研所要回答的问题主要是“是什么”；描述性调研所要回答的问题主要是“何时”或“如何”；因果性调研所要回答的主要是“为什么”。企业一般是先进行探索性调研，然后再进行描述性调研或因果性调研。

三、体育营销调研的必要性

体育市场瞬息万变，消费者、竞争者、中间商等微观层面发生任何变化都会快速传导到体育组织。政治、经济、社会、科技等宏观层面发生变化将影响整个行业的发展。无论是微观层面的变化还是宏观因素的影响都增加了体育营销决策的风险。体育营销研究通过科学的研究方位为决策者提供大量可靠信息，从而减少风险，降低体育营销者决策的不确定性。对于体育营销者而言，体育营销调研可以帮助发现潜在的市场机会；发现客户的需求，创造出合适的营销组合，从而创造出满意的客户；发现竞争对手的优缺点，可以扬长避短；发现宏观环境中潜在的机会或威胁，便于抓住机会避开威胁。

掌握专业营销调研方法的体育营销人员可以与顾客进行良性互动，观察竞争对手和其他外界环境的变化。很多企业都将市场调研所获得的信息纳入企业营销信息系统，从而更系统更快速地发现市场趋势和变化。

营销信息系统由收集、分类、分析、评估和向决策者分发及时准确的所需信息的人员、设备和程序构成。营销信息系统依靠企业的内部报告、营销情报活动和营销调研来运行。营销信息系统向企业管理人员提供企业发展所必须的销售信息、价格信息、库存信息、财务信息、顾客偏好、市场潮流等营销信息，帮助企业管理人员作出营销决策。

第二节　体育营销调研的过程

体育营销调研的过程一般由五个主要步骤组成（图 3 – 1）：定义调研问题，明确调研目标，制订调研计划，实施调研计划，解释并报告调研结果。

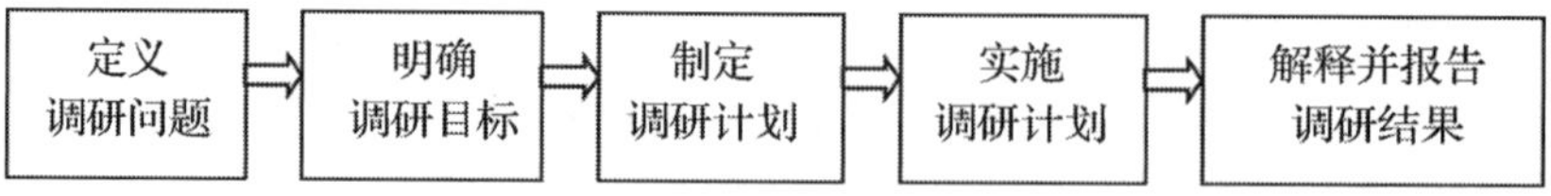

图 3 – 1　体育营销调研的过程

一、定义调研问题

定义调研问题常常是体育营销调研过程中最困难的一步。在实践中，体育组织中的营销经理往往看到的是营销效果发生改变，但不知道具体的问题出在哪里。因此，在展开具体的体育营销调研之前，需要清晰地识别出具体要调研的营销问题。

定义体育营销调研问题是指明确体育营销调研要为管理决策提供什么信息的问题。调研问题的描述包括对整个问题的叙述以及确定研究问题的具体组成部分。定义体育调研问题的主要目的是将体育组织经营管理中出现的问题转化为体育营销调研问题。

在定义调研问题时，首先要明确管理者要解决的管理决策问题是什么，即管理者需要解决的市场问题是什么。其次要将管理者决策问题转化为体育营销调研问题，以及为了回答管理者决策问题，需要了解什么信息以及如何获得有效信息。例如，假设一家体育健身俱乐部发现最近一年会员卡销售额下降了10%，管理层需要解决的问题是什么原因导致了销售额下降。体育营销调研者需要将决策问题转化为营销调研问题：竞争者的行动是否影响销量，潜在消费者的消费偏好是否发生了变化，员工的服务效率是否有所下降……调研者根据与管理者的详细沟通，在上述问题中识别出当下影响销量的最重要问题，进而展开详细调研。

二、明确调研目标

在确定体育营销调研问题之后，需要明确调研目标。调研目标是指针对特定的体育营销调研问题，制订清晰、具体的调研计划，明确调研目的。调研目标必须转为具体的信息需要。明确调研目的是体育营销调研方案设计的重要问题，因为只有明确调研的目的和任务，才能确定调研的对象、内容和方法，才能保证市场调研具有针对性。

三、制订调研计划

根据调研目标，制订详细的调研计划。一个完整的调研计划，应包括调研目标、调研对象、调研内容、调研方法、抽样计划、调研时间及进度、调研预算、预期结果、人员和物资配备等内容。调研计划应采取书面形式。书面调研计划有利于不同的调研人员在进行调查时可以按照统一的调研标准执行，也有利于调研结束后的总结和评估。

四、实施调研计划

实施调研计划主要是指搜集资料和整理分析资料。搜集资料就是按照调研计划的要求，深入调研现场，接触调研对象，采取相应调查方法，搜集调研资料。调研计划执行阶段需注意的是，所有参与调研的人员都应经过统一培训，按照统一的调研要求展开调研。

整理分析资料是运用科学的分析方法对搜集到的资料进行数据整理、编码、分类、制表、交叉、归类、排列及其他因果、相关等统计分析，并提出研究报告的工作过程。通过分析整理将资料去伪存真，去粗取精，将资料中隐藏的事实、趋势等信息挖掘出来。

五、解释并报告调研结果

调研结果的解释和报告是整个调研过程最后且极其重要的一个步骤，同时也是营销调研工作取得良好效果的基本保障。在资料整理分析基础之上，对所得到的调研结果进行系统梳理，解答调研目标中提出的各项问题，并形成书面的调查报告就是对调研结果的解释和报告。调研报告应集中反映调查所得到的各项结果，以便为组织决策提供充分的信息支撑。

第三节　体育营销调研的方法

一、确定数据来源

在体育营销调研中，调研者需要确定数据的来源。数据的来源可以为原始数据、二手数据或者两者兼顾。原始数据是指为特定的研究目标而专门搜集的信息；二手数据是指为其他目的搜集的已经存在的信息。

二手数据的搜集往往是调研人员最先搜集的信息，调研人员可以利用公司内部数据库，也可以利用商业性数据或政府数据等外部信息来源来搜集二手信息。二手信息的搜集简便易行，成本较低。但是二手数据往往针对性不强，调研人员很少能够从二手数据中获得所需的全部信息。在利用二手数据时，调研人员需要仔细评估二手数据的相关性（即是否符合当前的调研目标）、准确性（信息搜集和报告过程是可靠的）、及时性（数据很新，符合当前研究需要）及无偏性（信息搜集和报告过程是客观公正的）。

二、体育营销调研的方法

二手数据虽然可以快速获得，但是常常存在针对性差、数据过时、不完整或不可靠等问题，体育营销人员就需要搜集一手数据来完成调研目标。体育营销实践中，体育营销调研人员常用的一手数据搜集方法主要有：观察法、问卷调查法、实验法、访谈法、行为数据分析法。

1. 观察法

观察法是根据调研目标，在不打扰观察对象的情况下，利用眼睛、耳朵等感觉器官去感知观察对象的一种调研方法。由于人类感觉器官的局限性，观察者可以借助现代科技仪器来弥补感官的不足，如利用录音机、照相机、录像机等来辅助观察。观察者通过对观察对象正在进行的某一特定营销过程的感知，来解决某一体育营销调研问题。例如，健身俱乐部的调研人员可以在俱乐部内参加健身课程，倾听学员对俱乐部的看法。有些俱乐部还在天花板上安装摄像机，追踪会员在俱乐部内的活动过程，以此来观察会员对俱乐部的真实态度。需注意的是：在进行观察时，应注意营销伦理问题，不得侵害他人隐私。

按照不同的分类标准，可将观察法做如下分类。

（1）按观察周期，可以分为连续性观察和非连续性观察。

连续性观察是指在比较长的一段时间内，对被观察对象连续做多次、反复的观察调查。连续性观察适用于对动态性事件的观察，可以定期进行，也可以不定期进行。非连续性则只是在较短时期内的一次性观察调查，一般适用于对过程性、非动态性事件的观察。

（2）按观察采取的方式，可以分为隐蔽性观察和非隐蔽性观察。

隐蔽性观察是指被观察者在没有意识到自己正在受到观察的情况下进行的一切观察活动。非隐蔽性观察则相反，往往是被观察者了解市场调查的真正目的，知道自己处于被观察状态。一般来讲，隐蔽性观察获取的信息资料更加真实、客观。

（3）按调查者扮演的角色，可以分为参与性观察和非参与性观察。

参与性观察是指调查者参加到被观察对象群体中并成为其中的一员，直接与被观察者发生关系以收集有关资料的一种调查方法。非参与性观察是指调查者不改变身份，而是以局外人的身份从外围现场收集资料的一种调查方法。相比较而言，非参与性观察的调研费用更低，但对调查者的责任心和敬业精神要求更高。非参与性观察一般适用于描述市场状况而不追究其原因的市场调查类型。

观察法常常被用来了解顾客行为、顾客反应等营销问题。观察法的主要优点在于客观真实，能反映出实际情况。不足之处在于通过观察，只能获知观察对象正在进行的行为信息，而对影响这些外在行为的心理信息则很难得知。观察法还要求观察者必须具有较高的调研水平和敏锐的洞察能力，能及时捕捉到所需资料；并且还要求观察者支付较高的调研费用和花费较长的观察时间。

2. 问卷调查法

问卷调查法是体育营销调研中被广泛使用的一种方法。问卷是指为统计和调查所用的、以设问的方式表述问题的表格。问卷调查法就是研究者用这种控制式的测量对所研究的问题进行度量，从而搜集到可靠资料的一种方法。问卷调查法大多用电话调查、邮寄调查、人员调查以及在线调查等方式发送问卷。一般来讲，问卷调查法较之访谈法要更详细、完整和易于控制。问卷调查法的主要优点在于标准化和成本低。

问卷调查法是否可达成调研目标，很大程度上取决于问卷的设计。问卷设计应遵循简明性原则、匹配性原则、可接受性原则、目的性原则和逻辑性原则。简明性原则要求问卷内容简单明了且完成问卷调查的时间很短；匹配性原则要求问卷答案设计有利于解释调研目的，且数据便于处理和分析；可接受性原则要求问卷说明要亲切温和，提问部分应自然、有礼貌和有趣味；目的性原则要求所调查的问题应重点突出，避免可有可无的问题；逻辑性原则要求问卷结构设计符合逻辑。容易回答的问题，如行为性问题放在前面；较难回答的问题，如态度性问题放在中间；敏感性问题，如涉及动机、隐私等问题放在后面。封闭性问题放在前面，开放性问题放在中间，涉及个人情况的事实性问题放在最后。问卷的问题设计需遵循时间顺序和类别顺序。

体育营销人员在设计问卷时，可采用结构式问卷或开放式问卷。结构式问卷中包含封闭式问题，相对来说，适用于规模较大，内容较多的市场调查。开放式问卷包含开放式问题，开放式问题可产生更多的有深刻见解的信息，适用于规模较小的试探性调查。

问卷的基本结构包括五个部分：标题、卷首语、填表说明、正文和作业记录。问卷的标题是概括说明调查研究的主题，使被调查者对所要回答的问题有大概的了解。标题应简明扼要，说明调查主旨。卷首语主要用来说明调查的目的、调查结果的用途等；还包括对被调查者的感谢及隐私保护等承诺。填表说明，是用来指导被调查者填答问题的各种解释和说明。正文是调查者所要了解的基本内容，是调查问卷中最主要的部分，也是问卷设计的关键部分，它主要是以提问的形式提供给被调查者，这部分内容设计的好坏直接影响整个调查的价值。作业记录主要用来记录进行问卷调查作业的相关情况，主要包括被调查者的联系方式，调查员的姓名，调查的时间和地点等作业信息。

体育营销调研人员在进行问卷设计时应遵循以下几项原则。

（1）客观性原则，即设计的问题必须符合客观实际情况。

（2）必要性原则，即必须围绕调查课题和研究假设设计最必要的问题。

（3）可能性原则，即必须符合被调查者回答问题的能力，凡是超越被调查者理解能力的问题都不应该出现。

（4）自愿性原则，即必须考虑被调查者是否自愿真实回答问题，凡是被调查者不可能自愿、真实回答的问题都不应该正面提出。

（5）具体性原则，即问题的内容要具体，不要抽象笼统。

（6）单一性原则，即问题的内容要单一，不要把两个或两个以上的问题放在一起。

（7）通俗性原则，即表述问题的语言要通俗，不要使用被调查者感到陌生的语言，特别是不要使用过于专业化的术语。

（8）准确性原则，即表述问题的语言要准确，不要使用模棱两可、含糊不清或容易产生歧义的语言和概念。

3. 实验法

实验法是体育营销调研人员按照某种因果假设进行实验，在高度控制环境因素的条件下，通过人为操纵刺激因素，以检定两种现象之间是否存在着一定因果联系的研究方法。调研人员在实验中通过实验设计排除所有可能影响实验结果的因素，发现所测量的刺激因素与实验结果之间是否存在因果关系。例如，某健身俱乐部的调研人员希望发现增肌粉价格和销量是否存在显著的因果关系，他们可以选择两个具有极大相似性的分店来售卖同款增肌粉，并分别售价 288 元和 188 元。在实验期内，如果两个分店的增肌粉销量差异较大，而两个分店的到店会员人数大致相等，两个分店提供健身服务的水平也大致相当，其他产品价格基本一致，那么基本可以认为增肌粉销量的显著变化与定价相关。实验法的科学效度较高，但是如果不能严格控制各项实验条件，容易导致失真，那么所得研究结论在实践中的意义可能不大。

4. 访谈法

访谈法主要被用来收集定性数据。常见的访谈法有深度访谈法和焦点小组访谈法。

（1）深度访谈法。深度访谈法又被称作深层访谈法。深度访谈法是一种无结构的、直接的、个人的访问，在访问过程中，一个掌握访谈技巧的调查员深入地访谈一个被调查者，以揭示对某一问题的潜在动机、信念、态度和感情。深度访谈法适合于了解复杂、抽象的问题。这类问题往往不是三言两语可以说清楚的，只有通过自由交谈，对所关心的主题深入探讨，才能从中概括出所要了解的信息。

专业采访者在确立要讨论的主题之后应该尽量地减少自身的参与，侧重于引发被访者的自由表达。深度访谈在体育营销调研中，常被用来了解消费者对产品或品牌的态度、看法、观点。除了讨论产品种类与品牌之外，受访者还被鼓励自由谈论他们的活动、态度、兴趣等。记录访谈过程的手稿、录像带、录音磁带以及受访者用来传达其态度和动机的情绪、手势或者“肢体语言”，都会被仔细地研究。这种研究给体育营销者提供非常有价值的有关产品设计或重新设计的观点，提供产品定位或重新定位的见解。

深度访谈法能深入地了解被访者的思想与看法。但是深度访谈法对调研人员的依赖较大。首先能够做深度访谈的调研者比较难以找到，其次由于调查的无结构使得结果十分容易受调研者自身的影响，最后结果的完整性也十分依赖于调研者的技巧。

（2）焦点小组访谈法。焦点小组访谈法又称小组座谈法，就是采用小型座谈会的形式，由一个经过训练的主持人以一种无结构、自然的形式引发具有代表性的消费者或客户进行自由交谈，从而获得对有关问题的深入了解。一个焦点小组通常由 8 ~ 10 名受访者组成，受访者被鼓励讨论他们的兴趣、态度、反应、动机、生活方式，以及对所讨论的产品、广告、品牌等的感情、使用体验等。体育营销调研者通常运用焦点小组访谈法来了解消费者的想法及其产生各种想法的原因。

与深度访谈法不同的是，焦点小组访谈法通过群体自由交谈，运用群体动力来引发更多的发现。在小组中，一个人的反应是对他人的刺激，受访者们在小组访谈中会相互作用，这种相互作用会产生比单独访谈同样数量的受访者更多的信息。通过群体内部的相互作用，调查者能够引起、刺激和进一步精确化、细化对受访者的理解和认识。这种方法的价值在于常可以从自由进行的小组讨论中得到一些意想不到的收获。

5. 行为数据分析法

行为数据分析法是指在获得消费者行为数据的情况下，对有关数据进行统计、分析，从中发现消费者行为规律，并将这些规律与营销问题相结合，为营销策略提供依据。互联网技术、大数据技术等现代高科技技术创新为体育营销调研者提供了诸多记录消费者行为的方法。例如，用户在购物网站上浏览、点击、购买等行为都会被记录下来。对这些数据的分析可以帮助营销人员获知消费者偏好、消费趋势变化等信息。

第四节 体育营销调研的实践应用

一、有效体育营销调研的特点

体育营销调研是重要的营销决策工具，体育组织依据调研结果来分析市场机会，进行市场资源配置。有效的体育营销调研是体育组织正确决策的基础。有效的体育营销调研往往具有如下特点。

1. 准确的调研目标

在进行营销调研时，调研人员对实践中待解决的营销问题进行仔细观察，将营销问题有效地转换成调研问题，准确地制定调研目标。

2. 科学的调研方法

调研人员在选择调研方法时，依据调研目标选择合理的调研方法，而不是让调研目标适应调研方法。

3. 严谨的调研过程

在具体的调研过程中，所有参与调研的人依据统一的调研要求，严谨地实施调研过程。

4. 有效的调研报告

调研人员在分析和报告数据时，逐一报告待解决的调研问题并合理分析其原因，为决策者提供科学依据。

二、体育营销调研的局限

体育营销调研在体育营销决策中的重要性日益凸显，但在实践中，仍存在不少误区，妨碍了它的广泛应用。

1. 调研目标过于狭隘

许多管理人员把体育营销调研看成了解体育市场现象的工具，在设定调研目标时往往仅仅考虑与市场表象相关的目标，如销售量，市场占有率等，而没有与组织所面临的决策问题关联起来。这样一来，调研的结果往往只能了解到市场事实，却无法为组织决策提供有力的支撑。这进一步加深了管理人员对体育营销调研效果有限的印象。

2. 调研人员能力不足

体育营销调研是科学性较强的工作，需要训练有素的专业人员来执行。但在一些组织中，调研人员的能力不足，严重地影响了调研结果的价值。

3. 调研结果错误或滞后

要取得全面、正确、及时的调研结果并不是一件容易的事情，需要科学的设计和执行，也需要时间和成本。有时候组织并不是不重视市场调研，而是因其目标的偏差、方法的错误、执行的疏漏等因素导致调研结果错误或延误，进而导致决策错误。

4. 调研行为违反营销伦理

侵犯消费者的隐私权和调研结果的滥用，是营销调研中比较突出的伦理问题。大数据时代，信息收集、储存与利用的成本大大降低而效率却迅速提升，这种高度开放的信息流动也使消费者个人数据被泄露和非法利用的风险增加。消费者隐私权可能由于信息泄露、第三方窃取和过度收集与利用等原因受到侵犯。

重要概念

体育营销调研 探索性调研 描述性调研 因果性调研原始数据 二手数据 观察法 问卷调查法 实验法 访谈法 行为数据分析法

复习题

1. 体育营销调研有何意义？
2. 体育组织可以采取哪些方法来收集数据？
3. 一手数据和二手数据各有什么优缺点？
4. 什么是实验法？实验法在体育营销调研实践中有哪些特点？
5. 体育营销调研人员在设计调研问卷时应遵循哪些原则？
6. 有效的体育营销调研具有哪些特征？

案例思考：埃森哲给运动消费人群“画像”，看看喜欢运动的人群消费特征

如今，运动健身已成为最时髦、最健康的生活方式之一。《2018 埃森哲中国消费者洞察报告》（以下简称报告）显示，有 60% 的受访者每周运动时长超过 3 小时，39% 超过 5 小时，而超过 7 小时和 9 小时的人数比例则分别为 22% 和 12% 。

喜欢运动者更容易冲动消费，更重视生活品质。运动达人更享受智能生活，而不爱逛实体店……围绕着最时髦、最健康的健身方式，流传着不少有关运动消费人群特征的总结。

到底哪些是以讹传讹的谣言，哪些是客观趋势？此次报告特地将既拥有一定运动时长又占到一定比例的每周运动超过 5 小时人群作为参考样本，为广大读者详尽解析。

年轻人更喜欢运动？假！报告显示：在各细分人群中，每周运动 5 小时以上的人数比例最高的是 55 岁以上人群，达 47%；而在 18 ~ 34 岁及 45 ~ 54 岁人群中，每周运动 5 小时以上的受访者比例维持在 37% ~40% 的区间内，并无明显差异。

中高收入人群没时间运动？假！除学生群体外，收入越高的人群中，每周运动5小时以上的人数比例总体也越高——当月收入水平超过6000元时，这一比例达到约40%；当月收入水平超过1.2万元时，这一比例达到49%。

喜欢运动的人更容易冲动消费？真！报告称，每周运动时间越长的受访者，冲动消费的比例也越高。其中，每周运动5小时和9小时以上的人群冲动消费比例分别达到了39%和43%，比普通受访者高出3个和7个百分点。

喜欢运动的人更注重生活品质？真！相对整体受访者而言，爱运动人群购买商品时，更加注重产品能否彰显生活品位、是否为上市新品、是否有一定品牌知名度。就细分项而言，爱运动人群更爱在运动/户外产品、3C数码、家用电器、保健品/药品等产品，以及旅游出行、健身运动方面消费。

运动达人更会享受智能生活？真！有41%的受访运动人群表示：自己往往是最早购买最新技术产品的人；另有38%的人正在使用可穿戴设备，16%的人购买过AR/VR产品——这些比例均较整体受访者高出4个至5个百分点。

此外，有近半数的运动达人希望，AR/VR产品以及人工智能和万物互联被更多应用于健身/运动领域；另有1/3运动人群对共享模式也很期待。

运动人群更爱网购不爱实体店？假！事实上，无论是网购的比例，还是前往线下实体店的比例，运动人群都比其他群体要高出一筹，并随着每周运动时长的增加而增加。他们是货真价实的“两线买”消费者。例如，网购方面，在受访者总体以及每周运动5小时以上人群中，都有55%表示自己今年的网购次数有所增加。

喜欢运动的人对于新兴购物和服务方式更感兴趣？真！无论是对生活品质的注重，还是对智能生活的向往，都展示着运动人群前卫新潮的一面。他们对于新兴购物和服务方式的态度自然也不例外。调研中，当被问及这一问题时，经常运动的受访者对于几乎所有选项的感兴趣程度都比其他受访者高出一筹。

运动人群更容易受到兴趣圈影响？真！调研显示，无论是美食、旅游、时尚、体育，还是运动健身、数码产品，经常运动的人群几乎在所有领域都更加注重兴趣圈的建立，他们更乐意向圈子内的朋友分享购物体验并关注各种评论，也更容易受到圈子的影响而消费。

报告显示：66%的“圈子运动族”经常购买户外用品，而“普通运动族”和整体消费者的这一比例分别为46%和37%；此外，表示未来一年将在运动健身领域增加花费的受访者比例中，“圈子运动族”也以45%遥遥领先于后两者的30%和22%。

喜欢运动的人更不在意产品和服务的价钱？假！虽然运动达人们对于产品和服务有着独特的需求和偏好，但他们并不是没头脑的大款。恰恰相反，喜欢运动的人较之普通消费者更热衷比价。

报告称，53%的运动人群表示：在店内购物时会使用手机比价；46%会经常使用折扣网站寻找商品的最低价格；57%会在下单前比较各个购物网站的价格；甚至在完成购物后，55%的运动人群仍会继续关注该商品的价格。

（来源：埃森哲给运动消费人群“画像”　看看喜欢运动的人群消费特征.《经济日

报》官方账号．（2018－09－15）

http://www.ce.cn/xwzx/gnsz/gdxw/201809/15/t20180915_30307942.shtml）

思考题

1.《2018 埃森哲中国消费者洞察报告》对消费者的哪些方面进行了调查？

2. 假如你是一家销售户外用品的企业，你是否会根据这个报告来调整你的经营策略？为什么？

第四章　体育消费者

本章学习目标

1. 理解顾客价值、顾客满意及顾客忠诚的含义。
2. 了解体育消费者参与体育消费的方式。
3. 了解影响体育消费者行为的因素。
4. 熟悉体育消费者的购买决策过程。

案例导入：从亏损30亿到半年盈利2亿，李宁华丽转身

20世纪末，谁的脚上穿一双李宁牌运动鞋，一定会引来小伙伴的集体膜拜。

那时的李宁既是一个中国体育品牌，也是一位中国体育明星，还是一位中国企业家。李宁的“L”型Logo有一种魔力，让品牌和消费者心理的距离很近。

2000年前后，随着人们鞋上的Logo越来越多，李宁遇到了企业发展的第一个瓶颈期，这一时期，李宁与消费者的距离被市场竞争强行分割。2008年，在北京奥运会上，李宁本人作为主火炬手，为品牌有意无意创造了一个红利期。

但随后几年，李宁陷入高库存率的困境，即便在2015年李宁先生回归以后，企业也没能重回巅峰时刻。

令人意想不到的是2018年，李宁在纽约时装周亮相，一系列讨好消费者的设计掀起了一股“国潮”风尚，它以一种复古的姿态让人们将回忆激发成一种品牌记忆……显然，李宁已经明白，赢得消费者就是赢得市场。

作为中国原创品牌，李宁曾凭借人口红利期快速发展。然而在过去的20年里，李宁这个品牌在市场上却几度浮沉。

为什么李宁还是那个李宁，市场的恩宠却不再了?

真相很残酷：消费者变了。

李宁全渠道总监谭勇认为消费者的变化可以从两方面来看。

一是消费者的群体构成发生了变化。李宁创立之初积累的那一批忠粉是“70、80”后，如今他们已多为人父母。而运动产业有其特殊性，年轻消费者参与度更高，李宁通过对会员数据分析后发现，其消费者年龄跨度竟然在20～45岁之间。

二是消费者的心态变了。大批发时代，品牌商生产什么，消费者就买什么。运动服饰品牌更是如此，潮流由品牌发起，消费者只能从众。但是，随着品牌的多元化以及个性化消费时代的到来，消费者不再满足，而是寻求主动发声。

想要在变化中突围，就必须坚持一件事，那就是缩短与消费者的距离，真正从消费者需求出发。这一结论是李宁在付出高昂的代价后才找到的。

当初，李宁和业内其他企业一样，也采用了经销商制度。这个制度在那个时代优势明显——可快速扩张并占领市场。但随着时间的推移，问题逐渐暴露——品牌不能把控经销商及物品的流动权，最终导致缺乏与消费者直接接触的点。

这个矛盾最终在2012年后的服装业陆续爆出，李宁也没能独善其身，以往那种简单粗暴的生产方式被消费者拒绝，库存率越来越高。公开数据显示，李宁在2012—2014年三年时间里累计亏损超30亿元。

李宁公司通过深入分析发现改变亏损局面的唯一破局仍然在消费者身上。李宁先生曾在接受媒体采访时说，他在意的事情不是股价，而是消费者脚上有没有穿李宁的鞋。很显然，在他的眼里，消费者非常重要。正是基于对消费者的看重，李宁公司重新出发，通过推出符合年轻消费者需求的包含中国元素的原创作品，再次走近了消费者。

（来源：从亏损30亿到半年盈利2亿，李宁如何做到？搜狐网：http://www.sohu.com/a/292171701_597964）

从上述案例中可以发现消费者对于企业的巨大作用。在今天的体育产业市场中，参与竞争的企业越来越多，竞争日益激烈。只有了解顾客需求，为顾客提供所需价值的企业才有可能在激烈的竞争中脱颖而出。本章将解释顾客价值、顾客忠诚等概念，介绍体育消费者参与体育消费的方式，分析影响体育消费者行为的因素并阐述体育消费者的购买决策过程。

第一节　顾客价值、顾客满意及顾客忠诚

一、顾客价值

顾客价值是指潜在顾客对一个产品或服务以及其他选择方案所能提供的所有利益和所有相关成本的评价之间的差异。整体顾客利益是指顾客在某一特定的产品或服务中，由于产品、服务、人员和形象等原因，在经济性、功能性和心理上所期望获得的一组利益的感知货币价值。整体顾客成本是顾客在评估、获得、使用和处理该产品或服务时发生的一组成本，包括货币成本、时间成本、精力成本和心理成本①。简而言之，顾客价值就是顾客感知到的总利益和总成本之间的差额。顾客价值是顾客选购产品的基础。顾客在进行购买时，会比较不同产品的顾客价值，选择顾客价值高的产品进行购买。例如，顾客想购买一场体育比赛的门票，他一定会选择购买能够给他带来更高顾客价值的那场比赛的门票。对于营销人员而言，准确评估顾客价值有利于了解产品是否具有顾客价值优势。如果不具有顾客价值优势，那么有两种解决办法：提高顾客整体利益或降低顾客整体成本。需注意的是，当不能提高顾客利益时，将顾客成本大幅提高，会出现顾客价值下降的情况；同样，当降低顾客成本时，也不能将顾客利益减少太多，否则，也会出现顾客价值下降的情况。

二、顾客满意

顾客满意是指顾客对产品实际绩效的感知与他对产品的期望进行比较后获得的愉悦或失望的感觉。如果产品的实际绩效超出了他的预期，那么顾客会感到满意；否则，顾客会感到失望。顾客对产品实际绩效感知来自顾客购买并使用产品后对产品利益的判断。顾客期望来自顾客过去的购买经验，朋友和伙伴的意见，营销者和竞争者的信息及承诺等。营销人员需要认识到顾客满意度的高低会影响到顾客的再次购买，因此，提高顾客满意度可以一定程度上增加顾客再次购买的概率。例如，一位顾客购买了一双运动鞋，如果穿上鞋以后，他觉得很满意，那么他将来还有可能再次购买。如果穿上以后，他感觉很不满意甚至很失望，那么他很难再次购买。体育企业可以通过提高产品实际绩效或降低消费者期望的做法来增加顾客满意度。但是事实上，如果企业过度降低顾客期望的话，将很难吸引顾客产生购买欲望。因此，通常企业的做法是提高产品的绩效表现，如不断提高产品质量、增加产品服务等。

---

① 菲利普·科特勒，凯文·莱恩·凯勒．营销管理［M］．王永贵，译．北京：中国人民大学出版社，2012：143.

三、顾客忠诚

顾客忠诚是指消费者内心对于在未来重复购买或者重新光顾某项产品（或服务）所秉持的信念（或承诺）。顾客忠诚由以下四个维度组成：①再次购买意愿。再次购买意愿是指如果顾客在某一时期内对产品或服务有需求，将愿意再次购买该产品或服务；②推荐意愿。推荐意愿是指如果顾客对特定产品或服务满意，则愿意将其推荐给自己的亲友，包括以任何积极正面的方式传播其品牌和形象；③价格容忍度。价格容忍度是指顾客在特定产品或服务价格上涨之后仍然选择购买产品或服务的价格上限；④交叉购买意愿。交叉购买意愿是指如果顾客对特定产品或服务感到满意，将表现出购买相关产品或服务的意愿，甚至购买次要的或者其他并不相关的产品。

企业通过满足顾客需求实现与顾客的价值交换，可以说顾客是企业利润的来源中心。企业正是通过获得顾客、维系顾客、发展顾客来获得持续的发展。因此，了解并提供顾客需要的顾客感知价值，让顾客在价值交换中得到顾客满意，并培养出顾客忠诚是体育企业营销人员的主要任务。

第二节　体育消费者概述

一、体育消费者的概念

体育消费者是指支付费用来购买和使用体育产品和服务的个人、群体或组织。一般来讲，体育营销人员需要了解的主要消费者分为两大类，一是个体消费者，是指为了生活消费而购买体育产品和服务的个人或家庭。个体消费者购买体育产品和服务的目的是为了在生活中使用和消费体育产品和服务。个体消费者购买的产品和服务并不总是局限于个人使用，常常会扩展到家庭使用，或朋友、同事使用。例如，购买了一副羽毛球拍的个体消费者，就常常会和家人和朋友一起使用其购买的羽毛球拍。二是组织消费者，是指为了组织生产或消费而购买体育产品的企业组织、政府组织和非营利组织等。例如，一个篮球俱乐部会采购训练中使用的设备、器材和其他训练所需产品。

二、个体体育消费者参与体育消费的形式

个体消费者因为参与体育活动而产生了体育消费需求。了解个体消费者参与体育活动的形式有利于体育营销人员了解个体消费者的需求。个体消费者参与体育活动的形式主要有三种，分别是行动参与、认知参与、情感参与。行动参与是指个体消费者通过采取具体

的身体行动来参与体育活动的行为，如参与体育锻炼、参加体育比赛、观看体育比赛等。认知参与是指个体消费者并没有亲临现场，而是通过各种媒体来获取体育信息、体育知识的行为。情感参与是指个体消费者对体育产品或服务付出情感、态度和感受的行为，如球迷们会因为非常喜爱某一球星的因素而购买与该球星相关的产品或服务。与行动参与和认知参与相比较而言，情感参与更有利于培养体育产品或服务与消费者之间的亲密关系，有利于实现个体消费者对产品或服务的忠诚。因此，体育营销人员可以在行动参与与认知参与阶段展开有针对性的营销活动，培养更多的个体消费者达到情感参与的境界，从而拉近体育产品或服务与消费者之间的距离，增加顾客忠诚度。

第三节　影响体育消费者行为的因素

消费者行为研究的是个人、群体和组织如何挑选、购买、使用和处置产品、服务、构思或体验来满足他们的需要和欲望的过程①。体育消费者参与体育活动，挑选、购买、使用和处置体育产品和服务的过程受到了社会、文化、技术、个性、态度、情感等因素的影响。总体来讲，我们可以将影响个体体育消费者行为的因素分成两大类：环境因素和个体因素。

一、环境因素

1. 参照群体

参照群体是指那些直接或间接影响人的看法和行为的群体。人是社会的人，所有人都生活在由自己和他人共同构成的社会群体中。几乎所有人的体育参与行为都受到了周边人群的影响。很多人的体育活动习惯都是在从小和家人一起参与体育活动中培养起来的。姚明、邓亚萍等运动员就是从小在其父母的影响下开始从事体育运动的，还有很多人受到了老师的影响。例如，一个从小就喜欢踢足球的人，很可能是在小学的时候受到了体育老师的影响。除了家人、老师外，影响体育消费者的主要参照群体还有朋友、教练、体育明星等。朋友在体育参与方面的影响力是惊人的，很多从小不参与体育活动的人，在大学里为了更好地参与大学生活，会在朋友的影响下开始参与体育活动。近年来，体育明星的影响力也大大加强，许多体育迷是在体育明星的带动下开始参与体育活动的。许多体育企业也通过邀请体育明星做代言来吸引更多的体育消费者。

2. 文化和亚文化

文化、亚文化和价值观等文化因素，对体育消费者的行为具有广泛和深远的影响。就

---

① SOLOMON M R. Consumer Behavior: Buying, Having, and Being, 9th ed[M]. New Jersey: Pearson Education Limited, 2011.

体育消费而言，文化是影响和规范消费者体育消费行为的信仰、价值、习俗的总称。文化被认为是社会经验的一部分。孩子从他们所处的环境中获得一系列的信仰、价值观和习俗，这些因素就构成了文化，人们会从正式学习和非正式学习中获得。不同的文化氛围和不同的价值观，会造就不同的体育消费行为。例如，美式橄榄球在美国是大众喜爱的体育活动，美国职业橄榄球大联盟（NFL）的年终总决赛在美国的收视率常年位居第一位。但是在亚洲地区，喜欢橄榄球运动的人却比较少。

亚文化是在一个较大且较复杂的文化环境中可以分辨出来的具有一定独特性的小文化群体。亚文化是一个独特的文化群，它以可识别的细分形式存在于这个大而复杂的社会中。它的成员所拥有的信念、价值观和习俗使得它们与同一社会中的其他成员区分开来。亚文化也会对个体消费者的体育消费行为产生影响。例如，生活在中国的美裔人群仍然会保有美式生活习惯，他们仍会喜欢橄榄球等体育活动。

3. 社会阶层

社会阶层是把社会成员按照收入、职业、教育水平、社会地位等因素划分成不同地位的阶层，不同阶层的成员拥有不同的收入水平和社会地位。社会阶层的划分通常根据特定的社会阶层成员相对于其他社会阶层成员所拥有的收入水平和社会地位来确定的。研究显示，不同社会阶层在体育服装购买、参与体育活动的类型、体育消费结构等方面有所不同。

4. 地理条件和气候条件

地理条件和气候条件会影响到许多运动项目的开展，进而影响到体育消费者的体育消费行为。例如，在我国北方地区，受冬季寒冷的气候条件影响，冰雪运动开展得较多；而在温暖潮湿的南方地区，水上运动开展得较多。

5. 技术创新

体育领域的技术创新带来了新的体育产品和体育服务，一定程度上改变了体育消费者的行为。例如，智能手环、智能运动鞋等可穿戴产品丰富了体育产品类型，为消费者购买体育产品提供了更多选择。虚拟现实（VR）、人工智能等新技术在体育比赛中的应用为体育消费者提供了更好的观赛体验。

6. 体育组织的营销行为

有心理学者研究发现，体育迷的行为受到他所喜爱的运动队或运动员在赛场上比赛输赢的影响。虽然体育组织无法控制体育比赛的输赢，但是体育组织可以控制比赛结果以外的其他体育产品因素，如提供更好的赛场引导服务、更舒适的座位、更清晰的现场大屏幕、更多的赛场展示活动等比赛以外的产品和服务，让消费者拥有更好的观赛体验。体育组织的这些营销行为，会增加体育迷对体育产品和服务的好感，分散他们对比赛结果的过度依赖，进而产生再次观看体育比赛的需要和想法。

二、个体因素

1. 自我观念

自我观念是指人们对于自我的认知。不同的人对自己有不同的认知，从而形成自己是属于哪类人的观点。人的自我观念是从儿童时代开始形成的，并通过社会交流，逐渐知道了他们现实中的自我观念，即形成了关于他们是什么人的想法。体育是影响人们形成自我观念的一个重要因素。在体育活动中，一个人可以了解自己的身体极限，也可以通过与他人的运动能力相比较，得出对自我运动能力的认识。

2. 生命周期阶段

人们参与体育活动、选购体育产品的品位与年龄有很大关系，也受到家庭生命周期及家庭成员的数量、年龄和性别的影响。处于不同家庭生命周期阶段的人在体育运动上所花费的时间、金钱、精力等完全不同，参与的体育项目也不同。美国一项针对球迷的研究发现，43%的人表示他们在 8 岁时就成了某项运动的粉丝，60%的人表示他们到 11 岁时，已经成为某项运动的粉丝。

3. 个性

个性是指一个人在其生活、实践活动中经常表现出来的、比较稳定的、带有一定倾向性的个体心理特征的总和。不同个性的人参与体育活动的方式有时会很不同。例如，内向型的人往往喜欢独自运动，而外向型的人更喜欢结伴运动。

4. 学习

学习是指由于经验而引起的个人行为或行为潜能的持续性变化①。人类行为大多数来源于学习，体育活动也是如此。人们需要通过学习获得关于体育运动的信息、知识和技巧等；也需要通过学习了解体育市场中不断出现的新产品和新品牌，才能准确地做出购买决策。

5. 性别

性别因素影响到个体消费者参与体育消费的方式和程度。研究表明，女性消费者和男性消费者参与体育活动的方式有所不同。男性消费者更喜欢在现场观看体育比赛或者观看体育比赛的直播。男性消费者会对体育比赛等体育产品或服务投入更多的感情，如他们更喜欢在赛前为参赛队伍加油鼓劲。而女性消费者在观看比赛时则没有那么专注，她们可以一边看比赛一边干别的事情。女性消费者往往对停车场、球场座位等体育比赛的环境要素更为关注，而男性消费者往往更关注赛事本身。

6. 知觉

知觉是人脑对作用于感觉器官的事物整体的反映，是对感觉信息的解释、分析和整合过程。知觉不仅取决于刺激物的特征，而且依赖于刺激物同周围环境的关系以及个人所处的状况。感觉和知觉是不同的心理过程，感觉是感觉器官获得对刺激物的反映，是对事物个别属性的判断，如视觉是眼睛所获得的对事物的属性判断，听觉是耳朵所获得的对事物属性的判断；知觉反映的是事物的整体，即事物的各种不同属性、各个部分及其相互关系，如对某件物品的知觉，是听觉、视觉、嗅觉等多种感觉器官获得的事物属性的整体分析和解释。感觉仅依赖个别感觉器官的活动，而知觉依赖多种感觉器官的联合活动，知觉比感觉更复杂。知觉影响消费者对事物的整体判断，不同的消费者对事物的知觉会非常不

① 付国群．消费者行为学［M］．北京：高等教育出版社，2001：171.

同。例如，不同的体育消费者对同一家健身俱乐部的环境整洁程度、健身活动的运动强度、是否会发生运动损伤等问题会有非常不同的知觉。

7. 动机

动机是促使个体行动的驱使力，引导人们去探求满足需要的目标。这个驱使力是由一种不舒服的紧张感的状态所引发，这种紧张感是未被满足需要的结果。个体会通过有意识或者下意识的行为去减轻这种紧张状态，他们期望这些行为能满足他们的需要并因此减轻紧张状态或者他们所感受的压力。所有的个体都有需要、需求和欲望。影响消费者参与体育活动的动机因素主要有：自尊、健康、健美、开心、有趣、社交、挑战自我、逃避压力等。

8. 信念和态度

所谓信念是指一个人对事物所持有的确定性看法。很难想象，一个人对某企业产品或品牌有不好的印象，还会购买该企业产品或该品牌产品。因此，体育营销人员应关注人们头脑中对其体育产品或服务所持有的信念，即本企业产品和品牌的总体形象。所谓态度是指一个人对事物或观念长期持有的好与坏的评价、情感上的感受和行动倾向。态度的基本特性是持久性和广泛性。持久性是指一种态度会在相当长的时间内维持不变。广泛性是指一种态度适用于所有同类事物，而不是仅仅适用于单一事物。态度一旦形成，在相当长时间内很难改变，因此体育营销人员应注意了解消费者对其产品和品牌的态度，以便有针对性地引导消费者的产品选择和购买行为。

第四节　体育消费者购买行为类型

体育消费者在购买不同的体育产品和服务时，所投入的精力成本和时间成本会有很大不同。在体育消费者购买价格昂贵的体育产品和服务时往往会反复权衡并比较不同品牌产品之间的差异，还可能涉及许多人共同参与购买决策。根据人们在购买决策过程中扮演的角色，可以将体育消费者分为：

（1）发起者，即首先提出或有意想购买某一体育产品或服务的人。

（2）影响者，即其看法或建议对最终决策具有一定影响的人。

（3）决策者，即对是否买、为何买、如何买、何处买等有关决策作出完全或部分最后决定的人。

（4）购买者，即实际采购人。

（5）使用者，即实际消费或使用产品、服务的人。

根据参与者的介入程度和品牌间的差异程度，可将体育消费者购买行为分为四种类型，如表 4－1 所示。

表 4－1 体育消费者购买行为类型

品牌差异 \ 介入程度	高度介入	低度介入
品牌差异小	协调型购买行为	习惯型购买行为
品牌差异大	复杂型购买行为	变换型购买行为

一、习惯型购买行为

对于价格较低、品牌之间差异较小的产品，消费者往往根据以往的购买经验来购买，而不需要花费时间来研究品牌之间的差异，比较产品之间的不同特点。这种最简单的消费者购买行为被称为习惯型购买行为。在习惯型购买中，消费者的介入程度非常低，消费者不会主动搜集产品信息，也不一定进行购后评价。购买乒乓球就是习惯型购买的例子。乒乓球价格较低，各个品牌产品之间差异不大，消费者会根据某熟悉品牌的乒乓球而习惯性地长期购买该品牌产品。针对习惯型购买行为，营销人员需要保证产品质量稳定和供应量充足，使消费者在再次购买时仍然愿意买，并能买得到。

二、变换型购买行为

变换型购买行为通常也发生在产品价格较低的购买行为中。但与习惯型购买行为不同的是，变换型购买行为往往发生在品牌差异明显的产品中。虽然品牌差异明显，但是消费者仍然不愿花更多时间和精力来进行选择和评估，而不断变换所购产品的品牌的消费者购买行为就是变换型购买行为。消费者经常转换产品品牌，并不一定是因为对已购产品不满意，而是出于寻求新鲜感和多样化等因素。例如，一位母亲在为子女选购跳绳时，就可能会选购与以往不同的品牌。针对变换型购买行为类型，吸引消费者注意是非常重要的，只有消费者注意到了产品和品牌的信息，才有可能在购买时选择产品。因此，体育营销者应主动与消费者沟通，通过广告、公关、销售促进等方式向消费者传递产品信息，鼓励消费者试用、购买和续购其产品。

三、协调型购买行为

协调型购买行为往往发生在产品价格较高，购买风险较大的产品中。针对这类产品，消费者认识到购买风险高，也愿意花时间和精力去搜集产品信息，比较产品特点，但是消费者可选购的产品品牌之间差异却较小。购买以后，消费者也许会感到有些不协调或不够满意。为了减少不满意，消费者在使用过程中，会主动了解更多产品和品牌信息，并寻求种种理由来减轻、化解这种不协调，以证明自己的购买决定是正确的。针对协调型购买行为类型，体育营销人员应该主动调查和分析引起消费者不满意和不协调的原因，并有针对性地与消费者进行沟通，尽可能地降低或消除消费者的购后不协调，使消费者对购买决策树立信心，并愿意再次购买。

四、复杂型购买行为

复杂型购买行为往往发生在购买产品价格高、品牌差异大、风险高的产品时。所谓的复杂是指消费者在购买这类产品时，消费者的介入度高，做出购买决策的过程复杂。例如，大多数消费者在购买跑步机、动感单车等价格较高的体育器械产品时，就会经历从搜集产品信息、比较产品性能特点、咨询他人意见、形成对产品的看法、最后再决定购买等过程。对于复杂型购买行为，营销人员应了解消费者所经历的购买决策过程，并知道促使消费者下定决心购买的产品特征是什么，进而有针对性地引导消费者逐步了解产品，形成对产品的偏好，进而做出购买决策。

第五节　体育消费者的购买决策过程

体育营销人员在研究消费者行为时，需要了解消费者为什么购买产品和服务，消费者如何了解产品信息，消费者在什么时间，什么地点购买产品，哪些因素影响消费者做出购买决策。对于这些问题的研究，使得营销学者开发出一个购买决策过程的“阶段模型”①。在复杂购买行为中，体育消费者购买决策过程由唤起需要、收集信息、方案评估、决定购买和购后行为五个阶段构成。（图 4－1）

图 4－1　体育消费者的购买决策过程

一、唤起需要

只有消费者感到对某种产品有需要，才会去购买。因此，消费者产生对产品或服务的需要，是购买决策过程的第一步。消费者的需要可以由消费者内部刺激唤起，如当你感到饥饿的时候，就会去购买食物。这就是一个由内部刺激唤起的需要。消费者的需要也可以由外部刺激引起。例如，一个非常有意思的广告，可能就会激发消费者对该产品的购买欲

① 菲利普·科特勒，凯文·莱恩·凯勒．营销管理［M］．王永贵，译．北京：中国人民大学出版，2012：188.

望。除了广告以外，可以激发消费者需要的外部刺激还有很多，体育营销人员应注意识别可以引起消费者需要的外部诱因，并着力强化这种外部诱因，促使消费者对企业产品产生强烈的需求，并进一步采取购买行动。

二、收集信息

在复杂购买中，消费者产生了对产品的需要后，会经过谨慎思考、反复衡量后才会做出购买决定。消费者进行思考和衡量时需要有信息支撑。一般来讲，消费者会主动收集有关产品和企业的信息。消费者收集信息的来源主要有个人经验、朋友或家人的意见、大众媒体信息、网络评价等。消费者收集信息的渠道会随着新技术的变化而变化。在网络购物时代，网络购物平台中的购买者评价对消费者有重要影响。体育营销人员需要了解消费者从哪些渠道搜集信息，并分析各种渠道的重要程度。如果营销人员选择了错误信息渠道，那么即使投入大量宣传费用，其产品信息也不一定会被消费者搜集到。

三、方案评估

经过信息收集，消费者通常会选择几个可以满足自己需求的候选产品。消费者会对候选产品进行评估来决定最终要购买的产品。消费者在进行方案评估时会考虑一些与产品相关的要素，这些要素主要有质量要素、价格要素、社会要素、个人要素等（表 4－2）。我们可以将这些要素称为关键要素，它们是决定消费者是否购买产品的重要标准。营销人员需要注意的是，消费者在购买产品时所关注的关键要素是什么，每种要素的重要性有多大。例如，消费者在购买运动鞋时可能都会关注产品质量、产品价格、产品样式等因素。但有些消费者会将产品质量放在第一位，有些消费者会将产品价格放在第一位，而有些消费者会将产品样式放在第一位。体育营销人员应充分了解消费者选择产品时的关键要素及各要素的排序，在制定营销方案时有针对性地突出重要的关键要素，在引导消费者进行产品评估时选择自身所需产品。

表 4－2　消费者选择产品时的关键要素

要素	内容
质量要素	可靠性、耐用性、舒适性、风格、品位等
价格要素	实际价格、维修成本、安装成本、折旧、贷款条件等
社会要素	地位、声誉、感知形象、社会认可度等
个人要素	自我形象、情感表达等

四、决定购买

消费者对可选产品进行评估后，会选择有购买意向的产品，接下来就会采取购买行动。但是，在购买意图和最终购买之间，有两种因素会影响最终购买：一是别人的态度；二是意外情况。也就是说，偏好和购买意图并不总是导致实际购买，尽管二者对购买行为有直接影响。导购人员的态度、陪同购买人的态度等发生在购买环节的他人态度会严重影响最终购买。缺货等意外情况也会影响最终购买。他人态度和意外情况这两个因素解释了为什么有时消费者想买的产品和最终购买的产品不一致的原因。

五、购后行为

消费者在购买和使用产品后会对产品的实际表现做出判断，他们会通过比较对产品的预期和产品的实际表现而产生满意或失望的情绪。研究发现，消费者满意度（S）是产品实际表现（P）和消费者期望（E）的函数，即 $S=f(P, E)$。若 $P>E$，则消费者会感到非常满意；若 $P=E$，则消费者会感到满意；若 $P<E$，则消费者会感到不满意。消费者的满意度会直接影响到消费者的后续购买行为。如果消费者对产品满意，则在下一次购买中可能继续采购该产品；如果消费者对产品非常满意，可能还会向其他人宣传该产品的优点；如果消费者对产品不满意，会尽量减少不和谐感，因为人类都有一种在自己的意见、知识和价值观之间建立协调性、一致性或和谐性的驱使力。具有不和谐感的消费者可能会选择退货、退款、投诉或向他人抱怨等手段来减少不和谐感。研究表明，当消费者不满意时，他们向他人抱怨的次数会多于满意时向他人推荐的次数。由此可见，购后体验和评价是消费者购买决策中重要的一环，体育营销工作并不会在消费者购买后结束，而是随着消费者的购后行为展开新的循环。

重要概念

顾客价值 顾客满意 顾客忠诚 体育消费者 参照群体 社会阶层 知觉 动机 信念和态度 习惯型购买 变换型购买 协调型购买 复杂型购买

复习题

1. 顾客价值、顾客满意和顾客忠诚之间有何联系？
2. 影响个体体育消费者行为的因素有哪些？
3. 体育消费者购买行为可以分为哪些类型？
4. 体育消费者在购买决策过程中会经历哪些阶段？营销者针对不同阶段可以采取哪

些营销措施?

5. 结合你最近一次的体育消费行为，思考哪些因素在你此次购买中发挥了作用?

案例思考：“体育界宜家”有点牛!

迪卡侬是一家“奇葩”的运动用品超市。说它奇葩，是因为你可以在店铺里做瑜伽，而且还有店员教你；你还可以在店铺里打羽毛球、跑步或者打高尔夫球；如果你想买自行车还可以先来体验超嗨的单车试骑。

看到这里，你是不是想去迪卡侬店铺体验一把呢?!

如果说宜家是家居界的体验第一店，那么迪卡侬就是“体育界的宜家”。

在这个电商纵横时代，很多实体产业都受到沉重一击，迪卡侬却没有受到影响，2018年收入达到800亿。在别人还在卖产品的时候，它就开始卖购物体验，并且把体验做到了极致。这一点和宜家有异曲同工之处。如果说宜家是每个人的客厅和卧室，那么，迪卡侬就是每个人的运动场和健身房。

（1）它把体育馆搬进卖场，让你玩个够。

迪卡侬店铺基本在4000平方米左右，但一定会留出大约15%室内使用面积给顾客体验，虽然开大店的成本很高。免费的篮球场、足球场、跑道……反正与运动相关的场地应有尽有，简直就是已经把体育馆搬到了卖场的节奏。因为店铺面积大，为了降低成本，迪卡侬的店铺基本开在城市边缘区。不过地理位置似乎对它们的生意影响不大，每天来体验和买东西的人都是络绎不绝。

（2）它打造了一站式购物，让你买个够。

除了把体育馆搬到卖场之外，它还有“运动专业超市”的称号，它让每个顾客都能体验一站式购物的方便。在这平均4000平方米的迪卡侬卖场里，陈列着60多项运动种类、超过35000种运动产品。这些产品按照顾客的购物习惯和运动类别分为11个区域，从初学者入门级产品到职业运动员的专业商品一应俱全。

全品类覆盖，从户外运动、跑步到马术和钓鱼，再小众的运动爱好者都不会空手而归。

（3）它的导购就是教练员，让你无压力。

在迪卡侬，可以说没有导购员这一说。因为它的店铺工作人员除了陪顾客运动之外，还会教你怎么使用运动设备，让你感受装备的品质。其实，只有让消费者深度体验、接触、使用过产品，才能更直观地感受到产品的品质。加上这么好的购物和运动体验，更加刺激了购买欲。

在迪卡侬的导购员中，还有退役下来的专业运动员。去店铺购物还能和运动名人接触，让消费者更加开心。

迪卡侬除了把体验做到了极致之外，为了让顾客能用少量的钱买到最好的产品，迪卡侬还把产品的性价比做到了极致。

(1) 只卖实惠，不玩过度包装。

如今不少品牌为了让自己的产品卖出更高的价格，不惜用过度包装来提高价格，最终还是消费者来买单。

但迪卡侬和它们比起就像是一股清流，它从不玩过度包装，为了最大限度节约成本，迪卡侬的许多商品是没有外包装的。

比如：在生产定制时就取消了鞋盒生产；所以迪卡侬的鞋子是没有鞋盒的。尽管这一点被很多人吐槽，但它还是不忘初心，把质量做到最好，也圈了不少粉。

(2) 不打广告，只做口碑宣传。

和 Nike、Adidas、UA 这些运动品牌相比，迪卡侬是一个从不请明星代言，也不涉足体育赛事的运动品牌，而且宣传费都严格控制在营业额的1%以内，基本都是靠口碑营销。迪卡侬把这些节省出来的广告成本直接让利给了消费者。

(3) 为了保证高质低价，创立自主品牌。

随着自身零售能力不断增强，需要的产品量增大，品牌商在价格和供应方面都很难再与迪卡侬协调一致。

为了摆脱产业链上游的制约，自 1986 年起迪卡侬便开始尝试自己生产产品，向集设计、研发、生产、物流、品牌和零售于一体的经营模式发展。这也是许多入门爱好者偏爱迪卡侬的原因。价格便宜又能让人放心。把性价比做到极致，迪卡侬控制了产业链两端，采购原材料后，自己设计、自己加工、自己卖。卖场内有 60 多项运动种类，超过 35000 种运动产品，90%的产品都是自有运动品牌。在整个产业链中，每一个环节都成为节减成本的地方。

一切从消费者出发去思考问题，真真切切地为消费者着想，带动了迪卡侬的快速发展。

（来源：陈列共和．不打广告，陪顾客瞎玩，年赚 800 亿！这个“体育界宜家”有点牛！搜狐网：http://www.sohu.com/a/259656116_647772）

案例思考

1. 透过案例，你认为迪卡侬成功的背后，有哪些关键因素？
2. 结合消费者的购买决策过程思考，迪卡侬是如何引导消费者进行购买的？
3. 结合案例思考，在当下移动互联网时代，实体企业如何保持旺盛的生命力？

第五章　体育营销环境

本章学习目标

1. 掌握体育营销环境的内涵。
2. 了解体育营销环境分析的意义。
3. 了解体育营销宏观环境的构成要素。
4. 了解体育营销微观环境的构成要素。

案例导入：科技改变体育

“科技改变生活”。这已经是我们非常熟知的一句口号。对于体育来说，科技的作用同样巨大，那么科技究竟将在哪些方面改变体育，科技又已经为体育做出了什么贡献呢？

微软首席执行官纳德拉曾说过：“我认为，世界上恐怕不会有任何一个其他的产业像体育一样，被数据和电子科技如此彻底地颠覆掉了。”纳德拉的观点虽然十分尖锐，但不得不说，现在有越来越多的圈内人开始持有与他同样的观点了。美国某网站曾召开了一次线上的座谈会，邀请了一些专家进行讨论，其中包括职业体育俱乐部的运营者、奥运奖牌获得者、美国职业橄榄球联盟（NFL）球员、初创公司首席执行官、技术大神、退休记者等体育圈内人士，以及一些周边人士甚至粉丝来就自己最有体会的科技对体育的改变，表达了自己的观点，并对未来体育科技的发展提出了自己的看法。他们讨论的话题从可穿戴设备对运动损伤防治的作用，以及对运动成绩提高的影响，到球队通过场内、场外的新技术黏合更多的粉丝，不一而足。

美国足球职业大联盟西雅图海湾人队拥有者，阿德里安·哈瑙尔说："对于我来说，我认为在我们的球队中，并没有对新技术进行完全的利用。实际上，我们可以获得更多有用的数据。比如我们的消费者，球票购买者，通过他们的行为，我们可以看出他们在收看电视或者现场观赛中的偏好、痛点都在哪里。这样我们才能更好地调整我们的商业模式，为他们提供更好的电视和现场观赛体验。"

2012 年伦敦奥运会自行车银牌得主詹尼·里德："我认为现代科技最了不起的一点就是能够让人们根据自己的身体状况，定制化地接收一天的运动日程。这样就可以避免那些不切实际、臆想出来的健身计划了。现在有许多所谓的科学健身计划，但都忽视了一个问题，那就是个体是不同的，而新科技却可以满足这样的定制化需求。此外，这样的科技进步可以让体育更加平民化，以前的专业训练都必须有非常复杂且高成本的投入作为后盾，这就使一些经济实力并不强的人群或者国家很难参与其中，但现在一个可穿戴的大数据设备就能解决这样的问题了。"

11 生物统计公司首席执行官杰西·哈珀说："作为一名体育迷，我对新的统计方式非常着迷。一个跑步的人加速和减速的频率是多少？他怎么跑步的？新的数据技术几乎可以监控一切体育运动数据，这样的创新可以让体育数据达到一个新的高度。"

微软商业战略和管理部总监萨马拉·唐纳德说："科技将在未来帮助一个俱乐部搭建自己的本地社区。体育从本源和传统上都应该是本地化的，但事实上人类在空间上是不停地流动的，随时都可能被他们新环境的体育俱乐部所吸引。但体育俱乐部却还没有与新来的人迅速建立关系的能力。对于我来说，我非常期盼把新技术运用到俱乐部管理上来。这样他们将非常容易地与全球粉丝建立联络。"

Enthrall 体育首席执行官阿兰·麦克吉尼斯说："粉丝黏性是我比较关注的话题。现在有一派观点说，热烈的体育比赛现场是球队构建球迷社群的最好的场所，这句话我非常认同。但奇怪的是，我认为现在很多现场比赛并没有对这样的趋势进行改变。许多比赛并没有让粉丝参与进来。如果你是一个球队的拥有者，为什么不在培养粉丝的习惯上下更大的力气呢？对于球迷来说，到现场看比赛，不正是因为那种感觉么？那种热烈、新奇的感觉，甚至就是旁边人的欢呼都会让你心潮澎湃。可以说，未来的科技发展一定会对这块我们还不甚了解的地带进行更多的探索。"

科技究竟可以在多大程度上改变体育，我们还须拭目以待。但可以预见的是，这一轮的科技创新带来的绝不会只是体育的改变，而可能会是一次整个行业的颠覆。

（来源：大家都来说：科技改变体育，禹唐体育 . 2015 – 05 – 25，http://ytsports. cn/news – 6604. html）

科技给体育带来的改变会对体育营销带来哪些影响？体育组织如何根据科技变化来制定营销战略？除了科技因素以外，体育营销还受到哪些环境因素的影响？……本章将介绍体育营销环境的概念，说明体育营销环境的构成要素，分析这些要素对体育营销的影响，以及如何根据对体育营销环境的分析来制定体育营销战略。

第一节　体育营销环境概述

一、体育营销环境的概念

体育营销环境是指影响体育组织营销活动及其目标实现的各种外在的和内在的因素、境况、条件的集合。就如人的生活需要一定的外在条件和内在条件一样，体育组织的生存和发展也受到外在的和内在的因素和条件的制约，体育组织的营销活动不可能离开环境制约而独立进行。体育组织的环境总是在不断变化中，体育组织需要从变化的环境中发现有利于组织发展的机遇，及时辨识出威胁到组织发展的不利因素。环境适应性是体育组织健康发展的必要因素，适应性强的体育组织时刻监测体育营销环境的变化，通过对环境因素的预判和干预，来保障组织营销目标的顺利实现。

体育环境因素可以分成两大类：一是环境中存在的机会，二是环境中存在的威胁。所谓环境机会是指组织所处的内外环境中出现了有利于组织发展的因素，对于组织的市场营销目标实现具有积极的推动作用。与之相反，所谓环境威胁就是指组织所处的环境中出现了对组织健康发展可能会起到阻碍作用的一些不利因素和挑战，如果不采取有效措施予以应对，那么这些不利因素将妨碍组织的市场营销目标实现。

假设一个体育健身俱乐部组织通过其市场营销调研了解到了以下一些环境因素：

（1）国家制定了推动体育产业发展的相关政策。

（2）俱乐部所在城市的居民年平均收入水平有所下降。

（3）人们对健身的关注度日益增加。

显然，（1）（3）是有利于俱乐部进一步发展的环境机会，而（2）则是有可能会造成俱乐部市场规模缩小的环境威胁。

二、体育营销环境的构成

根据环境因素对体育组织营销活动发生影响的方式和程度，可以将体育营销环境分成宏观环境因素和微观环境因素。宏观环境因素是指体育组织所处的国家或地区的政治、经济、法律、人口、自然、社会文化、技术等影响到组织营销活动的不可控的宏观因素。微观环境因素是指与组织营销活动密切相关的组织内部条件、供应商、目标顾客、竞争者、合作伙伴等对组织营销活动有直接影响的各种因素。

宏观环境因素和微观环境因素是体育组织环境系统中的不同层次，微观环境受到宏观环境的制约，而微观环境的变化也会影响到宏观环境的变化。通常而言，微观环境因素对体育组织营销活动的影响较为直接和明显，宏观环境对营销活动的影响相对间接和不明显。但有时候，宏观环境因素也会对组织的营销活动产生重大影响。例如，体育组织所处的国家或地区发生重大的政治危机事件会对该国家或地区的组织的营销活动带来巨大的负面影响。

体育营销环境构成及其相互关系，如图 5－1 所示。

图 5－1 体育营销环境构成及其相互关系

三、体育营销环境对体育组织营销的作用

1. 体育营销环境对体育组织营销带来多重影响

（1）外部环境给体育组织营销带来的威胁和机会。体育组织所处的外部环境中会出现许多不利于体育组织开展营销活动的因素，给体育组织营销活动带来了挑战。如果体育组织不采取积极措施应对这些挑战，会导致体育组织营销出现困难，带来威胁。为保证体育组织营销活动的正常运行，体育组织应注重对环境进行分析，及时预见环境威胁，将危机降低到最低程度。营销环境也会滋生出对体育组织具有吸引力的领域，带来营销的机会。对体育组织来讲，环境机会是开拓经营新局面的重要基础。为此，体育组织应加强对环境的分析，当环境机会出现的时候善于捕捉和把握，以求得体育组织的发展。

（2）内部环境给体育组织营销带来的优势和劣势。体育组织内部有许多与体育营销活动密切相关的因素，如资源、各部门能力（营销部门、运营部门、研究与开发部门、财务部门、人力资源部门等）、企业文化等因素，这些因素被称为企业内部环境。体育组织通过对内部环境进行纵向分析和横向分析可以发现组织的优势和劣势。在纵向分析中，体育组织分析组织各方面职能的历史演化，从而发现组织在哪些方面得到了加强和发展，在哪些方面有所削弱。体育组织进行横向分析是将体育组织的情况与行业平均水平做横向比较。通过横向比较分析，体育组织可以发现相对于行业平均的优势和劣势。

2. 体育营销环境是体育组织营销活动的资源基础

体育营销环境是体育组织营销活动的资源基础。体育组织营销活动所需的各种资源，如资金、信息、人才等都是由环境来提供的。体育组织生产经营的产品或服务需要哪些资源、多少资源、从哪里获取资源，必须分析研究营销环境因素，以获取最优的营销资源满足体育组织经营的需要，实现营销目标。

3. 体育营销环境是体育组织制定营销策略的依据

体育组织营销活动受制于客观环境因素，必须与所处的营销环境相适应。但体育组织在环境面前绝不是无能为力、束手无策的，而是能够发挥主观能动性，制定有效的营销策略去影响环境，在市场竞争中赢得主动，占领更大的市场。例如，体育组织可以通过对竞争者进行分析，制定针对竞争者的营销策略，体育组织还可以对消费者进行分析，发现消费需求，从而推出更符合消费者需求的产品和服务。

体育环境对体育组织的营销活动有着重大影响，体育营销活动要以环境为依据，而且要通过营销努力去影响环境，使环境有利于提高体育营销活动的有效性，促进体育组织的生存和发展。

四、体育营销环境监测分析的步骤

体育组织的营销活动受到了体育营销环境的制约。同时，体育营销环境也在不断地变化之中。体育组织对瞬息万变的体育营销环境进行监测分析，可以及时发现来自外部环境的机会或威胁，找到组织的优势和劣势，以利于组织采取措施抓住机会，应对威胁，利用优势和减少劣势。对体育营销环境进行监测分析，可以分成以下五个步骤。

1. 收集

收集与组织相关的各类事件、活动、趋势等信息。

2. 识别

对收集的信息进行梳理，找到与组织密切相关的各类信息。

3. 分析

对各类与组织相关的信息进行分析，判断信息对组织当前体育营销活动的影响。

4. 预测

依据信息预测未来市场趋势、组织可能面临的威胁和挑战等。

5. 评估

评估所预测的趋势、机会和威胁对组织长期体育营销战略的影响。

第二节　体育营销宏观环境

体育营销宏观环境是指影响体育组织营销活动和绩效表现的一系列巨大的自然和社会力量的总和。体育营销宏观环境对组织的影响包括间接影响和直接影响。也就是说，宏观环境可以通过影响微观环境来影响体育组织，也可以直接对体育组织产生影响。体育营销宏观环境包括政治和法律环境、人口环境、经济环境、社会和文化环境、技术环境和自然环境等。

一、政治和法律环境

体育组织营销活动要受其所在国家（或地区）的政治和法律环境的制约和影响。政治和法律环境是指对体育组织和个人有规范和制约作用的政策、法律、法规、政府机构和社会团体等。影响体育组织的政治和法律环境主要包括：

（1）政府的有关方针政策，如政府关于发展体育产业的方针政策、价格政策、税收政策、财政政策等。

（2）政府的有关法令，如《体育法》《合同法》等。随着中国法治化进程的不断推进，依法治体已成为体育管理的重要手段。

（3）社会团体发展情况。随着我国社会制度的完善，体育社会团体逐渐成长为一种社会力量，如我国运动项目协会的实体化改革对体育产业的整体发展具有重大影响。

（4）国际间交流合作政策及外国政局的变化以及战争、罢工、暴乱的发生等情况。

在体育组织营销活动中，要客观地分析体育组织所处的政治、法律环境，根据政治、法律环境所提出的要求进行管理，保证体育组织目标、管理方法与国家的政治、法律环境相符合。

二、人口环境

人口是构成市场最基本的因素，人口环境直接决定了潜在市场规模的大小。中国人口众多，体育产品的潜在消费者在中国人口中占有相当大的比重。通过参与或观赏体育活动、体育竞赛来实现身体、心理与情感的满足日益成为国人的生活方式。从这个意义上来讲，我国潜在的体育市场规模极大。

体育组织需要关注的人口动向主要有以下几方面。

1. 人口数量与增长速度

人口增长在不同地区表现出不同的发展趋势。进入 21 世纪以来，世界总人口增加了 14 亿。预计到 2030 年，世界人口将达到 85 亿。其中，发展中国家的人口出生率迅速上升，人口增速加快。世界人口的持续增长，意味着体育市场人口红利在不断增长。发展中国家人口增速快，预示着发展中国家的体育市场增长潜力巨大。

2. 人口年龄结构

随着科学技术的进步，世界上大多数国家的医疗水平都有所提高，人口的出生率增加，人口的死亡率下降，平均寿命延长，老龄化人口增多。根据1956年联合国发表的《人口老龄化及其社会经济后果》确定的划分标准，当一个国家或地区65岁及以上老年人口数量占总人口比例超过7%时，则意味着这个国家或地区进入老龄化。1982年维也纳老龄问题世界大会，确定60岁及以上老年人口占总人口比例超过10%，意味着这个国家或地区进入老龄化。老龄化已成为21世纪不可逆转的世界性趋势，也是社会进步的表现。

2016年1月22日中国人力资源和社会保障部新闻发言人李忠指出，中国已经逐渐进入老龄化社会，截至2014年，60岁以上老年人口达到2.1亿，占总人口的比例为15.5%，在这2.1亿人里有将近4000万人是失能、半失能的老人。据有关部门预测，到2035年我国老年人口将达到4亿人，失能、半失能的老人数量会进一步增多。

人口年龄结构决定了体育产品结构、产品需求类别等体育营销要素。我国老龄化社会的到来一定程度上改变了我国体育市场结构，青少年体育市场持续活跃，同时老年人体育市场也将进一步增大。

3. 人口的地理分布及区间流动

人口的地理分布对体育经营也会产生较大的影响，如体育场馆地址的选择、体育电脑彩票销售点的布局等都与人口的地理分布有一定的关系。

三、经济环境

经济环境是体育组织营销活动的外部社会经济条件，包括消费者的收入水平、消费者支出模式和消费结构、消费者储蓄和信贷、经济发展水平、经济体制、地区和行业发展状况、宏观经济政策、城市化程度等多种因素。市场规模的大小，不仅取决于人口数量，而且取决于有效的购买力；而购买力的大小又受到经济环境中各种因素的综合影响。体育组织要着重从以下六个方面进行经济环境分析。

1. 消费者收入水平

消费者收入包括消费者工资、红利、租金、退休金、馈赠等收入。消费者收入水平决定了消费人口的购买力，收入水平越高，购买力就越高。市场规模大小也受到消费者收入的影响，消费者收入越高，市场规模越大。对体育组织而言，有必要区别以下几种概念。

（1）个人可支配的收入。即个人收入中扣除各种税款（所得税等）和非税性负担（如工会费、养老保险、医疗保险等）后的余额。它是消费者个人可以用于消费或储蓄的部分，形成实际的购买力。

（2）个人可任意支配的收入。即个人可支配收入中减去用于维持个人与家庭生存所必需的费用（如水电、食物、衣服、住房等）和其他固定支出（如学费等）后剩余的部分。这部分收入是消费者可任意支配的，因而是消费需求中最活跃的因素，也是体育组织开展营销活动所要考虑的主要对象。

（3）家庭收入。即家庭成员的总收入。许多体育产品的消费是以家庭为单位的，如跑步机、体育旅游等，因此家庭收入的高低会影响许多体育产品的市场需求。

2. 消费者支出模式

所谓消费者支出模式，是指消费者收入变动与需求结构之间的对应关系，也就是支出结构。在收入一定的情况下，消费者会根据消费的急需程度，对自己的消费项目进行排序，一般先满足排序在前的主要消费。19 世纪德国统计学家恩格尔对英国、法国、德国、比利时工人家庭收支预算的调查研究发现，消费结构的变化呈现一定规律：一个家庭的收入越少，家庭收入中（或总支出中）用来购买食物的支出所占的比例（即恩格尔系数）就越大，随着家庭收入的增加，家庭收入中（或总支出中）用来购买食物的支出份额则会下降，这一规律被称为恩格尔定律。从世界各国的总体情况来看，当恩格尔系数下降时，体育消费呈现上升趋势。

体育消费不属于生存消费，从人类需要的紧迫程度来看，对于体育消费的需求远远不如维持生存消费的食品等消费资料那样必不可少，也不如医疗卫生、教育消费那样迫切。因此，在消费者可支配收入水平较低时，体育消费往往被放在非常次要的位置。而随着消费者可支配收入水平的提高，用于体育消费的支出占可支配收入的比重将会上升。

3. 消费者储蓄和信贷情况的变化

消费者储蓄和信贷情况也会影响到消费者的购买力水平。大多数家庭会将家庭收入中的一部分用来进行银行储蓄及购买债券、基金、股票等金融资产。这些金融资产在一定时期内，减少了消费者可自由流动的可支配收入，限制了消费者的购买力。

消费者信贷是指消费者凭借信用先取得商品的使用权，然后按期归还贷款。消费者信贷体系健全、信贷手续简便等消费者信贷便利一定程度上缓解了消费者的短期购买压力，刺激了消费者的消费行为。

4. 产业结构

产业结构是指各产业的构成及各产业之间的联系和各产业在国民经济中的比例关系。产业结构的变化一方面为一些行业带来良好的市场机会，另一方面也会对另一些行业带来生存的威胁。改革开放以来，我国产业结构逐渐趋于合理，并向优化和升级的方向发展。随着我国产业结构的调整，体育产业在国民经济中的比重将日益加大。

5. 经济体制

经济体制是指国家经济组织的形式。经济体制规定了国家与企业、企业与企业、企业与各经济部门的关系，并通过一定的管理手段和方法，调控或影响社会经济流动的范围、内容和方式等。

6. 经济政策

经济政策是指国家、政党制定的一定时期国家经济发展目标实现的战略与策略，它包括综合性的全国经济发展战略和产业政策、国民收入分配政策、价格政策、物资流通政策、金融货币政策、劳动工资政策、对外贸易政策等。

体育组织进行经济环境分析时需要对以上各个要素进行分析，运用各种经济指标，准确地分析宏观经济环境对体育组织营销活动的影响，从而制订正确的体育营销战略。

四、社会和文化环境

社会和文化环境是指体育组织所处社会的社会结构、社会风俗和习惯、信仰和价值观念、行为规范、生活方式、文化传统、伦理道德、教育水平等因素的集合。社会文化环境是影响体育营销诸多环境因素中最复杂、最深刻的环境因素。人类在社会生活中逐渐形成了一定的文化。不同国家、不同地区、不同自然气候条件都会形成不同的生活方式和价值观。在不同的社会文化因素的影响下，消费者对同一产品的态度可能不同，在产品被接受的程度、产品的渠道和促销措施等方面也都有所不同。社会文化通过影响消费者的态度和行为来影响体育组织的营销活动。

1. 宗教信仰

宗教是构成社会文化的重要因素，宗教信仰对人们消费需求和购买行为的影响很大。不同的宗教有自己独特的对节日礼仪、商品使用的要求和禁忌。某些国家和地区的宗教组织对女性参与体育运动有很多限制，为此，体育组织在体育营销活动中要充分了解不同地区、不同民族、不同消费者的宗教信仰，提供符合其宗教习俗的产品，避免由于矛盾或冲突给体育营销活动带来损失。

2. 价值观念

价值观念是指人们对社会生活中各种事物的重要性和意义的看法和观点。不同文化背景下，人们的价值观念往往有着很大的差异，消费者的价值观对消费决策有着重要作用。如不同的消费者对同一商品的色彩、标识、款式以及品牌等都有自己褒贬不同的意见和态度。体育组织进行体育营销活动时应考虑到目标群体的价值观，从而从消费者的价值观念出发设计相应产品，提供其所需服务。例如，对于喜欢时尚潮流、追求流行元素的消费者，应重点强调产品的时尚性和流行性；对于喜欢简约舒适的消费者，应重点强调产品的舒适度。

3. 风俗习惯

风俗习惯是人们在长期社会与经济活动中所形成的生活习惯和行为方式的总称。不同的国家在饮食、服饰、居住、婚丧、信仰、节日、人际关系方面表现出不同的行为方式和生活习惯。风俗习惯对消费者的消费偏好、消费模式、消费行为有重要的影响。体育组织在进入到任一市场时，都应了解当地消费者的禁忌、习惯、避讳等风俗习惯，避免因违背习俗而失去市场机会。可以说，了解目标市场的风俗习惯是体育组织进行体育营销活动的重要前提。

4. 教育水平

教育水平的高低，影响到消费者的消费心理和消费偏好，特别是对消费者的审美观、鉴赏力等有着较大影响。不同教育水平的消费者对商品功能、款式、包装、服务要求等消费需求具有显著性差异。通常文化教育水平高的国家或地区的消费者商品鉴赏力较高，他们通常要求商品包装典雅华贵，对附加功能也有一定的要求。因此，体育组织在开展市场开发、产品定价和促销等体育营销活动时要考虑消费者的教育程度，采取不同的体育营销策略。

五、技术环境

技术环境指的是体育组织所处的社会环境中的科技要素及与该要素直接相关的各种社会现象的集合。技术环境的变化常常带来市场的巨大变化，每一种新技术都可能会对某些体育组织有利，形成新的市场机会，出现新的体育细分行业；同时，可能会对某些体育组织造成巨大冲击，导致该细分行业的优胜劣汰。新技术也往往会对消费者的需求产生影响，形成新的需求热点。此外，移动互联、物联网、大数据等信息技术的发展给体育组织的营销活动也带来了明显的影响，使得体育组织从产品到定价、渠道、促销等策略都发生了巨大变革。体育组织从层次上更趋于扁平化，管理的跨度也随之增大。此外，信息技术的广泛应用逐步改变着体育消费者的消费习惯和消费方式。例如，利用多媒体营销平台，体育组织通过增加与消费者的互动，提高了消费者的参与度，改善了消费者的体验感，增加了消费者的忠诚度。技术进步使体育产品的开发、设计、生产等水平大大提高，使得整个行业的创新不断地加快、效率不断地提高。

技术环境大体包括四个基本要素：社会科技水平、社会科技力量、国家科技体制、国家科技政策和科技立法。

（1）社会科技水平是构成科技环境的首要因素，它包括科技研究的领域、科技研究成果门类分布及先进程度、科技成果的推广和应用三个方面。

（2）社会科技力量是指一个国家或地区的科技研究与开发的实力。

（3）国家科技体制指一个国家社会科技系统的结构、运行方式及其与国民经济其他部门的关系状态的总称。主要包括科技事业与科技人员的社会地位、科技机构的设置原则与运行方式、科技管理制度、科技推广渠道等。

（4）国家的科技政策和科技立法是指国家凭借行政权力与立法权力对科技事业履行管理、指导职能的途径。

如今变革性的技术正对体育组织的经营活动发生着巨大的影响。体育组织要密切关注与本组织的产品和服务有关的科学技术的现有水平、发展趋势及发展速度，对于新技术（如新材料、新工艺、新设备）企业必须随时跟踪掌握，对于新的管理思想、管理方法、管理技术等体育组织也应重视。

六、自然环境

自然环境是指企业营销所需要或所影响的自然资源、自然条件及物质基础设施。自然环境（或物质环境）的发展变化会给体育组织造成一些环境威胁或市场机会，所以，体育组织要分析研究其自然环境方面的动向。

1. 自然资源

自然资源是指一个国家或地区所具有的自然资源，是企业生产经营所需要的水资源、石油、天然气、矿石等原材料及能源。体育组织需要关注的自然资源方面的动向主要有：与组织生产和运营相关的某些自然资源短缺或即将短缺；环境污染对户外体育运动的影响等。

2. 自然条件

自然条件是指一个国家或地区的地形、地势和气候地理因素，它会影响体育消费者的需求特点。例如，我国北部地区，冬季气候寒冷，冰雪资源丰富，喜欢冰雪运动的人较多；而海南、广西等南方地区，四季温暖如春，河流、海洋等水利资源丰富，适宜开展水上运动。地形、气候等自然条件给体育组织提供了极为广阔的市场机会。

3. 物质基础设施

物质基础设施主要指各种各样的公共基础设施等。体育场馆、体育公园、健身步道等体育公共设施的分布、质量和数量对居民的体育活动参与有着重要影响。

第三节　体育营销微观环境

体育营销微观环境是指对体育组织服务其顾客的能力构成直接影响的各种因素，包括体育组织本身、供应商、目标顾客、竞争者、渠道伙伴等。微观环境中的各个环境因素对体育组织的运营都有直接影响，体育组织对微观环境因素进行监测和分析，有利于体育组织抓住各微观环境因素中存在的有利因素，推动组织的快速发展；同时，也可以及时发现微观环境中的不利因素，积极采取措施予以应对，从而保障组织的稳定发展。

一、体育组织内部环境

体育组织内部环境是指与体育营销活动有关的内部因素。对体育组织内部环境分析的目的在于掌握组织的历史和现状，明确组织所具有的优势和劣势。它有助于体育组织制定有针对性的战略，有效地利用自身资源，发挥体育组织的优势，避免体育组织的劣势，或采取积极的态度改进体育组织劣势。体育组织的内部环境分析包括以下几点。

1. 组织结构

组织结构是否合理主要是由组织的复杂性、正规化程度和集权程度所决定的。组织结构的复杂性、正规化程度和集权程度越高，说明这种组织是一种高度机械型组织，像各国体育管理部门及地方体育管理部门、各运动项目协会、体育运动学院等组织表现出高度的复杂性、正规化和集权性，它们就是机械型体育组织。机械型组织的特点是组织结构稳定，强调组织在稳定运行中提高组织效率。与机械式组织形成鲜明对照的是有机式组织。有机式组织是低复杂性、低正规化和分权化的组织，由于不具有标准化工作和规则条例，因此是一种松散、灵活的具有高度适应性的组织。

2. 组织文化

组织文化对组织的运转会产生重要的影响，是影响组织内部环境的重要因素之一。组织文化是组织为解决生存和发展的问题而形成的，被组织成员认为有效而共享，并共同遵循的基本信念和认知。组织文化集中体现了一个组织经营管理的核心主张，以及由此产生的组织行为。

3. 职能部门

体育组织营销管理部门，如人力资源部门、运营部门、研发部门、财务部门等重要职能部门和高级管理层的资源情况和运营能力对组织的营销活动也有着重要影响。体育组织在制定营销策略时，要考虑各个业务部门的情况，分析其长处和不足，找到企业的优势和劣势。

二、营销渠道伙伴

体育组织的营销活动需要有渠道伙伴的支持，营销渠道伙伴对体育组织的营销活动有着重要影响。营销渠道伙伴又被称为营销中介。营销中介包括：

1. 供应商

即向体育组织供应原材料、部件、能源、劳动力和资金等资源的企业或组织。

2. 经销商

即从事商品购销活动，并对所经营的商品拥有所有权的中间商，如批发商、零售商等。

3. 代理商

即协助买卖成交，推销产品，但对所经营的产品没有所有权的中间商，如经纪人、制造商代表等。

4. 辅助商

即辅助执行中间商的某些职能，为商品交换和物流提供便利，但不直接经营商品的企业或机构，如运输公司、仓储公司、银行、保险公司、广告公司、市场调研公司、营销咨询公司等。

三、市场

在体育营销中，市场主要是指买方市场，即消费者。市场是体育组织服务的对象和目标，也是影响体育营销绩效的一个微观环境因素。根据购买者类别及其购买目的，可以将市场分为：

1. 消费者市场

为了个人或家庭使用而进行购买的个人或家庭所构成的市场。

2. 生产者市场

为了生产经营活动而购买的个人或体育组织所构成的市场。

3. 中间商市场

为了促进商品转卖而购买的批发商或零售商所构成的市场。

4. 政府市场

由政府机构所构成的市场。

5. 国际市场

由国外的消费者、生产者、中间商、政府机构等所构成的市场。

四、竞争者

竞争者是向消费者提供能满足消费者相同或类似消费需求的产品或服务的其他组织。通常而言，竞争者包括：

1. 相同竞争者

相同竞争者是指向消费者提供种类相同，形式也基本相同，但品牌不同的产品的其他组织。相同竞争者满足消费者同样的消费需求。相同竞争者又被称为品牌竞争者。

2. 相似竞争者

相似竞争者是指向消费者提供种类相同，但质量、规格、型号、款式、包装等有所不同的产品的其他组织。相似竞争者又被称为产品形式竞争者。

3. 替代竞争者

替代竞争者是指向消费者提供种类不同的产品但可以满足相似需求的其他组织。

4. 间接竞争者

间接竞争者是指向消费者提供种类不同的产品以满足不同需求的其他组织。间接竞争常常发生在消费者在资源有限的情况下，需要在不同产品间进行消费选择。例如，消费者在考虑周末的闲暇安排时，可能会在看体育比赛、看电影、看话剧、购物等活动项目中进行取舍，这时各类产品间就会发生间接竞争。间接竞争者往往来自不同的行业，共同竞争消费者有限的时间、资金等资源。间接竞争又被称为愿望竞争。

随着知识经济时代的到来，体育组织与竞争者之间的关系发生了变化：体育组织之间的竞争从单纯产品竞争转变为以体育组织能力为中心的竞争。随着网络技术的广泛应用，体育组织间的竞争日趋国际化且竞争者越来越难识别。竞争结构发生重大变化，竞争对手间纷纷掀起合作浪潮。

五、公众

公众是指体育组织为实现营销目标所构成的实际或潜在影响的个人、团体或组织，包括：

1. 金融公众

金融公众是指影响体育组织取得资金能力的集团，如银行、投资公司等。

2. 媒体公众

媒体公众是指广播、电视、电子媒体、报纸、杂志等具有广泛影响的大众媒体。

3. 政府公众

政府公众是指对体育组织业务经营活动有管理、规范、制约等责任的有关政府机构。

4. 社团公众

社团公众是指各种对体育消费者有影响的社会团体，如运动项目管理协会、草根体育组织、消费者保护协会等。

5. 社区公众

社区公众是指体育组织附近的居民群众、企事业单位等。

6. 体育组织内部公众

体育组织内部公众包括董事会、监事会、经理、员工等。

第四节 分析体育营销环境的方法

体育营销环境对体育组织的生存和发展有着重要的影响，对体育营销环境因素进行分析，是制定体育营销策略的基础。在对体育营销环境进行分析时，体育组织可以采用SWOT分析法进行分析。SWOT分析法是指对体育组织的优势（strengths）、劣势（weaknesses）、机会（opportunities）和威胁（threats）进行分析，并根据分析结果制定组织战略。

一、优势和劣势分析

优势是指企业内部因素中对企业发展有利的因素，劣势是指企业内部因素中对企业发展不利的因素。优劣势分析是对体育组织内部环境因素进行分析，做优劣势分析时可从体育组织内部的核心部门能力来考虑，将企业与竞争对手做详细的对比。体育组织的核心部门主要有：人力资源管理、营销、研发、运营和财务。分析组织的优劣势时，可以将本组织的人才储备、研发实力、营销能力、品牌形象、产品质量、市场份额、现金流情况、资产情况、融资能力、管理能力等方面与竞争对手相比较。

二、机会和威胁分析

机会是指企业外部因素中对企业发展有利的因素，威胁是指企业外部因素中对企业发展不利的因素。分析机会和威胁时，体育组织需将组织以外的各项环境因素，包括宏观环境因素和微观环境因素进行逐一检视，发现对组织发展有影响的各项因素。

三、对环境因素的匹配和转化

通过对组织内外部环境因素进行筛查，组织可以将所得的各项环境因素列入矩阵式SWOT分析模型。（图5－2）

	组织内部因素	组织外部因素
有利组织发展的因素	S：优势	O：机会
不利组织发展的因素	W：劣势	T：威胁

图 5 –2　SWOT 分析图

体育组织通过分析对得出的各项因素进行匹配和转化来利用有利于组织发展的因素，转化或规避不利于组织发展的因素。具体而言，体育组织可以制定 SO 战略、WO 战略、ST 战略、WT 战略。

（1）SO 战略（增长型战略）。当体育组织具有很好的内部优势以及众多的外部机会时，应当采取增长型战略，如开发市场、增加产量等。

（2）WO 战略（扭转型战略）。体育组织面临着巨大的外部机会，却受到内部劣势的限制时，应采用扭转型战略，充分利用环境带来的机会，设法清除劣势。体育组织存在某些劣势时，如果市场环境能够提供机会让体育组织转变现有困境，那么体育组织就要好好把握住这样的机会，扭转局势。

（3）ST 战略（多元化战略）。体育组织具有一定的内部优势，但外部环境存在威胁时，应采取多元化战略，利用自己的优势，在多样化经营上寻找长期发展的机会。体育组织自身实力较强，即具有竞争优势，但外部环境并不利于现有行业发展时，体育组织需要思考转换行业方向，寻找新的成长机会，开辟出新的发展路径，实行多元化战略。

（4）WT 战略（防御型战略）。体育组织内部存在劣势，外部面临强大威胁时，应采用防御型战略，进行业务调整，设法避开威胁和消除劣势。

重要概念

体育营销环境 宏观环境 微观环境 体育营销环境监测 政治和法律环境 人口环境 经济环境 社会和文化环境 技术环境 自然环境 体育营销渠道伙伴 公众 SWOT 分析法

复习题

1. 什么是体育营销环境？

2. 分析体育营销环境对体育组织有何作用？

3. 对体育组织有影响的宏观环境因素有哪些？结合实际说明这些因素对体育组织的影响。

4. 对体育组织有影响的微观环境因素有哪些？结合实际说明这些因素对体育组织的影响。

5. 体育组织应该如何应对不断变化的环境？

案例思考：为何北京马拉松赛如此火爆

蓝天如期而至，2018 年北京马拉松赛（以下简称北马）如期而至。9 月 16 日这一天，北京像一块磁石，吸引着 3 万名跑者由四面八方朝圣而来；北京像举行一场盛大的狂欢，3 万名跑者从祖国的心脏出发，一路向北，用跑步传达着对这座城市生生不息的爱。

从 1981 年第一声发令枪响，到 2018 年的第 38 届北马，时光流转的 38 年里，有多少人冲过终点，就有多少故事在北马上演。38 年岁月沉淀，北马联结了人们的情感和故事，建立起人与人之间的联系，让跑友成为朋友，成为伴侣，成为一家人；也让这项最开始设立只有百余人参加的赛事，成了国内已如星星之火可以燎原的马拉松赛事里最亮眼的一颗星。

（1）赛事放宽门槛：从专业赛事到吸引大众跑者。

1981 年，北马元年。站在起跑线上的是来自 12 个国家的 86 位选手，他们经过北马地标性建筑那一刻，成为中国马拉松运动的经典一幕。

那时，站在赛道沿线的群众很多，但大多为满足好奇心而来，是在看热闹。那时，大多数人不知道马拉松的前世今生，不知道 42.195 千米是什么概念。全民健身、大众体育，更没有被当作一种健康理念被传来传去。

20 世纪 80 年代，北马还是只向专业选手敞开大门的高规格赛事。报名门槛之高让人咋舌，报名门槛在 3 小时之内，注定了这项赛事的“曲高和寡”。

如今，则是完全不同的景象。马拉松运动呈井喷态势，马拉松赛事更是逢周末目不暇接。北马也早已敞开大门，欢迎大众跑者。报名门槛从原来的 3 小时之内降到了如今 6 小时 15 分。

从 2014 年开始，报名火爆愈演愈烈，组委会不得不用抽签的方式来决定名额的归属。到了 2015 年，北马正式升级为全程马拉松赛事，3 万个参赛名额吸引了 63118 名选手报名；2016 年报名人数达到 66576；到 2018 年，报名人数迈过了十万大关，来到了 11 万，前所未有。不过可以预见的是，这个数字还不是上限，伴随着马拉松热“高烧不退”，报名人数还会继续攀升。

（2）情怀的金字招牌。

跑过千山万水，跑过每一寸大好山河成为跑者们的向往。于是，四处参赛，不停奔跑。但北马，有着神奇而独特的吸引力。

今天也是六大马拉松之一的柏林马拉松开跑的日子。高端跑者去到柏林墙圆梦。不是人人都能如此自在地去追赶世界跑道的脚步，但来皇城根起跑，实现起来就容易得多。于是，看到全国各地的跑者从四面八方涌来。

在祖国的心脏起跑，恐怕是一种永远都有号召力的召唤。这就是北马的独特魅力，这就是吸引跑者不辞万里而来的永远的情怀。

某种意义上，北京马拉松是“国马”，影响力和号召力早已不用任何大力宣传就深入人心。

更何况，2018 年之于北马有不一样的意义。这是北马获得国际田联金标赛事的第十年，也是北京奥运会的十周年纪念。来北京过个非凡的周末，回望十年前奥运盛典的激情澎湃，大概是对中签跑者最幸福的回馈。

（3）经济水平提升：跑步成为精神需求。

近年来，我国马拉松运动呈井喷态势。普通人身边的跑步热也随处可见。打开微信朋友圈，每天都有人晒形状各异的“运动轨迹”；聚会中、饭桌上，跑步是个热门话题；“要么读书、要么跑步，别再说你无聊”的心灵鸡汤……

跑步，现在就是这么傲娇，这么受宠。这是偶然现象吗？当然不是。

姚明，中国篮协主席，在评价跑步如此之火时，引用了一个数字，“一旦人均 GDP 达到 6000 美元以上，对精神生活、体育的需求自然会爆发出来，中国的北京、上海等一线城市人均 GDP 早已超过这个数字，所以我对跑步这么火一点都不奇怪。”

这也是跑步为何“越跑越火”的经济原因，也是根本原因。在姚明眼里，“未来，跑步是有机会可以和三大球的地位并驾齐驱。”

人类自从直立行走，就会走，就会跑。曾经的跑步为了生存，如今，跑步是万千跑者的精神食粮，欲罢不能。

（4）商业助力：把马拉松串成庞大产业链。

跑步，很简单，一双鞋，一段路。但跑步产业，却是个庞大的产业链。当跑步成为一种时尚，串起了一个庞大的产业链时，“跑步经济”也悄然成形。

看看如今北马庞大的赞助商，就知道“跑步”的商机有多大，有多少赞助商挤破脑袋想露面。毕竟，通过体育赛事赞助商或合作伙伴的身份进行体育营销正是企业进行品牌推广的重要途径。

如今的北马赛事支持商涵盖了饮料、医疗、保险等各个产业链环节。在 2010 年时，北马只有 6 家赞助商，到如今，这个数字已经变成了 18，而赞助商覆盖行业也从传统的运动产业拓展至地产、金融、新能源、餐饮、医疗等众多行业。

而赞助商相中北马的原因，除了能带来极高的曝光率之外，是因为马拉松运动本身体现的是挑战自我、坚持和坚韧的体育精神和积极向上，这种精神和各大赞助商所体现的品牌精神不谋而合。赞助商都期待着从马拉松运动中洞察体育产业兴起蕴含的商机，以及塑造金融品牌的机遇。而这也证明：马拉松还会一直热下去。

（来源：为何北马如此火爆？情怀 + 经济 + 商业多重因素造就巨大影响力．腾讯体育·跑步．（2018－09－16）．https://sports. qq. com/a/20180916/038602. htm）

思考题

1. 案例中提到了哪些因素的变化使得北京马拉松越来越受欢迎？除案例中提到的因素以外，你是否还能找到其他变化的因素？

2. 运用 SWOT 分析法，分析北京马拉松赛事的营销环境，并给出营销战略建议。

第六章　目标市场战略

本章学习目标

1. 了解进行市场细分的主要方法。
2. 理解体育组织为何要选择目标市场。
3. 掌握选择目标市场的方法。
4. 掌握市场定位的概念，并了解进行市场定位的方法。

案例导入：两种模式，两样效果

2014 年，一家叫“超级猩猩”的健身房在深圳悄然推出了集装箱式 24 小时无人自助健身舱模式的新兴健身房。24 小时无人自助健身舱看上去与传统健身房团操加私教的模式很不同，健身者可以选择在一天 24 小时的任何自己方便的时间去自助健身舱，在没有团操教练或私教指导的情况下，自己练习。这种模式是对传统健身房的大胆挑战，开创了新的产品形式。但是，这个做法叫好不叫座，并没有很多消费者真正去使用这种无人自助健身舱。2015 年，“超级猩猩”再次对传统健身房发起挑战，这次“超级猩猩”打破传统健身房办年卡免费团操模式，改造成零售制的按次付费团体课。“超级猩猩”通过零售提供健身团体课产品，打造按次付费、不办年卡、拒绝推销、微信预约的特色连锁健身房品牌。这次的零售模式受到了众多健身爱好者的欢迎。截至 2019 年 6 月，“超级猩猩”付费用户达到 30 万，80% 为女性，80% 用户来自口碑推荐，次月留存约 50% ~60%，教练流失率几乎为 0，单店日均排课量超过 10 节，平均效益居行业首位。

（来源：根据网络资料改写）

在这个案例中，“超级猩猩”在2014年和2015年推出了两种挑战传统健身房的革新模式。为什么集装箱式24小时无人自助健身舱模式响应者较少，而团操零售模式却大受欢迎呢？这两次革新可以分别满足消费者哪些需求呢？为什么满足的需求不同，市场大小也不同呢？不同的产品模式会不会在消费者心目中形成不同的品牌印象呢？要回答这些问题，我们需要了解市场细分、目标市场选择、市场定位等营销概念。本章将详细阐述如何对消费者市场进行细分，如何选择目标市场，以及如何进行市场定位。

目标市场战略是体育组织进行营销管理的核心步骤。体育组织通过识别有不同需求的消费者群体（市场细分），选择一个或多个消费者群体作为服务对象（目标市场选择），并在所选择的目标市场中通过建立、传播品牌和产品的独特形象（市场定位）来展开市场竞争。市场细分（segmentation）、选择目标市场（targeting）和市场定位（positioning）构成了体育组织的目标市场战略。目标市场战略也被称作STP战略。

第一节　市场细分

一、市场细分的概念

市场细分（segmentation）是按照消费者需求的不同，将总体市场划分成包含不同需求消费者的细分市场（market segment）的过程。具有相似需求的消费者构成一个细分市场，不同细分市场中的消费者需求有很大的不同。营销者在进行市场细分时的任务就是准确识别消费者的需求差异，并将需求不同的消费者划分到不同的细分市场中。市场细分的过程就像水果商人把不同的水果分成不同的类别一样，水果商人会把苹果、橘子、葡萄、梨等水果分开摆放，因为商人们知道喜欢苹果的人，不一定喜欢橘子，而且水果的价格也不一样，分开摆放，便于消费者各取所需。在市场细分中，营销者就是要像水果商人一样，把消费者分成喜欢苹果的，喜欢橘子的，喜欢葡萄的，喜欢梨的……不同群体。与水果商人们不同的是，营销者们区分消费者的变量不再只是水果种类，而是多种变量。在体育营销中，体育营销者可以像水果商人一样按照体育项目将消费者分成喜欢足球的、喜欢篮球的、喜欢排球的、喜欢羽毛球的、喜欢乒乓球的等不同群体，也可以按照年龄、性别、兴趣、忠诚度等不同变量对消费者进行细分。

市场细分的基础在于消费者对产品的需求存在差异，如果消费者对某种产品的需求差异不大，则对该产品无须进行市场细分。当今社会，消费者的个性化差异越来越大，对产品的需求差异也日益明显，因此不需要进行市场细分的产品少之又少。在体育营销领域，即使是对同一场体育比赛，消费者的需求差异也十分明显。以球场的座位为例，有的消费者喜欢价格低廉的看台票，而有的消费者则喜欢环境舒适的包厢票。对消费者进行市场细分是体育组织进行目标市场选择和市场定位的基础。

二、市场细分变量

将消费者划分成不同的细分市场，需要依据一定的细分变量。常用的细分变量主要有地理细分、人口细分、心理细分和行为细分等。

1. 地理细分

所谓地理细分，就是体育组织按照消费者所在的地理区域（如国家、省、市、县等）以及其他地理变量（包括城市、农村、地形、气候等）来细分消费者市场。

地理细分的主要理论根据是：处在不同地理区域的消费者，他们对体育产品有不同的需要和偏好，对体育组织所采取的营销策略的反应也不同。此外，处于不同区域的消费者所构成的市场大小不同，体育组织需要投入的营销成本和费用也不同。

采用地理细分的体育组织应判断处于不同区域的消费者对组织产品的需求是否存在显著差异。体育领域中因地理条件和气候条件不同，导致消费者需求有显著不同的例子很多，如冰雪项目、水上项目、高尔夫球等。

2. 人口细分

所谓人口细分，就是体育组织按照人口统计变量来细分消费者市场。人口统计变量是体育组织非常喜欢使用的细分变量。原因主要有三点：一是消费者的体育需求与人口统计变量联系紧密，在第四章我们介绍影响体育消费者消费行为的因素时已经讲过因年龄、性别、收入、家庭、生命阶段等因素不同，消费者的体育消费行为有显著不同；二是人口统计变量比其他变量更容易测量；三是使用人口统计变量便于体育组织测量细分市场的规模。

常用的人口统计变量主要有：年龄、性别、婚姻状况、收入、受教育程度、职业等。

3. 心理细分

所谓心理细分，就是按照消费者的个性特征、兴趣爱好等心理变量来细分消费者市场。拥有相似的人口统计特征的消费者，展现的心理特征可能完全不同。在体育领域，这一点尤为突出。例如，年龄、受教育程度等人口统计特征非常相似，但在参与体育活动的动机和形式上可能会有很大不同。

常见的心理细分量表有 AIO 量表和 VALS 框架。

AIO 量表是 Wells & Tigert 在 1971 所开发的测量消费者生活方式的一个量表。AIO 量表是指用以下三个尺度来测量消费者的生活方式。

（1）活动（activity）是指一种具体明显的行为，如消费者的工作、体育、购物、休闲等活动。

（2）兴趣（interest）是指人们对于某些事物或主体产生的兴奋程度，能够引发特殊且持续性的注意，如消费者对体育比赛、体育明星、球迷活动等的兴趣。

（3）观点（opinion）是指个人对外界环境的刺激所产生的反应，以及所给予的口头上或文字上的回应，如消费者对体育实体产品、体育明星、体育组织等问题的观点。

VALS（Values and Lifestyle Survey）框架是美国 SRI 公司开发的一个测量美国人生活

方式和价值观的系统。第一代 VALS 测量系统在 20 世纪 70 年代被开发出来，将美国成年人按照生活方式、价值观、态度和人口统计要素分成不同的类别。但是随着时间的变迁，人们的生活方式发生了巨大的变化，第一代 VALS 不再适用。SRI 公司在 20 世纪 90 年代更新了原有的 VALS 系统，推出第二代 VALS 系统，即 $VALS^2$。$VALS^2$ 依据美国消费者的资源和自我导向不同将美国成年人分成了 8 种不同类型的消费者：实现者（actualizers）、完成者（fulfilleds）、成就者（achievers）、享乐者（experiencers）、信任者（believers）、奋斗者（strivers）、制造者（makers）和挣扎者（strugglers）。

体育组织在进行消费者心理细分时，应注意在不同时期、不同地理区域、不同文化背景下，消费者的心理特征可能会有很大不同，因此不可简单模仿 AIO 量表和 VALS 框架。可行的做法是在借鉴 AIO 量表或 VALS 框架的基础上，分析拟测量消费者群体的个性特征、生活方式、价值观、动机和态度等心理特征，有针对性地开发出消费者心理细分量表。

4. 行为细分

所谓行为细分，就是按照消费者购买或使用某种体育产品、服务的时间、使用率、适用情况、忠诚度等行为变量来细分消费者市场。体育营销中常用的行为细分变量主要有以下几种。

（1）按时间细分。在体育营销实践中，许多体育组织根据消费者参与体育消费的时间不同对消费者进行细分。例如，一家游泳馆根据消费者到馆游泳的时间将消费者分成早场消费者、午场消费者、晚场消费者、日常消费者和周末消费者等。

（2）按利益细分。消费者往往由于追求体育产品或服务的不同利益点，购买不同的产品或服务。例如，同样是购买运动鞋，有的消费者购买跑步鞋，主要是为了跑步穿；有的消费者购买篮球鞋，主要是为了打篮球穿。由于消费者追求的利益点不同，体育组织可以根据消费者的不同利益点进行市场细分，进而根据自己的资源条件和能力条件，权衡选择其中一个或多个追求某种利益的消费者群体为目标市场。

（3）按忠诚度细分。忠诚的消费者是体育组织成长的基石。按忠诚度细分是体育组织保留、培育和开发忠诚消费者的依据。消费者品牌忠诚度的高低，可以通过消费者重复购买次数、购买密度、对价格的敏感度等标准进行衡量。按照消费者对品牌的忠诚度可以将消费者细分为坚定忠诚者（通常只购买一个品牌）、组合忠诚者（忠诚于两个或三个品牌）、游移忠诚者（从一个品牌转移到另一个品牌）、转换型忠诚者（又称非忠诚者，不忠于任何品牌）。

在进行消费者市场细分时，体育组织可将上述的细分变量整合起来使用，即同时使用地理变量、人口变量、心理变量和行为变量。

三、组织市场细分变量

有些体育组织所面对的消费者群体除了消费者用户以外，还包括组织市场用户。例如，体育服装制造商，除了向最终消费者直接销售外，还可将体育服装向体育俱乐部、运动队、企业、政府等组织市场进行销售。因此，还需要对组织市场用户进行细分。细分组织市场的变量，有一些与消费者市场细分变量相同，如追求利益、使用者情况、使用程度、对品牌的信赖程度、购买准备阶段、使用者对产品的态度等。此外，细分组织市场的常用变量还有组织类型、顾客规模等。

1. 组织类型

在组织市场上，组织客户的不同组织类型对同一种体育用品的营销组合往往有不同的要求。

2. 顾客规模

顾客规模也是细分组织市场的一个重要变量。在体育营销实践中，许多体育组织建立适当的制度来分别与大顾客和小顾客打交道。

3. 其他变量

许多体育组织实际上不是用一个变量，而是用几个变量，甚至用一系列变量来细分组织市场。

第二节　选择目标市场

进行市场细分的目的在于发现组织的目标市场。什么是目标市场呢？对于组织而言，组织想要进入，并为之服务的市场就是组织的目标市场。在市场细分的基础上，正确选择目标市场，是组织营销战略成功的基础。

一、有效的市场细分

体育组织选择目标市场的基础是有效的市场细分。我们之前讲过体育组织可以将消费者分成喜欢不同项目的消费者群体，体育组织是否可以将喜欢某种项目或某几种项目的消费者群体作为自己的目标市场呢？回答这个问题，需要首先思考按照体育项目来进行市场细分对该体育组织的产品来说是否有效。例如，对于一个足球俱乐部来说，按照体育项目进行市场细分是没有多大意义的。足球俱乐部的消费者大部分都是喜欢足球项目的，如果按照体育项目来进行市场细分，对于足球俱乐部来说相当于没有对市场进行细分。而对于体育用品制造商来说，按照体育项目进行市场细分可能就很有意义。例如，耐克公司就按照运动项目将运动鞋类市场进行细分，并选择其中的跑步市场、篮球市场、网球市场作为目标市场，分别推出了跑步鞋、篮球鞋、网球鞋。由此可见，每一个体育组织都应该选择可以将消费者的需求有效区分出来的细分变量进行市场细分。越来越多的营销人员喜欢把多个变量结合起来进行市场细分，从而识别出更加清晰、明确的目标群体。营销人员通常通过以下四个指标来评估市场细分是否有效。

1. 可测量性

可测量性是指细分市场的规模和购买力都可以测量。在这里，市场规模是指细分市场中消费者的数量，购买力是指消费者获得收入之后购买产品或服务的能力。

2. 可进入性

可进入性是指体育组织应能够借助营销努力进入细分市场，且体育组织的营销策略可以在细分市场上顺利展开。具体而言，就是说体育组织的产品可以通过适当的渠道进入到细分市场中，通过各种沟通手段可以将产品特色传达给细分市场中的消费者，消费者也可以通过适宜的购买方式购买到产品等。可进入性还要求组织进入所选细分市场不会与组织原有的细分市场产生冲突。例如，某体育组织原先的目标市场是高端市场，即向高收入群体提供高品质的产品。该组织通过市场细分后，发现中低收入群体规模也很大，希望进入中低收入群体，并提供相应的产品和服务。这时就需要该组织对两个细分市场上的产品进行详细的区分，以免对组织原有的高端市场造成不利影响。

3. 可盈利性

可盈利性是指细分市场可以给体育组织带来长期持续的收益。细分市场的盈利性取决于产品是否可以符合所选细分市场消费者的需求和欲望，以及细分市场带来的回报是否超过组织进入该市场所投入的各项费用。

4. 可区分性

可区分性是指不同的细分市场之间，既可以在概念上清楚地加以区分，又可以在消费者的需求上发现显著的不同。例如，游泳馆常常按照消费时间对市场进行细分，不仅仅是因为消费时间不同很好区别，还因为他们发现不同时间段游泳的消费者对价格的敏感度有着显著的不同。

二、判断细分市场的吸引力

体育组织在对市场进行有效的细分后，需要选择组织希望进入的目标市场。这时组织需要判断细分市场的吸引力。一个常用的判断细分市场吸引力的模型是迈克尔·波特的五力模型。波特认为行业中存在着决定竞争规模和程度的五种力量，这五种力量综合起来影响着细分行业或细分市场的吸引力以及现有企业的竞争战略决策。五种力量分别为同行业内现有竞争者的威胁、潜在竞争者进入的威胁、替代品的威胁、供应商议价能力的威胁、购买者议价能力的威胁。

1. 同行业内现有竞争者的威胁

如果一个细分市场中已经有很多强大的竞争者存在，那么这个细分市场的吸引力就比较低。如果细分市场中的退出壁垒很高，或者市场需求已经趋于稳定或下降，或者竞争者有很强的动机留在该细分市场中，那么这个细分市场的吸引力就会更低。

2. 潜在竞争者进入的威胁

组织通过进入壁垒和退出壁垒来判断潜在进入者的威胁。当某一细分市场进入壁垒低，退出壁垒高，即企业很容易进入很不容易退出时，这个细分市场的潜在进入者威胁较大，吸引力较小；反之，当细分市场很难进入，又很容易退出时，潜在进入者威胁较小，吸引力较大。

3. 替代品的威胁

当细分市场中的消费者需求可以被其他替代品替代时，该细分市场的吸引力较弱。因为替代品的存在，限制了产品的价格和利润。如果替代品行业技术进步，或者成本降低，替代品的威胁将进一步加大。

4. 供应商议价能力的威胁

如果供应商议价能力很强，那么细分市场的吸引力就较低。当供应商议价能力很强时，购买者为了买到产品，可能不得不接受产品价格或产品质量，使购买者利益受损。当存在以下情况时，供应商的议价能力很强：供应商很集中或组合起来、转换供应商的成本很高、供应商能够进行前向一体化、所供应商品是重要原材料等。

5. 购买者议价能力的威胁

如果购买者议价能力很强，那么细分市场的吸引力就较低。当购买者议价能力很强时，组织为了留住购买者，可能会不得不降低产品价格或提高产品质量，使组织利益受损。当存在以下情况时，购买者的议价能力很强：购买者很集中或组合起来、购买者转换成本很低、购买者能够进行后向一体化、产品同质化高等。

三、目标市场选择战略

目标市场选择战略，又称目标市场涵盖战略。目标市场选择战略可以分为三类，即无差异化市场营销战略、差异化市场营销战略和集中化市场营销战略。

1. 无差异化市场营销战略

无差异市场营销战略（undifferentiated marketing）又被称为大众营销战略（mass marketing），是指组织不考虑消费者需求的差异，而只注重消费者需求的共性，决定只推出一种产品，通过大规模分销和大众传播渠道销售给顾客，力求满足尽可能多的顾客的需求。无差异化市场营销战略通常适用于大部分消费者的需求，非常类似进行市场细分、意义不大的市场。这种战略的优点是产品的品种、规格、款式简单，有利于标准化和大规模生产，有利于降低生产、存货、运输、促销等成本费用。但在当今消费者需求越来越个性化、碎片化的情况下，采用无差异市场营销策略，试图用一种产品来满足尽可能多的顾客需求的难度越来越大。

2. 差异化市场营销战略

差异化市场营销战略（differentiated marketing）是指组织选择两个或两个以上的细分市场作为目标市场，并在每一个细分市场中都投入不同的产品，并配合不同的定价、渠道和促销策略，以适应各个细分市场中消费者的不同需求。与无差异化市场营销战略相比，差异化市场营销战略显而易见地需要组织投入更多的成本，无论是研发费用、生产费用，还是营销费用。因为产品不同，不利于形成规模效益，组织的成本会更高。当然，因为产品有了差异，可以更好地满足消费者的不同需求，同一行业中采用差异化营销战略的组织通常比采用无差异化营销战略的组织有更高的销售额。但是因为差异化营销战略同时提高了销售额和成本，其盈利能力是否一定优于无差异化营销战略则需要具体评估。

3. 集中化市场营销战略

集中化市场营销战略（concentrated marketing）是指组织在进行市场细分后，仅选择一个细分市场作为目标市场，试图集中组织的所有力量，服务好该细分市场，以获得较高的市场占有率。采用集中化市场营销战略的组织通常是资源较少的组织或新创组织，通过集中化市场营销战略可以更有效地将组织资源聚集，从而在所选择的目标市场内占有一定市场地位。但是因为资源都聚集在一个细分市场中，当细分市场出现需求下降，消费者偏好改变，替代品威胁加大等问题时，风险较大。

利基营销（niche marketing）是比一般集中化战略更集中的目标市场选择战略，采用此战略的组织选择利基市场作为目标市场的选择战略。利基市场是指一个细分市场中具有相对独特需求的更窄的顾客群体。营销人员通常是将细分市场进一步细化，分成若干具有独特需求的子市场，来找到想要进入的利基市场。选择大企业忽略的利基市场，可以将组织资源进一步集中，更有利于组织获得市场地位。但是需要注意的是，风险也因资源的集中而更集中了。

比利基营销更集中的目标市场选择战略是个性化营销（customed marketing）。个性化营销是将每一个消费者都作为一个细分市场，按照每个消费者的独特需求来提供相应的产品和营销策略。个性化营销战略可以更好地满足每个消费者的需求，但是同时，也带来了更高的成本。因此，并不是每个企业都适合采用个性化营销战略，个性化营销战略适合于那些愿意为高额的个性化产品成本付费的消费者。

四、影响目标市场选择的因素

各种目标市场选择战略都有其长处和不足，体育组织在选择时可以从以下五方面因素出发来进行思考。这五方面的因素分别是：组织资源实力、产品同质性、市场同质性、产品所处的生命周期阶段、竞争对手的目标市场选择战略。

1. 组织资源实力

如果组织拥有丰厚的资源，可以考虑采用实行差异化市场营销战略；否则，最好实行无差异化市场营销战略或集中化市场营销战略。

2. 产品同质性

产品同质性是指产品在性能、特点等方面的差异性很小。对于同质产品，采用无差异化营销战略可以有效地节约生产成本和营销成本；反之，对于异质产品，采用差异化营销战略或集中化营销战略可以获得更高的销售额或更高的市场份额。

3. 市场同质性

市场同质性是指市场上大部分顾客对产品的需求相似性较大，购买的数量大致相同，并且对营销刺激的反应也基本一致。对于同质市场无须提供不同种类的产品，适合采用无差异化市场营销战略；与此相反，如果顾客对产品的需求有很大不同则是异质市场，采用差异化市场营销战略或集中化市场营销战略可以更好地满足顾客的不同需求。

4. 产品生命周期阶段

组织可以根据产品所处的生命周期阶段灵活调整目标市场选择战略。对于在导入期和成长期的新产品，消费者还在逐渐了解和接受产品，对产品的需求差异不大，这一阶段采用无差异化营销战略或集中化营销战略，可以有效地节约成本，提高营销效率；当产品进入成熟期时，消费者对产品已经有了一定的了解，对产品的需求也日益分化，此时应调整为差异化市场营销战略，可以满足消费者更多新的需求，以便更好地应对激烈的市场竞争。

5. 竞争对手的目标市场选择战略

竞争对手的目标市场选择战略是体育组织制定目标市场战略的参考因素。通常而言，为了与竞争对手有所不同，体育组织所选的目标市场战略应与竞争对手不同。竞争对手的实力也影响着组织的目标市场战略选择。如果竞争对手实力强劲，则体育组织应避其锋芒，寻找对手所忽视的细分市场或利基市场，采用差异化市场营销战略或集中化市场营销战略。如果竞争对手实力较弱，则体育组织无需顾虑对手的目标市场选择战略，只需按照自己组织的实际情况选择目标市场战略即可。

第三节　市场定位

一、市场定位的概念

市场定位是组织对产品和形象进行设计，使其在目标市场消费者心中占据独特位置的行为。市场定位的目的在于让组织的产品和品牌深入消费者心中，在消费者购买过程中指导消费者做出购买组织产品的决策。由此可见，一个好的市场定位，可以向消费者诠释产品的价值主张，给消费者购买产品的理由，让消费者对产品印象深刻，从而使组织在市场竞争中取得优势。

市场定位是组织目标市场战略的重要组成部分，组织采用任何营销战略都应建立在市场细分、目标市场选择和市场定位的基础之上。

二、市场定位的过程

市场定位的过程就是体育组织寻找、识别和确定竞争优势的过程。

1. 寻找体育组织的竞争优势

在这一步骤中，体育组织需要寻找自己的竞争优势。所谓竞争优势是指体育组织超越竞争对手的某种或某几种能力。寻找体育组织的竞争优势可以从解答下面四个问题入手：

（1）目标市场中消费者的主要需求是否得到满足以及是否还有未被满足的需求点？（2）体育组织的主要竞争对手的产品在消费者心目中的印象如何？（3）体育组织在满足目标市场消费者的需求上已经做了什么工作及还可以做什么工作？（4）面对竞争对手的市

场定位，体育组织可以做什么？体育组织通过分析研究上述问题，可以了解目标市场的需求和竞争对手的市场定位情况，有助于体育组织寻找和发现竞争优势。

2. 准确地识别出竞争优势

体育组织要准确地识别出自身的竞争优势。体育组织的竞争优势是相对竞争对手而言的，是体育组织及其产品优于竞争对手的地方。准确地识别出竞争优势是体育组织制定市场定位的基础。体育组织可以从如下七个方面展开与竞争对手的比较和分析，来判断自身的竞争优势。

（1）组织管理方面。主要考察领导者的领导力、组织结构、组织文化、制度体系等指标。

（2）技术研发方面。主要分析技术资源（如专利、技术诀窍等）、技术人员能力和研发资金来源是否充足等指标。

（3）运营管理方面。主要分析生产能力、技术设备、质量控制、物流体系、供应商网络等生产管理和供应链管理指标。

（4）市场营销方面。主要分析产品销量、市场占有率、市场研究能力、客户服务体系、销售网络及传播能力等指标。

（5）财务方面。主要考察组织的资产、负债及资金成本、支付能力、现金流量以及财务制度与人员素质等指标。

（6）产品方面。主要考察可利用的特色、价格、质量、支付条件、包装、服务、市场占有率、信誉等指标。

（7）人力资源方面。主要分析人才结构、绩效管理体系、员工离职率等指标。

3. 确定独特的竞争优势

通过前两步的寻找和识别，体育组织已经找到了自身的竞争优势，因此，在第三步中，体育组织的任务是将组织独特的竞争优势在消费者心目中确定下来，让目标消费者对组织形象有一个清晰而深刻的认识。为了将体育组织的市场定位根植到目标消费者心目中，首先，体育组织应通过各种传播沟通活动，使目标消费者了解、知道、熟悉、认同、喜欢和偏爱本组织的市场定位，在其心目中建立与该定位相一致的形象。其次，体育组织应通过传递产品和服务来固化目标消费者对组织的正向态度，并加深和目标消费者的情感联结，从而在消费者心目中进一步完善与市场定位相一致的形象。体育组织应注意到由于消费者的感知能力和理解能力各不相同及组织在传递市场定位过程中的失误等原因，目标消费者对市场定位的理解可能会与组织所希望传递的市场定位不一致。体育组织应不断监测消费者对市场定位的理解，对于可能出现的偏差、误会和混乱，应及时加以纠正。

三、市场定位的方法

体育组织在识别和确定组织独特的竞争优势后，就需要明确竞争优势中的关键点，并使其成为体育组织市场定位的依据。在实践中，体育组织识别出的市场定位关键点通常有：产品和服务的属性、利益、价格、质量、用途、使用者、产品档次、竞争局势等因素或因素组合。具体来讲，在体育营销中常用的市场定位方法主要包括以下几点。

1. 产品属性

突出消费者心目中认为重要的产品或服务的要素。在第四章中，我们讲到过消费者在进行产品评估时会考虑一些与产品相关的关键要素。这些关键要素是消费者决定是否购买产品的重要标准。体育组织依据消费者心目中最为看重的要素来进行定位，常常得到事半功倍的效果。例如，如果目标消费者认为质量是最重要的要素，而且质量也是体育组织的竞争优势，那么体育组织就应从产品质量出发进行市场定位。

知觉图是一个帮助营销者利用关键要素来进行市场定位的工具。知觉图是一个平面直角坐标系，其中，坐标轴代表消费者评价的关键特征因子；市场定位的对象用坐标系中的点表示，根据定位的不同对象，这些点可以代表一个行业、一个企业或企业的某种产品或服务；各点在坐标系中的位置则代表消费者对它们在关键特征因子表现上的评估。

2. 顾客利益定位

突出产品能给予顾客某一方面更多的利益。例如，户外运动服装企业可以将户外运动服饰产品定位于可为消费者提供防雨、防风、防寒等利益点。

3. 使用者定位

以产品的使用者为定位点。例如，某运动鞋生产企业定位于老年市场，突出产品的使用者主要为老年人。

4. 品类定位

希望突出产品在所属品类中的独特地位。例如，很多人在想到篮球鞋时，就会想到耐克；想到足球鞋时，就会想到阿迪达斯。这跟两家企业在推出相关产品时突出其品类定位有很大关系。

5. 使用场合定位

突出产品的不同应用情景。

6. 竞争者定位

以知名度高的竞争产品为参考点来进行定位，在消费者心目中将本组织产品和知名竞争产品进行对比，提高本组织产品在消费者心目中的位置。

四、市场定位新方法

近年来，营销人员发现利用单一或少量的关键点来进行定位，已经难以吸引消费者的关注。营销学者提出了一些更具创新性的市场定位方法，如故事演绎和基于文化的定位①。

1. 故事演绎

营销人员通过讲故事的方式来描述产品定位，而不是将产品的具体属性或利益罗列出来。兰达尔·瑞格和迈克尔·锡伯杜将叙事性定位看作是与人们的记忆、联想和经验相关

---

① 菲利普·科特勒，凯文·莱恩·凯勒．营销管理（精要版）第6版［M］．王永贵，华迎，译．北京：清华大学出版社，2017：112.

的深层隐喻方法。他们认为通过故事演绎来进行产品定位有五个要素：(1) 关于文字和比喻的品牌故事；(2) 消费者旅程或其参与品牌的方法，以及消费者与品牌的接触点；(3) 品牌的可视化语言与表达；(4) 故事的经验性表达或品牌融入感觉的方法；(5) 品牌在消费者生活中扮演的角色。

2. 基于文化的定位

道格拉斯·霍尔特认为，一个企业想要建立标志性的领导品牌，就必须根据基于文化的定位原则，集成文化相关知识并制定战略，雇用、培训文化专家。威斯康星大学的克里克·汤普森把品牌文化视为社会文化的样板，将关于品牌的研究调查作为文化资源引证。例如，李宁公司在2018年推出中国李宁系列产品，在产品中融入中国文化元素，在定位时将体育运动产品和中国文化特色结合，就是基于文化定位的一个例子。

重要概念

市场细分 地理细分 人口细分 心理细分 行为细分 目标市场 无差异化市场营销 差异化市场营销 集中化市场营销 利基营销 利基市场 市场定位

复习题

1. 怎样判断市场细分是否有效？
2. 如何判断细分市场的吸引力？
3. 影响目标市场选择的因素有哪些？
4. 市场定位的主要步骤有哪些？

案例思考：中国乒乓球“地表最强12人”赛

中国乒乓球队队内直通赛是自2006年以来国乒队为出征各大国际赛事而举办的队内选拔赛，由CCTV对其进行转播或报道。虽然直通赛的水准一直都堪比国际乒坛大赛，且很早就拉上了央视等媒体平台进行转播，但之前的市场关注度并不高。为了更好地推广乒乓球运动，中国乒乓球队在伦敦奥运会包揽四金后提出“第三次创业”，即在继续保持竞技层面世界领先的同时，强化项目在国际、国内的影响力，扮演好“全球推广者”的角色。2017年，中国乒乓球队、深圳文体旅游局和腾讯体育联合推出了“地表最强12人”赛。腾讯体育在赛事举办期间进行独家网络视频直播，同时通过Youtube向国外进行报道。“地表最强12人”的比赛从名称看是一个很“网红”的名字，这样的创意与马龙和张继科在日本新闻中“六边形战士”等走红网络的霸气称呼相呼应，还结合了漫威英雄的感觉。与时俱进的国乒队用这样一个赛事的名称，吸引了更具活力和消费力的年轻一代。

除了名称外，“地表最强12人”赛在赛制上也进行了大胆创新。提出了血战到底方案。具体规则如下：单打比赛分为两个阶段，第一阶段采用7局4胜的单场淘汰制；首轮比赛，12名种子选手根据世界排名进行抽签，两两比拼决出6位选手进入第二轮；次轮比赛，6位种子选手根据种子排名再抽签，两两比拼再决出晋级第二阶段的3位选手。这3位选手采用7局4胜的“血战到底”方案，如果某位选手获得2连胜，则比赛当即终结，该名选手就是最后的冠军。如果3人互有胜负，则再增加一轮，该轮打一局11分的比赛；再继续互有胜负的话，就再增加一轮只打一局从5:5开局的比赛；如果还没有全胜的选手，接下来的一轮是打一局从8:8开始的比赛；依然分不出胜负的话，再打一轮10:10开始的比赛，直到决出最后的冠军。值得一提的是，混双比赛也分为两个阶段。第一阶段采用7局4胜单场淘汰制，6对选手经抽签两两对战，3对获胜的组合晋级第二阶段。第二阶段将采用5局3胜制，效仿单打比赛的“血战到底”方案，直到有1对混双组合获得两战全胜才结束。这个赛制的最大特点就是第一阶段的比赛非常残酷刺激，只要输一场，“游戏”到此结束！

“地表最强12人”还推出了超强的体育明星解说阵容。在2017年赛事上，王楠、张怡宁、陈静、王励勤、马琳、王皓、刘伟、陈玘、邱贻可、黄飚、孔令辉、刘国梁12名解说嘉宾组成了乒乓球比赛解说界的“地表最强12人”。

从赛事的宣传来看，赛事的宣传海报、赛事的转播等都采用更被年轻人接受的模式。在2020年“地表最强12人”比赛期间，国乒队发布了由国际时尚摄影师及视觉艺术家陈漫为国乒队拍摄的一组新年复古大片，受到网友和国乒队粉丝们的热烈追捧。乒乓球是一项速度极快的运动，将最新、最时髦的乒乓球国手与复古元素结合，这样的创意的确让人耳目一新。网友发帖感叹：“这组照片简直帅炸！这样的国乒运动员也太好看了吧。”还有人表示：“还没出牌就胜券在握的样子，乒乓球都飞出屏了。”

中国乒协主席刘国梁提到“地表最强12人”赛时曾说过，“地表最强12人”赛设置了高额奖金，是乒乓球市场化发展迈出的第一步……乒乓球运动的市场化开发，需要加入一些时尚、科技、商业的理念。因此“地表最强12人”赛，无论是赛事名称、奖金还是整体包装，都融入了时尚、娱乐和市场化的元素，但场内竞争仍然是真刀真枪、火药味十足的。

“地表最强12人”通过专业包装为赛事融入了科技感与时尚感，并使乒乓球运动更加贴近大众人群。2017年“地表最强12人”比赛期间，在线观看量超过6000万人次，社交媒体话题量达到6.7亿，赛事总覆盖达到7.7亿人次，体现出市场与用户对赛事的高度认可。2019年“地表最强12人”赛在社交媒体话题量和赛事覆盖人次上，较2017年有了较大提高。

（来源：地表最强12人！腾讯体育联手国乒共建IP，会是未来选拔赛的新常态吗？百度百家号：体育产业生态圈，2017-03-03，https://baijiahao.baidu.com/s?id=1560817324984125&wfr=spider&for=pc，地表最强12人赛再度来袭！总奖金500万打响奥运开年第一战，腾讯体育2019-12-09，https://sports.qq.com/a/20191209/007997.htm）

思考题

1. “地表最强12人”赛的目标市场由哪些消费者构成？
2. “地表最强12人”赛的定位与传统乒乓球赛有哪些不同？
3. 分析“地表最强12人”赛的STP战略，并给出营销策略建议。

第七章　体育产品

本章学习目标

1. 了解什么是体育产品及体育产品的营销策略。
2. 了解什么是体育品牌及如何创建体育品牌。
3. 了解体育新产品的开发策略及产品生命周期理论。

案例导入：匹克靠什么才能重登中国运动品牌的巅峰

在中国运动产品品牌中，匹克是成立比较早的，其成立时间甚至早过李宁和安踏。匹克成立于1989年，比李宁早成立1年，比安踏早成立2年。匹克成立之初，将重点放在篮球鞋上。在很多热爱篮球的“80后”心中，匹克篮球鞋是他们的共同记忆。1991年，匹克和八一篮球队合作，为八一队成功研制出国内第一双大码篮球鞋。2005年，匹克还赞助了休斯敦火箭队、迈阿密热火队等顶级美职篮球队，随后签约霍华德、帕克等20多位美职篮顶级球星，是国内首个跟美职篮合作的国产运动品牌。那段时间曾是匹克最辉煌的时期。但世上没有常胜将军，如今，八一篮球队彻底退出了中国篮球职业联赛，那批匹克签约合作的美职篮球星也纷纷退役。对于匹克来说，昔日的荣光已逝，如今又靠什么才能重登中国运动品牌的巅峰？

2016年匹克从港股退市，开始了第二次创业。这一年，匹克与西安理工大学科研团队共同开始研发“P4U + EVA”的智能鞋材弹性体——也就是后来为人所熟知的“态极”材料。

“态极”的面世对于匹克的销售业绩有极大的推动作用，搭载了该科技的产品一经推出就受到市场的热烈追捧。这也是国产品牌里少见的以科技为核心卖点的爆品，根据匹克提供的数据，“态极”系列产品目前累计销量已经超过1500万双，销售额超35亿元。更重要的是，“态极”科技帮助匹克在诸多细分领域取得了成功。从跑鞋到篮球鞋，从休闲鞋到拖鞋、洞洞鞋，“态极”自适应的材料特性让匹克的产品能满足消费者在不同场景下的穿着、运动需求。

尽管“态极”系列爆款频出，匹克首席执行官许志华却没有过分沉浸在“态极”系列一路高歌猛进的喜悦中，他反而开始思考如何进一步拓宽品牌的护城河。“态极”材料正式投入使用已有三年时间，市面上其实并没有出现类似的材料，证明其技术壁垒不低。但许志华认为，单凭技术的难以复制性还不够稳妥，他还需要另一重保险——按照消费者的需求来做产品。这也是匹克“态极”产品能获得市场高度认可的另一层原因。

许志华认为，“随着互联网技术的发展，企业整个生态现在都能与消费者直接联接，为决策者提供更多的视角和思考维度。匹克在和消费者联接的基础上，会去找到消费者的痛点和需求，然后通过科技手段来解决，这样才能构建起品牌的护城河”。

为此，许志华身先士卒，活跃在微博、直播间等各个平台上，直接了解消费者的产品体验和反馈。首席执行官亲自上阵与消费者们互动，这样的场景并不少见，疫情和电商一度让其成为老板们的标配工作，但像许志华这样高频坚持做的首席执行官，掰着手指头都能数过来。

一个关键点在于，许志华的直播，并不追求销售数据，他将其当作一个了解用户的窗口，要实现这个目标，偶尔为之、蜻蜓点水的作秀式直播显然达不到目的。他认为，“消费者的评价是最终的考评指标和决策标准，这样就可以更快地统一思想，达成共识。这也是我坚持直播的原因，给团队带来示范效应”，许志华说，“比如生产部门的老总，说实话，他们原来哪会关注消费者反馈，现在就是要去看产品发售后消费者的反馈，甚至进入粉丝社群。这样他们就知道自己有什么问题，要如何改善，这样最后端的部门都能有这样的意识。这样比起你问他为什么出问题，双方争论半天只会找出更多的理由来应付，效果会好得多。当然，从管理上，消费者的投诉和退货率都会纳入关键绩效考核指标”。

为了显示决心，许志华会把从各渠道得到的反馈记录下来，优先解决这些问题。匹克有一个有趣的现象，就是在每周一的高管早会上，会有专人念客服统一收集的消费者意见，一字一句念出来，甚至是非常小的事，涉及的部门高管要当场回应。这就是为了让管理者见微知著，发现问题和痛点，改善工作，找到新的思路。他在内部提倡匹克人人是客服，很多高管和员工都在社群里，用户很容易就能建立联系，反馈问题或者提建议。久而久之，品牌和用户之间就建立起了信任度，尤其是年轻用户，他们更在乎这种参与度。

匹克不断寻求通过新技术变革产品的可能性，也在积极聆听消费者声音。这种“既仰望星空、又脚踏实地”的模式实打实地推动着匹克向前发展。

（来源：《匹克获近15亿元战略投资，科技新国货站上风口》微信公众号懒熊体育，《港股退市又冲刺A股，这个32年的老品牌能打赢“翻身仗”吗》，百度百家号中国企业家杂志，https://baijiahao.baidu.com/s?id=1714747180406835908&wfr=spider&for=pc.）

学完本章体育产品，你将能回答上述问题。在本章中我们将解释什么是体育产品及体育产品的营销策略，阐释什么是体育品牌及体育品牌的营销策略，说明体育新产品的开发策略及产品生命周期策略。

第一节　体育产品的内涵

一、产品的含义

从营销实践来看，产品是指营销活动的主体为了实现其目标，提供的任何可以用来满足消费者需要并可以进行交换的事物。在这里，可以交换的事物不只是有形产品，也可以是无形产品，如服务、体验、想法，甚至可以是经过包装的人，即所谓的“人设”。

从整体来看，产品可以分为以下三类。

1. 核心产品

核心产品是指产品向顾客提供的能够满足顾客需要的基本效用或利益。从根本上说，每一种产品实质上都是为了满足消费者的某种（或某些）需要而存在的。例如，人们购买运动鞋不是为了获得构成运动鞋的布料和胶底，而是为了满足人们希望在保护双脚的同时更好地运动的需求。任何一种产品只有能满足消费者所希望满足的基本需求才有可能销售出去，否则将没有市场。

2. 基本产品

基本产品是指核心产品借以实现的形式，或核心产品为了满足顾客需求所依托的特定形式。基本产品由五个要素所构成，即品质、式样、特征、商标及包装。即使是纯粹的无形产品，也具有相类似的基本产品特点。核心产品必须通过基本产品的特定形式才能实现，营销者需要及时了解消费者对基本产品要素的偏好，从而更好地满足消费者需求。

3. 附加产品

附加产品是指消费者购买基本产品时，附带获得的各种利益的总和，包括产品说明书、保证、安装、维修、送货、技术培训等。附加产品可以给消费者带来核心产品和基本产品之外的附加利益。营销者可以通过改善和创新附加产品，在竞争中获得优势地位。

二、体育产品的含义

在了解了产品的定义之后，我们可以很容易地总结出体育产品的定义：体育产品是体育营销活动的主体，为了实现其目标，提供的任何可以用来满足体育消费者需要并可以进行交换的事物。但是由于体育自身的特殊性，体育产品也有其特殊性。在漫长的历史长河中，逐步形成了各种体育运动项目，并配备与之相适应的运动装备和运动场地等体育有形产品。围绕着体育赛事和运动项目的训练方法、训练内容、技术战术等又产生了知识产权、转播权等体育无形产品。

体育产品种类繁多，可以根据产品属性、产品细分行业、产品形态等进行分类。本书中按照体育产品形态将体育产品分为体育有形产品和体育无形产品，如图 7－1 所示。

体育有形产品
- 体育服装与装备
- 体育场馆
- 体育食品与饮料
- 体育相关印刷品
- （以及其他存在未列入的有形产品）

体育无形产品
- 体育赛事
- 体育休闲娱乐与服务
- 竞赛规则与相关技术
- 体育明星、教练与裁判员
- 专业的赛事生产与服务人员
- 体育粉丝及其组织
- 体育舞蹈与音乐
- 体育记忆与相关话题
- （以及其他存在未列入的无形产品）

图 7－1　体育产品分类图

体育服装与装备是参与体育活动必不可少的部分，它们不仅承担着各种与体育运动直接相关的功能，如保护参与者或提高其运动水平，同时也是文化符号甚至是精神寄托。体育场馆是体育产品的重要组成部分，设计出众的体育场馆或者著名体育队伍的主场地往往是城市的地标建筑。体育场馆为赛事的举办提供了空间支持，也成了巨大的消费场所。体育食品与运动饮料是运动营养补剂，是重要的日常消耗性体育产品。还有和体育相关的印刷品，如入场券、海报等，对于忠实的粉丝来说也有一定的收藏价值。

体育规则与相关技术则是使某个项目变得独一无二的基础，同时，规则与技术也在为提高赛事的观赏性服务，如近年来美职篮（NBA）的规则修改就使比赛变得更加精彩。体育主要产品当中较为特殊的一部分是体育比赛中的人，包括体育明星、教练、裁判员以及赛事的生产与服务人员。他们既是体育比赛的生产者，也是体育比赛造就的特殊的体育产品。例如，一场精彩的赛事，足以成就一位体育明星、教练或者裁判员的社会名望与地位，同样的，也可能令他们失去一切。

体育赛事是体育产品中的关键产品，是链接其他体育产品的中心点。从供应链的角度来看，我们可以将其他产品看作是体育赛事生产的必需的零部件，我们可以看到在一场体育比赛中需要有体育服装与装备、体育场馆、体育食品与饮料、体育印刷品等有形产品，体育比赛也需要竞赛规则与技巧、体育明星、教练、裁判员、赛事组织人员、粉丝等无形产品。

体育的粉丝及其组织是体育赛事产品的重要组成部分。体育赛事的特殊之处在于这是一个生产者与消费者共同完成的产品，少了粉丝参与的赛事注定是有缺憾的。体育音乐与舞蹈也是重要的衍生品，包括赛事的主题曲或在场间休息提供的啦啦队舞蹈表演等，尤其是在一些较为成熟的体育赛事当中，音乐与舞蹈甚至成了一种文化符号。在此基础上，体育还有一个重要的产品，是与赛事有关的记忆和话题，这些记忆和话题可能由于粉丝甚至社会巨大的情感与注意力投入，具备跨时间的特性而被反复消费。

三、体育产品的属性

体育产品既包括了有形的产品，如服装与装备，也包括了无形的产品，如相关的服务。但是归根结底，产品就该有其相应的属性，包括质量、特征、设计与款式。体育产品的属性与价格之间的关系，即性价比是决定消费者最后是否购买的关键因素。

1. 体育产品的质量

体育产品的质量表明了体育产品在何种程度上满足了消费者的需求，也是体育营销者的主要定位工具之一。产品质量有两个维度：一是质量水平，二是一致性。质量水平是指产品能够满足消费者需求的能力。例如，欧洲冠军联赛的决赛要比法国乙级联赛精彩，同样门票价格要昂贵得多。但是如果法国乙级联赛的精彩水平可以和它的票价相当，我们也可以认为法国乙级联赛的质量水平很高。质量的一致性是指产品是否稳定地维持在某种水平上，如果某项赛事的精彩程度忽高忽低，那么我们会认为该赛事的产品质量不高。

2. 体育产品的基本特征

体育产品的基本特征是体育产品自身构造所形成的特色，一般指体育产品的功能、材质、商标和包装等，它能反映体育产品对顾客的吸引力。体育产品的基本特征显示出产品的基本要素，帮助消费者判断是否满足消费者的基本需求。

3. 体育产品的设计与款式

体育产品的设计与款式就是在基本特征以外的能够满足消费者差异化需求的特征。耐克的跑鞋如果想要满足不同消费者的不同需求，就需要更多的设计与款式，如满足一些专业跑者的轻量化设计，或者满足部分跑者的耐久性设计。体育无形产品的设计则要复杂得多，如超大型赛事的开幕式，涉及多个方面，如与城市之间的关系、与当地文化之间的关系等。具体项目的服务产品则要面向消费者，根据其不同的身体特征，设计出不同的方案（即产品），满足其特殊需求。设计与款式的差异化，体现出体育产品的不同定位。

根据体育产品的基本属性、特征、设计与款式，可以将体育产品分为以下几类：经典产品、季节性或流行类产品以及时尚产品。

（1）经典产品。经典产品意味着产品的基本属性是人们所需的，特征、设计与款式是人们广泛认可且不易过时的，具有跨越时空的特点。典型的经典产品，如西班牙甲级足球联赛，从1929年创立之初到现在，长盛不衰，巨星辈出，其赛事设计的主要结构在几十年的时间基本维持不变，只是在细节上有所不同，并被广泛接受。经典产品的成熟期较长，能持续地为组织带来可观的收入，同时也需要组织进行持续不断的投入，以维持其在消费者心中的地位。

（2）季节性或流行类产品。季节性或流行类产品具有明显的时段性，受天气影响较大。季节性产品，如应季的体育服装与装备；还有一些季节性的赛事，如夏季奥运会和冬季奥运会。

（3）时尚产品。时尚产品的特点是很快被消费者接受又很快被淘汰。甚至对于部分行动较慢的消费者来说可能都没有意识到其存在，某种时尚产品就已经被市场淘汰了。

第二节　产品组合策略

一、产品组合的相关概念

产品线是指产品类别中密切相关的一系列产品。所谓产品组合，是指某一组织拥有的产品线的组合。在此我们根据体育产品的特殊性，以体育无形产品中的体育赛事为例，如以奥运会中的游泳项目为例，对游泳项目的产品组合进行解析。

产品组合涉及四个维度：宽度、长度、深度和关联度。

产品组合的宽度是指一个组织的产品组合中所拥有的产品线的数目。例如，奥运会的游泳比赛中包括蝶泳、仰泳、蛙泳和自由泳4种泳姿的竞速项目，以及花样游泳等，每一类游泳项目是一条产品线，游泳比赛的产品宽度就是游泳项目类数的总和。

产品组合的长度是指一个组织的产品线中产品的总数。仍以奥运会游泳比赛为例，奥运会中游泳产品组合的长度就是奥运会中所有游泳比赛项目的总数。

产品组合的深度是指一个产品线中的每一产品有多少个品种（或不同的规格）。例如，奥运会自由泳项目中有8种，分别是：50米自由泳、100米自由泳、200米自由泳、400米自由泳、800米自由泳（女子）、1500米自由泳（男子）、4×100米自由泳接力、4×200米自由泳接力。

产品组合的关联度是指各条产品线在最终用途、生产条件、分配渠道或其他方面相互关联的程度。

二、产品组合策略

根据上述产品组合的四个维度，组织可以选择合适的产品组合策略。

(1) 加大产品组合的宽度，可扩展体育组织的经营领域，实行多样化经营，分散体育组织投资风险。

(2) 增加产品组合的长度，使产品线丰满充裕，使组织拥有更全面的产品线。

(3) 加强产品组合的深度，可以占领同类产品的更多细分市场，满足更广泛的市场需求；同时，可增强行业竞争力。

(4) 加强产品组合的关联度，可以使体育组织在某一特定的市场领域内加强竞争和赢得良好的声誉。

产品组合决策，就是体育组织根据市场需求、竞争形势和体育组织自身能力对产品组合的广度、长度、深度和关联度方面作出的决策。

三、产品组合的优化与调整策略

体育组织在调整和优化产品组合时，依据不同的情况，可选择如下策略。

1. 扩大产品组合

扩大产品组合包括拓展产品组合的宽度和增强产品组合的深度。前者是在原产品组合中增加一条或几条产品线，扩大产品范围；后者是在原有产品线内增加新的品种。扩大产品组合在增加了组织产品在市场的丰富程度的同时，也会增加相应的成本与风险。在市场繁荣时期，扩大产品组合有利于组织扩大市场占有率，阻止竞争对手的进攻，扩大品牌影响力，并有利于新产品借助现有明星产品打开或占领新市场，使组织充分配置资源，分散风险。同时，组织也应注意市场动态，当市场萧条时，过于庞大的产品组合可能占有组织较大资源，增加风险。

2. 缩减产品组合

与扩大产品组合相对应的是缩减产品组合。缩减产品组合一般出现在市场萧条或组织转型时期。萧条时期，市场需求不充分，过大的产品组合会增加组织的资源负担，影响组织资金流转，进而影响组织发展。组织转型分为多元化经营或专业化经营，在某些情境下，组织会放弃较为宽泛的产品组合，进而聚焦在某一利润较高或发展前景较好的领域甚至是某条生产线，形成专业化经营，从而推动组织更好的发展。例如，准者体育就是专注于生产篮球装备的专业化经营体育组织。

第三节 体育新产品的开发及产品生命周期

产品也和人一样，会经历从出生到死亡的过程。产品生命周期就是指产品从进入市场到退出市场的生命历程。产品生命周期的长短不同，带给组织的利益也会不同。体育组织可以通过产品开发策略和产品生命周期管理策略来增强产品的市场生命力，延长产品的生命周期，给组织带来更多利益。

一、体育新产品开发策略

组织不能盲目地进行新产品的开发，应该有目的有步骤地开发市场需要的产品。市场上并不缺乏一炮而红的产品，拥有这些现象级产品的组织不一定能基业长青，很多组织都是昙花一现。反观持续成功的组织，都有严密的新产品开发计划，并且能够持续稳步地推进新产品的不断面市。以著名的运动 APP Keep 为例，Keep 目前用户有约 2 亿人，但仍未找到合适的盈利模式。在新产品开发方面，除了当年 APP 风靡一时外，新产品的开发仍是一个亟待解决的问题。

延伸阅读：Keep 深陷裁员风波

2019 年 11 月 6 日，有媒体报道 Keep 正深陷裁员风波。Keep 的这轮裁员人数在 200 ~ 300 人。公开资料显示，Keep 目前拥有员工 800 人。在 Keep 对媒体的公开回应中，其称裁员人数实际为整体人数的 10% ~15%，且此次只是正常的优化。

自 2015 年 2 月上线，Keep 凭借着初级入门课程，简单的动作、健身教练详细的讲解，容易掌握的要领等特点，俘获了一群“健身小白”的“芳心”。

仔细观察 Keep 的融资经历可以看出，Keep 一直备受资本的青睐，而这源于其背后大量的数据。根据 Keep 公布的数据，目前 Keep 已经拥有 2 亿用户。但这仅仅是用户量，或者说是注册用户数量。

在 Keep 上除了初级训练的免费课程之外，还有会员和付费课程。在 Keep 上有专门的线上私家课程，涵盖瘦身、减脂、塑形等内容，价格大约为 39 元、40 元等，但是这些课程极其简单，更多的是针对“运动小白”。“运动小白”们虽然数量庞大，但是将这部分流量变现，却成为 Keep 不得不面临的挑战。

线上商业模式不清晰、变现难，成为 Keep 最大的挑战之一。那么，走向线下是否会有改观呢？D 轮融资之后，Keep 便开始了其线下扩张之路。公开资料显示，2018 年初，Keep 在北京华贸中心试水第一家线下实体店铺——Keepland。目前，keep 已经拥有 15 家线下店铺。按照 Keep 的设想，Keepland 是一个具有社交属性的运动空间。不同于传统的健身房，Keep 希望打造的是一个集运动训练、社交、智能硬件产品出售、健康简餐解决方案于一体的运动空间。Keepland 采用的单次出售课程模式，用户可以从线上 APP 约课。

从线上向线下引流，是 Keep 线下店铺获客的重要渠道。不同于传统健身房的年卡或者半年卡机制，在 Keep 上可以按次购买，不同课程价格也不同，最低 79 元起，从线上预约，去线下消费。线上约课和屏幕指导，是 Keep 认为不同于传统健身房的重要举措。但是具体到线下体验时，课程设置的好坏，仍然成为用户复购的重要因素。有参与过 Keep 线上约课的用户表示，这种单次购买效果并不好，因为无法持续坚持，健身效果并不好，最终只是沦为一个社交场所。

伴随着 Keep 线下店的开设，其原来主攻线上的轻资产模式变得越来越重。这也意味着，其成本也变得越来越高。Keepland 的选址通常会在一线城市的写字楼和商业核心区。Keep APP 上显示，其在北京共有 12 家 Keepland，从其所在地址上记者看到，Keep 的店铺主要分布在海淀黄庄、前门、蒲黄榆等人流量大、地段繁华的核心商业区。这也意味着高企的房租。从 Keep 平台上可以看出，Keep 会员、广告、电商平台、线下店铺 Keepland 是其四大收费业务。根据 Keep 合伙人、副总裁刘冬曾经披露的数据显示，消费品已经为 Keep 贡献一半的收入（其中智能硬件占比为 35%，训练装备占据 40%，食品类占据 25%）；会员收入占据营收第二，再次是广告，最少的是 Keepland。

在 Keep APP 的商城中，其产品涵盖吃、穿、用、运动训练各个方面。在 Keep 的运动硬件产品中，“智能”是共同特点，如智能跑步机、智能体脂秤、智能手环等等；同时，其产品可以与 Keep APP 相联接，实现数据共享。然而，目前在“智能”穿戴市场上，早有供应商牢牢占据这一领域。Keep 在 2016 年发布第一款智能手环，这个时间，智能硬件已经成为一片红海，如小米、华为等早已杀入智能硬件市场，在 Keep 发布的智能硬件中，多款产品与小米的智能硬件产品重合。

而 Keepland 除了提供用户运动场所之外，用户还可以购买其硬件产品及其推出的轻食简餐。运动产品本身复购率低，再加上 Keep 一些硬件产品并不具备显著的、区隔竞品的特点，其竞争力何在？同时，Keep 除了需要与不胜枚举的运动产品供应商竞争之外，还需要与传统健身房以及其他互联网运动品牌进行竞争。面对着种种挑战，Keep 是否盈利呢？又是如何盈利的呢？

（来源：王倩. Keep 裁员背后 两亿用户也难解“盈利题”，搜狐号：商学院，2019－11－6，https://www.sohu.com/a/352019287_377096，有删节。）

1. 收集创意

创意的来源是广泛的，按照产生创意的人员身份可以将创意来源分为组织内创意来源和组织外创意来源。

组织内部的创意来源既可以来自组织的研发部门，也可以来自组织的其他成员。组织内部成员的创意往往来源于员工对产品功能的创新和产品生产流程改进等。由组织内部成员提出的产品创意往往较为容易被接受，但需注意的是，这些创意可能会与市场需求有较大差异。

组织外部的创意来源可分为被动创意来源和主动创意来源。被动创意来源往往来自供应商、竞争对手和外部客户的刺激。供应商可能会将最新的技术、材料的信息告知给组织，进而促进组织产生新的创意。竞争对手的新产品也会给组织带来灵感。竞争对手的产品有哪些优缺点呢？我能进行哪些改进呢？我还能做得更好吗？体育组织在思考和解决关于竞争对手产品的一系列问题之后，往往能够产生新的产品创意。外部客户也是新创意的重要来源，一个产品在推向市场之后，组织对其优缺点可能并不能完全掌握，客户的反馈与投诉能够使组织掌握现有产品的优缺点，并产生新的创意，进而改进产品。主动的外部创意可以来源于众包。没有一个组织拥有能够收集所有创意能力，众包就是一种优质的解决方案。众包是指体育组织将创意工作按照一定协议外包给他人（或组织）的做法。通过发起产品创意众包行动，组织可以从中搜集众多从未想到但却新颖实用的产品创意。打开搜索引擎，输入众包两个字，可以找到数以千万计的网站和链接，今天的创意收集也变得越来越方便。

2. 创意筛选

并不是每一条创意都有付诸实践的现实意义，尤其是对于专注于价值交换的组织来说，组织有限的资源是为了交换更多价值而存在的。因此，体育组织需要对收集到的创意进行筛选，找到有价值且可实现的创意。创意的筛选过程，就是不断重复问题的过程：这个创意满足客户的哪些利益诉求呢？这些利益诉求是真实存在的吗？我们是否拥有足够的资源实现这个创意呢？在实现这个创意方面我们有哪些优势呢？实现这个创意以后对我们有哪些好处呢？实现创意的过程的时间成本我们能否承担得起呢？当这些问题被全部解答之后，一个创意的可行性也就被确定下来了。

3. 概念的开发与测试

一个产品创意必须能开发成产品概念。产品创意是一个想法，而产品概念则是组织可以向消费者通过语言、文字、图片等描述的一个具体的产品设计。

产品概念的开发是指营销人员将创意开发成为一个或几个产品概念，并且确定某个概念对消费者能产生多大的吸引力，最终选择最佳概念的过程。概念测试是指营销人员邀请目标消费者群体对产品概念进行较为系统的评价与信息反馈的过程。

4. 商业分析

在确定了以上几点之后，体育组织就要对新产品进行商业分析了，其中包括新产品的市场营销计划，及对预期销售额、成本、利润的预估。如果对新产品的商业分析符合公司的发展战略和营销战略就可以转入下一个阶段。

5. 产品开发

接下来就到了产品的实际开发阶段。一个好的产品不应只存在语言、文字、图片等象征性的描述上，应该能够开发成为现实的、可以批量生产的产品。这需要组织的研发部门和生产部门等投入巨大的精力。产品的开发也是多阶段的、多版本的，现实中总是存在这样或那样的因素使得创意不能够百分之百地完美实现，因此需要从众多实际版本找出消费者最满意的版本。这个版本必须既包含了组织在生产成本可承受范围之内最好的质量，也必须透过设计与款式满足消费者的利益诉求。

6. 市场测试

贸然地将产品投入市场的风险是巨大的，因此需要市场测试。市场测试是指面向目标市场进行小规模的、有目的的销售测试。为了提前检验整个营销计划是否如预期一样，并且哪些营销策略需要改进，组织需要进行小范围的营销试验，这样做既可以为全面推广新产品积累经验，也可以降低风险。需要指出的是：新产品的市场测试可能会带来时间上的风险，在测试期间竞争对手或替代品可能更早上市，进而影响新产品的营销计划。

7. 商业化

新产品的商业化阶段就是组织投入大量人员、资金进入市场推广新产品的阶段。这个阶段组织需要按照先期制定的商业计划具体确定何时、何地、向谁、如何推出新产品，并具体实施。这一阶段组织的各项成本都会激增。如果一切顺利，那么一个新产品的开发才算是彻底完成。

二、产品生命周期理论

产品生命周期（product life cycle,PLC）是体育市场营销中的基础概念，是指体育产品从投放市场到最终被市场淘汰的全过程。根据产品的销售额和利润额的变化，将典型的产品生命周期过程分为四个阶段——初始期（介绍期、引入期、导入期）、成长期、成熟期和衰退期。（图 7－2）

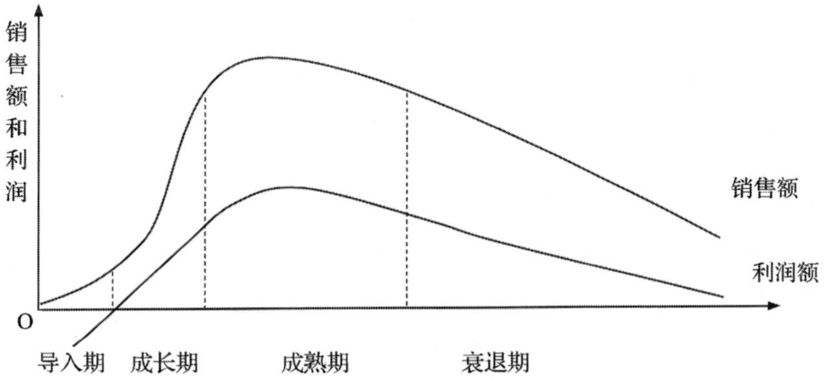

图 7－2　产品生命周期

产品生命周期理论的基础在于产品的市场生命是有限的，且产品的销售额和利润额在不同生命阶段的变化不同，产品在不同生命阶段所遇到的市场机遇和挑战不同，需要采用的营销策略不同。

在产品的初始期，组织需要投入大量的资源进行推广宣传，虽然有一定的销量，但是却不能覆盖组织先期的成本。

在成长期，产品被市场和消费者接受，销量与利润迅速增长。

成熟期产品销量放缓，市场潜力被释放，竞争导致营销费用增长，利润保持平稳或下降。

衰退期的产品销量下降，利润减少。

需要注意的是：不同的产品拥有不同的生命周期。一些时尚产品可能很快就进入了衰退期，而另一些产品则会长久地处在成熟期，如调味料品牌老干妈已经风靡了二十几年，全聚德烤鸭已经有 150 多年的历史了；还有一些品牌，在衰退期通过强有力的重新定位又回到成长期。

1. 产品初始期

（1）产品初始期的特点。产品在初始期的时候市场知名度不高，消费者对产品还没有形成清晰的认识，打开市场占有率需要时间，在销售额方面可能进展较慢；并且由于前期投入了巨大的研发和生产费用，在这一时期的利润为负。同时，组织在这一时期也具有相当的优势，市场上可能没有竞争者，即使有少量竞争者，竞争者的产品也存在差异。如果组织产品确实是新颖实用并且能够满足消费者利益需求，利用合理的营销策略，快速占领消费者心智，并且与消费者进行良好的互动反馈，迅速进行产品的迭代与改进，那么组织就可以有效地阻止竞争对手进入这一市场，形成竞争优势。

（2）产品初始期的营销策略。在产品初始期，消费者对产品还没有充分的认知，组织需要在目标市场上进行产品的宣传和推广。在渠道方面，由于各个渠道也持观望态度，吸引各个渠道的经销商和代理商也需要投入一定分销费用。在这个阶段，组织通常可以通过价格和促销两个维度，进行四种策略的选择，即快速撇脂策略、快速渗透策略、缓慢撇脂策略和缓慢渗透策略。

快速撇脂策略是指以较高的价格和较高的促销水平将产品推向市场。这个策略一般适用于产品较为新奇，目标消费者对此需求较大且对价格不敏感的产品。这种策略有助于组织在面临竞争对手追击时，快速占领市场，建立口碑，回笼资金。

缓慢撇脂策略是指以较高的价格和较低的促销水平将产品推向市场。这个策略一般适用于产品认知度较高，消费者已经认可，消费者对价格不敏感，且竞争不激烈的产品。这种策略有助于组织维持较高的利润，维持品牌形象与品牌价值，吸引更多高端客户。一般情况下高端品牌较多采取这种策略，如户外运动品牌始祖鸟。

快速渗透策略是指以较低的价格和较高的促销水平将产品推向市场。这个策略一般适用于在规模化生产后产品成本可以迅速降低，品牌知名度不高且竞争激烈，消费者对于价格较为敏感的产品。这种策略有助于组织迅速打开市场，获得较高的市场占有率。

缓慢渗透策略是指以较低的价格和较低的促销水平将产品推向市场。这个策略一般适用于在规模化生产后产品成本可以迅速降低，品牌知名度不高且相同定位的竞争对手较少，消费者对于价格较为敏感的产品。

2. 产品成长期

（1）产品成长期的特点。如果新产品定位准确，产品就会从初始期进入成长期。这一时期销售量逐步上升，产品成本日渐下降，产品利润额快速增长。此时市场上的竞争者会逐渐增加，提供相似产品或替代品。随着竞争加剧，产品新特色逐渐被开发出来，市场开始细分，分销渠道也逐步扩大。

（2）产品成长期的营销策略。在这一时期，组织的主要任务还是继续提高产品销量，扩大产品的市场占有率。这一时期可以采取的营销策略主要有改善产品功能，增加产品特色，开发新的细分市场。同时，将促销重点从扩大产品知名度转向建立品牌形象。

3. 产品成熟期

（1）产品成熟期的特点。在产品的成熟期，产品销量逐渐放缓，销售额与利润逐渐升至高点。部分规模较小或者实力较弱的竞争者会逐渐退出市场；而竞争能力较强的竞争者可能会发起价格战，并采取针锋相对的营销策略。消费者对于品牌的认知程度升高，消费决策时间缩短。

（2）产品成熟期的营销策略。这一时期，组织应该对于产品进行更加细致准确的定位，以区分自己和竞争对手的定位。适当地增加产品组合，满足消费者更多元化的需求。同时借助现有明星产品，结合市场情况，逐渐开发新的产品，以适应市场变化。调整营销策略组合，建立忠实的客户群体。

4. 产品衰退期

（1）产品衰退期的特点。产品在衰退期时销量与利润快速下降，目标市场可能出现萎缩，也可能在目标市场出现越来越多的创新产品，消费者兴趣逐渐转移，品牌号召力开始下降，市场上出现大量的促销活动。

（2）产品衰退期的营销策略。产品在衰退期仍然需要维持大量的开销，包括人员、生产等费用，并且可能影响新产品的开发与面市，这对组织来说是非常困难且不合算的。可以使用的策略有维持策略、集中策略、收缩策略和退出策略。

维持策略是指维持现有营销策略，寻求新的市场机会。集中策略是指将组织资源和精力集中在有利可图的产品或组合上。收缩策略是指降低促销的力度，减少促销费用，通过减少成本来维持生存。退出策略是指完全放弃现有产品，在其还有价值时及时处理。

第四节　体育品牌管理

品牌是一个组织的永久性资产，品牌远比机械设备和产品具有更久远的生命力。提到品牌价值的魔力，一定有很多人会想起可口可乐公司总裁说过的一句话，“即使一夜之间大火烧掉了我所有的有形资产，只要可口可乐的牌子在，第二天我就可以从银行贷到足够的钱重新建立可口可乐的生产线”。

一、品牌的含义

现代广告业的发达使我们每天都能接触到各式各样的品牌广告或品牌信息，组织通过品牌传播向客户表达组织的承诺。当我们谈论一个品牌的时候，我们到底在谈论品牌的什么？大量的研究显示，当我们谈到品牌的时候我们会想到：和品牌有关的视觉标识和广告语，产品的品质及带给消费者的价值感受，品牌的定位和消费群体的画像，品牌的市场地位和市场占有率，品牌忠诚用户的群体数量及使用和复购情况，品牌的成长能力等。品牌涉及的范围如此广泛，如何来定义品牌呢？许多机构或学者根据品牌的不同特性对品牌进行了定义。

美国营销协会（American Marketing Association，AMA）认为，品牌是一个名字、词语、标志、符号或某个设计，或者这些元素的结合。其目的是使得消费者能够识别卖家提供的产品或服务，并将这些产品或服务与竞争者提供的产品或服务区分开来。

奥美公司将品牌定义为：品牌是消费者与产品之间的关系。

凯文·凯勒（Kevin Keller）1993 年提出了基于消费者的品牌联想的概念，即品牌是消费者脑中所有与品牌有关的记忆信息的总和。品牌是顾客认知组织和产品的关键因素，对于顾客来说，品牌代表着产品或服务的所有因素，包括实际的感受和对品牌的预期。

二、品牌资产的构成及增值

1. 品牌资产的构成

体育组织运营品牌的时候，如何使一个品牌成长增值呢？促进品牌成长，推动品牌资产不断增值，需要从了解品牌资产的构成入手。大卫·艾克认为，构成品牌资产的五大要素是：品牌知名度、品牌忠诚、感知质量、品牌联想和其他品牌独有资产。

（1）品牌知名度。品牌知名度是指消费者对品牌的认知程度，包括品牌认知度及品牌回忆度两个方面。建立品牌知名度可以有助于品牌资产的提升，首先品牌知名度可以帮助消费者从众多品牌中辨识并记得目标品牌；其次品牌知名度有助于消费者对品牌产生信赖，进而购买品牌产品。

（2）品牌忠诚。品牌忠诚是指消费者在较长时间内重复选择某一品牌，并形成重复购买偏好的行为。品牌忠诚度衡量了消费者愿意在某一品牌上进行重复购买的程度。品牌忠诚度是品牌资产的重要构成部分。研究显示，吸引一个新消费者的花费是保持一个已有消费者的 4 ~6 倍；从品牌忠诚者身上获得的利润是品牌非忠诚者的 9 倍之多。

（3）感知质量。感知质量是消费者对品牌总体质量的感知，这个感知是消费者对品牌产品质量的判断，并不一定是消费者在充分了解产品的各项信息之后做出的。与体育组织内部质量的质量标准不一样，感知质量是消费者各自做出的判断，没有统一标准。感知质量直接影响顾客的购买决定和品牌忠诚度，是顾客判定产品性价比的重要因素。

（4）品牌联想。品牌联想是消费者想到某一品牌时所想到的与品牌相关联的各种信息。品牌联想是人的一种思想活动，其内容可以包罗万象。大致上可以将品牌联想归为三个类别：品牌属性联想、品牌利益联想、品牌态度。品牌属性联想是对于品牌产品或服务的联想。品牌利益联想是消费者对品牌产品或服务可带来的价值和意义的看法。品牌态度是消费者对品牌总体的感知和评价。

（5）其他品牌独有资产。其他品牌独有资产包括商标、专利、渠道等。

2. 品牌资产的增值

一些经典的品牌会持续发挥效用，影响一代又一代的消费者，甚至使家庭中的成员天然地成为某一品牌的忠实用户。例如，肯德基和麦当劳在中国吸引了第一批忠实的消费者之后，现在他们中的很多人都组建了家庭，也开始带着自己的孩子去肯德基和麦当劳消费。而这两家公司也在积极扩展品牌在低龄消费者中的影响，如组织会员生日聚会等活动。

品牌的力量还体现出顾客对于产品和服务的信任。例如，在汽车消费领域，顾客会在潜意识中认为丰田车的特点是省油耐用，大众车的特点结实用料足，进而减少了品牌拥有者在打消顾客疑虑方面的成本，甚至在强势品牌影响下，销售人员可以轻松地进入到帮助顾客选择产品的阶段。

品牌是一种资产，体育组织应重视品牌资产的增长。美国加利福尼亚大学教授大卫·艾克（David A. Aaker）将品牌资产定义为：与品牌相联系的资产（或负债）的集合，它能够使通过产品或服务提供给顾客的价值增大（或减少）。品牌资产从消费者的角度来分析，是指品牌随着产品的出售而带给购买者的附加利益的大小。

三、创建体育品牌

创建体育品牌是一项系统、长期、艰巨的任务，需要体育营销人员不懈努力。建立体育品牌的一般过程包括：体育品牌定位、体育品牌名称选择、建立体育品牌识别系统、体育品牌归属策略、体育品牌开发策略。

1. 体育品牌定位

体育营销人员要做的第一步就是厘清品牌要在消费者的头脑中确立什么样的定位。确立品牌定位时应与品牌的战略发展目标相适应，识别品牌长期可持续竞争优势，建立与品牌有关的各种联想，在消费者心目中形成清晰的形象。

2. 体育品牌名称选择

朗朗上口的品牌名称无疑有助于品牌的传播，有的品牌名称甚至可能是神来之笔。但是找到一个合适的、令人印象深刻的品牌名称是一项非常艰巨的任务。

好的品牌名称往往具有以下几个特点：（1）应该好读好记。例如，安踏、李宁。（2）应该与众不同，但并不标新立异。例如，跑步比赛叫慢吞吞杯，肯定不如叫迅捷杯更容易让人接受。（3）品牌名称不会限制公司发展新的产品线或者进行多元化经营。（4）能够充分展示产品的特色、属性和代表的顾客利益诉求。将品牌的名称和消费者需要进行捆绑会加强品牌定位。例如，强生强调为婴儿设计的产品，宝马是为运动设计的品牌。（5）应该易于翻译。在当今组织业务国际化趋势越来越明显的今天，一个优秀的品牌名称应该是易于翻译，并被国际客户广泛接受的。

3. 建立体育品牌识别系统

体育品牌识别系统由三个层面构成：处于最内层的是品牌精髓，它体现品牌最核心的价值，代表品牌的内涵；中间层是品牌核心识别，它是品牌精髓的外在表现，由最能反映品牌本质差异的几个要素构成；最外层是品牌延伸识别，它是对品牌精髓和品牌核心识别的阐释，由一些外在的、可感知的识别要素构成。以奥运会为例，品牌精髓应是奥运会的核心价值，既奥运会可以带给公众的精神价值、文化价值、社会价值等核心价值体系；核心识别应是奥运会的主题、精神、宗旨、口号等核心要素；品牌延伸识别应是外在的可感知要素，如组委会、运动项目、仪式、会歌、吉祥物、会徽等。

4. 体育品牌归属策略

体育品牌归属策略，也被称作体育品牌持有策略。品牌归属策略涉及品牌所有权的归属形式，包括自有品牌、中间商品牌、混合品牌、联合品牌等。

（1）自有品牌。自有品牌，也称制造商品牌，是指体育组织使用自己的品牌。

（2）中间商品牌。体育组织将其产品大批量地卖给中间商，中间商再用自己的品牌将物品转卖出去，这种品牌称为中间商品牌。

（3）混合品牌。在一些情况下，体育组织会对自己一部分商品采用自有品牌，另一部分商品采用中间商品牌，这种品牌策略被称作混合品牌策略。

（4）联合品牌。联合品牌也称品牌联名，是指分属不同组织的两个品牌短期或长期的联合。品牌联合策略可以使两个或更多品牌相互联合，相互借势，使品牌本身的各种资源因素达到有效的整合从而创造双赢的营销局面。

5. 体育品牌开发策略

体育品牌开发策略涉及品牌的使用和扩展，即品牌有无策略、产品线延伸策略、品牌延伸策略、多品牌策略、新品牌策略、联合品牌策略等。

（1）品牌有无策略。品牌有无策略是指体育组织是否使用品牌。在当今市场环境下使用品牌似乎是不言自明的事情，使用品牌可以为体育组织带来诸多好处：便于树立体育组织良好形象，培养忠诚消费者，有利于市场细分等。但是建立一个著名的品牌非一日之功，需要大量的资源投入，失败的品牌营销会消耗体育组织大量的资源，甚至可能使整个组织失去生存能力而退出市场。因此是否使用品牌这一问题本身就是需要考虑的营销策略。

（2）产品线延伸策略。产品线延伸策略就是体育组织在增加某一产品线的产品时，沿用该产品线原有的品牌。产品线延伸策略的益处在于：便于新产品在市场上获得消费者的认可；满足不同细分市场消费者的需求，完整的产品线有利于占据更多的市场份额，防御竞争者的攻击。但是产品线延伸也存在一些风险：产品线过长可能会冲淡品牌原有的特色；产品线中的新老产品可能会相互竞争。

（3）品牌延伸策略。品牌延伸是指体育组织将现有的品牌名称扩展到新的产品线上。例如，运动品牌安德玛最开始是男子速干运动衣产品的品牌，之后安德玛公司将安德玛品牌扩展到新增加的女子产品线、运动鞋等产品线上。

品牌延伸的方向可以是平行延伸、向上延伸或向下延伸。品牌向上或向下延伸策略是指在使用同一品牌的基础上，产品打破原有价格定位，将品牌用于更高档或更低档产品的策略。

品牌延伸的益处在于：可以加快消费者对新产品的认知，减少新产品的入市风险；可以增加品牌在不同市场中的覆盖，强化品牌形象。但是品牌延伸也存在很多风险：容易造成消费者对品牌认知的不清晰，淡化原有品牌形象，甚至损害原有品牌形象。

（4）多品牌策略。多品牌策略是指体育组织对相同类别的产品使用多个品牌的做法。例如，运动品牌安踏在运动服饰、运动鞋等产品类别中都使用了多品牌策略。多品牌策略可以是组织创立一个全新的品牌或者收购一个全新的品牌，来弥补当前品牌在细分市场上的空缺。在竞争激烈的行业中，多品牌策略具有一定的优越性：多品牌策略可以帮助企业最大限度地覆盖市场，多品牌策略可以突出和保护核心品牌。当然，多品牌营销也不是万无一失的策略，多品牌策略可能会分散体育组织的资源；也可能会造成同一组织中不同品牌资源的竞争；如果品牌策略失误，还可能稀释原有的品牌价值。

（5）新品牌策略。新品牌策略就是创立新品牌，品牌和产品一样有生命周期，因为这样或那样的原因，品牌会消亡。组织可以通过有步骤的计划，在组织具有优势时创立一个新的品牌，进行全新的定位，使组织有能力通过新品牌占领新市场或重新占领市场。

（6）联合品牌策略。当不同的品牌出现在同一个产品上时，联合品牌就产生了。联合品牌战略由两个或更多品牌联合而成，品牌间相互借势，通过有效的整合创造双赢的营销局面。

延伸阅读：安踏的多品牌策略

除了安踏品牌的体育用品外，安踏集团还通过收购等方式让不少国际品牌成了安踏多品牌策略的成员。

斐乐品牌于1926年由FILA兄弟在意大利创立。20世纪70年代，为配合多元化策略，该品牌拓展了在当时前景一片广阔的运动服装业务，并先后开发了网球、滑雪、游泳、高尔夫球、爬山等系列产品，行销法国、意大利、美国、日本等30多个国家和地区，是意大利知名的高级运动休闲品牌。2009年，安踏将意大利品牌FILA中国商标权及运营业务纳入囊中。

2015年安踏收购英国品牌Sprandi，Sprandi诞生于20世纪90年代的英格兰。随着当时英国城市文化复兴，大批的年轻人走上街头，用行走的方式去探索一座座古老城市的新兴文化特征。在年轻人中间，新诞生的Sprandi因为外观好看，穿着舒适，开始通过口碑风靡起来。

Sprandi品牌一直持续不断地进行城市健步鞋产品的科技研发，打造针对城市健步运动的科技平台——运动舒适科技系统（sport comfort system）。

2016年2月23日，安踏体育宣布，集团斥资1.5亿元与东京上市公司迪桑特日本的子公司Descente Global Retail Limited以及东京上市公司ITOCHU Corporation的子公司伊藤忠成立合资公司，以在中国大陆独家经营及从事带有“Descente”商标的所有类别产品的设计、销售及分销业务。这次合资引入的“Descente”是日本知名功能运动服装品牌，主打滑雪用品。

（来源：安踏_百度百科 https://baike.baidu.com/item/%E5%AE%89%E8%B8%8F/337931#3）

重要概念

体育产品 产品项目 产品线 产品组合 新产品开发 产品生命周期 品牌 品牌资产

复习题

1. 什么是体育产品?
2. 什么是产品组合? 如何调整和优化产品组合?
3. 如何开发新的体育产品?
4. 体育产品的各生命周期都有哪些特点，应采取何种策略?
5. 什么是品牌资产? 如何增加品牌资产?

案例思考：回力鞋重回成长期

回力品牌的历史可以追溯到1927年，它的前身为“义昌橡皮制物厂”生产的一款运动鞋，后来这家工厂改名为“正泰信记橡胶厂”。很多穿回力鞋的顾客其实并不懂得这两个字的含义，其实“回力”这个名字是在1935年作为运动品牌注册的，意思为“回天之力”。它还有一个洋气的英文名叫做warrior，意思为“战士”。

2002年2月，上海回力鞋业的总厂正式停产，而它所属的上海华谊集团及时采取了老回力体育组织的破产方案，同时建立品牌运作新模式的上海回力鞋业有限公司，回力得以“破茧重生”。但是经历破产风波后的回力难以恢复往日的辉煌。2000—2008年，回力连续亏损了八年，仅是2005—2008年就亏损了2.5亿元。正当回力不知所措之时，事态发生了转机，2008年，好莱坞男明星奥兰多·布鲁姆出现在曼哈顿的电影片场，他脚上穿的酷似回力的鞋一下子引发了热议。其实那双鞋叫飞跃，但跟回力太过于相似才会被认错。当然也因为该明星的热度迅速导致回力鞋遭疯狂抢购。而且越来越多明星开始穿上了回力鞋。

其实回力在国外受欢迎的最主要原因：首先在于它的鞋子舒适耐穿，质量并不比耐克、阿迪达斯差多少；其次是因为国外更喜欢简洁大方的设计。回力在国外火了之后，2008年的奥运会和2010年的世博会为回力在国内的崛起创造了机会。在奥运会期间，许多国外政要纷纷选购回力球鞋，许多运动员也开始对回力鞋产生了兴趣。在这种潮流下，回力不仅恢复元气还开了第一家旗舰店，建设自己的市场推广部，研发自身运作模式打造核心竞争力。

回力进军电商业务并不算晚，从2012年入驻天猫店铺至2018年回力天猫旗舰店的销售额超过2亿元。回力的销量之所以如此突飞猛进，不仅仅是简单地开拓了电商业务，而是采取了“终端直供平台+电商平台”的双轮驱动模式。这种模式是指经销商们承担回力品牌的设计、生产、销售，而回力根据经销商的想法，通过综合考虑各个方面，决定还是全力进行品牌建设。这个模式的好处是可以让每个店铺都拥有吸引目标消费群体的特色，从而调动经销商的积极性和回力的创新能力及抗风险能力。

除了电商业务外，回力的东山再起还跟品牌营销密切相关，其中包括:

(1) 明星代言。让许多明星穿上回力鞋出现在大众面前。

(2) 娱乐营销。让回力鞋出现在电影、综艺节目、电视剧中怒刷存在感。

(3) 潮牌设计。通过与美国定制团队和中国艺术家的合作，成功推出新时尚潮流回力鞋，彻底摆脱“土味”。

回力凭借着出色的战略调整实现了东山再起，但这并不意味着它从此可以高枕无忧了。毕竟市场竞争太激烈，如国外品牌耐克、阿迪达斯靠着自身的优势不断地占据国内市场，势头越发猛烈。除了国外品牌的压力外，对于回力来说，随着市场风向的变化以及消费者的需求升级，加强对产品创新的把控，增加品牌影响力才是正道。

(来源：艾永亮：回力鞋生死的92年，风靡全球后没落，如今成功逆袭
https://www.adquan.com/post-2-286765.html)

思考题

1. 用生命周期理论分析回力鞋的生命周期阶段及各阶段的特点。
2. 回力鞋采取了哪些营销策略使其产品生命周期重新回到生长期?
3. 回力鞋重回生长期的案例给你哪些启示?

第八章 体育产品的定价策略

学习目标

1. 理解价格的概念和价格的重要意义。
2. 理解定价的基本策略。
3. 了解影响定价的因素有哪些。
4. 了解产品调价的策略哪些。

案例导入：奥运会门票价格制定策略

奥运会作为人类社会最大的活动之一，其关注度和传播度具有无可比拟的高度。同时作为一项体育赛事，其门票收入约占总收入的20%。2020年东京奥运会的门票价格，对于热门赛事和非热门赛事有着不同的定价策略。其中单场体育赛事最高门票为田径男子100米决赛，价格最高的被设定为13万日元（约7986元人民币）。而赛艇比赛最低价格3000日元（约194元人民币），最高价格9500日元（约合613元人民币）。

奥运会最受人关注的是开幕式，精明的日本人将2020年东京奥运会开幕式门票价格分为5个档次，分别为：30万日元（约合1.8万人民币）、24.2万日元（约合1.48万人民币）、10.7万日元（约合6573元人民币）、4.5万日元（约合2764元人民币）、1.2万日元（约合737元人民币）。

与过往相比，2016年里约奥运会开幕式，最高价格的门票为1400美元（约9400元人民币）。2012年伦敦奥运会开幕式门票，最高标价为2012英镑（约20 060元人民币）。而2008年北京奥运会开幕式，价格最高的门票为5000元人民币。

定价对于体育产品来说至关重要，体育产品的价格直接体现产品的定位与品牌诉求。价格也是体育产品为体育组织创造价值的显著标志，组织通过价格来实现收入。价值是体育组织通过体育产品来体现的，而价格是消费者判断产品价值的直观衡量标准。当组织遇到市场压力的时候，降低价格是帮助组织对抗压力的有效方法之一；但是长时间的降价又会稀释品牌的价值，长此以往，对组织的发展不利。因此，本章我们来谈一下如何合理设置价格以及定价策略。

第一节　体育产品的定价

一、价格的含义

我们每天都可能会接触价格，从日常消费品到房产消费，价格普遍存在，从直接概念来说，价格是指消费者购买产品或服务所付出的费用。从更广泛的角度讲，价格是消费者与组织进行价值交换时所愿意付出的全部价值，这些价值既包括购买时所需要支付的金钱，也包括为了购买而产生的其他费用的价值，如时间、精力、交通和后期维护费用等。

定价策略是营销策略组合中最为特殊的一项，在实践中，营销人员需要花费组织的营销费用来开展产品、渠道、促销等策略，而定价策略与组织收益紧密相连，合理的定价策略能为组织发展带来所需的收入。可以说，价格策略是唯一能产生收入的策略，而产品策略、渠道策略、促销策略则表现为成本。成熟的组织一般拥有成熟稳定的产品和渠道，而产品价格却会随着市场情况的变化而产生波动，这使得对价格的管理充满挑战。但是营销者也应该看到，价格既是传递了组织和品牌的价值主张的名片，也是可以直接打动消费者的有力工具。因此，营销者可以将价格视为同消费者直接链接的纽带，只有打通价格与目标消费群体的关系，营销的任务才能有效完成。如果消费者对某种消费品产生了足够的心动，而由于价格的不合理不能使交易完成，那么这个定价策略就是失败的。

二、定价策略的意义

1. 定价的重要性

定价之所以重要是因为定价使组织与消费者之间产生了直接链接，在这一环节上，消费者开始真正为组织做贡献。没有了定价与消费者之间的链接，组织的所有活动就变成了不追求经济效益的公益活动，正是由于定价的存在使体育组织区别于公益组织。对于追求价值创造与利润的体育组织来说，价格使其创造的价值得以在市场彰显，并可以参与市场流通和市场竞争。

2. 定价与定位的关系

产品定价毫无疑问地体现着产品定位，组织可以通过定价策略来彰显产品的定位和产品所针对的目标市场。消费者会通过产品价格信息来获得对产品定位的感知，并作出对产品性能的预判。

3. 定价与收入及利润的关系

一般情况下，高于市场平均价格的定价可以帮助组织获得更高的收入和利润。规模化生产使得产品的价格水平可以下降，而较高的利润水平带给组织更充足的发展条件。部分体育产品由于其本身的特殊性，同时具有经济效益和社会效益，在实践中，体育服务产品的定价可能会因为政府补贴等特殊情况的存在而呈现较低的价格。例如，在我国很多城市政府为市民提供体育消费券，促进市民参与体育消费。

4. 定价与组织竞争力的关系

定价也直接体现了组织的竞争力，当组织拥有更高的市场占有率和更高的品牌地位的时候，组织具有相当的议价能力。这种能力不只体现在对于消费者的议价能力，同时体现在对于上游供应商和下游渠道商的议价能力，这使得组织在价值传递的每一个环节都具有相当的优势，这毫无疑问是组织具有高竞争力的体现。例如，国内的中超联赛，各俱乐部的套票价格就不尽相同，尽管都是地处一线城市且拥有较为忠实的消费群体，2018 年广州恒大俱乐部的套票价格中位数在 1500 元，而北京国安俱乐部套票的中位数只有 950 元，这就是由于组织的竞争能力不同导致的。

三、影响定价的因素

定价策略是由体育组织在综合考虑各种影响因素后制定而成。成功的定价策略既要考量体育组织自身的生产成本，也要考量目标消费群体的经济能力，还要结合地区经济水平、历史定价水平、竞争对手定价水平等多方面因素。影响定价的因素总体上可以分为两大类：即体育组织内部因素和体育组织外部因素。

1. 体育组织内部因素

（1）体育组织的定价目标。

①维持生存。当生存都是问题的时候，获取利润就已经不是组织考虑的首要目标了。在此情况下，组织的首要目标当然是生存下来。不论基于何种定价方式，组织的定价目标首先都应该是解决生存问题，使自身在激烈的竞争中能够生存下来。利润很重要，但对于很多组织来说维持组织的正常运转，等待机会才是更接近于实际状态的。尤其是当市场行情不景气时，及时清理库存，并回笼资金，对于体育组织来说尤为重要。只要价格能够弥补可变成本和一定固定成本，体育组织就可以维持生存。

②利润最大化。当体育组织在市场竞争中游刃有余时，当期利润最大化成了一些体育组织的首选定价目标。如果组织对于收益与成本的理解程度足够深，那么就可以通过边际收益与边际成本相等时的价格来制定出确保组织利润最大化的价格。

③市场占有率最大化。当组织的定价策略目标是通过较低的价格可以快速地提高市场占有率，并认为可以通过较高的市场占有率使得长期的生产成本下降并保持较高水平的利润率的情况下，通常会采用此种策略。这样做的好处就是可以唤醒对于价格敏感的消费者群体，并且给竞争对手巨大的竞争压力。这样做需要组织具有强大的抵御风险和维持运转的能力，并且有损害品牌形象的风险。

④产品质量最优化。优质的产品质量一定依赖于更高的成本投入，对于普通的消费者来说，价格贵等于质量好是一种自然而然的想法。对于组织来说，生产高质量能满足客户利益需求的产品是明智的营销策略之一，消费者不会为物料买单，但会为更好的产品买单。以产品质量最优化为定价目标时，需要制定高价格来确保高额的研发费用。当然，需要警惕的是，不论是有形产品还是无形产品，消费者对于自己的利益诉求是无限的，组织应该有能力去了解和定义消费者所需要的高质量产品，而不是脱离消费者需求去研发和生产新产品，这样才能使组织长久地发展。

⑤实现预期投资收益率。预期投资收益率，也称为期望收益率，是组织在进行投资时所期望获得的收益率，它表示了组织期望获得的利润目标。任何一个组织都希望获得高投资收益率，它可以给组织带来更好的投资回报。需要注意的是：以预期投资收益率为定价目标时，需要考虑到投资风险。高回报可能会带来高风险。组织需要根据自己的风险承受能力，去考虑制定一个合理的预期投资收益率。

（2）体育组织的生产成本。生产成本是体育组织为生产体育产品或提供体育服务而发生的各项生产费用。生产成本是产品或服务产生的基础，没有足够的收入来提供生产成本，体育组织将无法继续提供产品或服务，因此生产成本是体育组织制定产品或服务价格的基础。

（3）体育组织的战略目标。体育组织的战略目标是组织发展的方向，通常通过制定营销策略来实现。价格策略要配合整体营销目标和营销策略为之服务。在组织确定了产品定位之后，就要制定相应的价格策略使营销目标稳步前进。价格也是组织实现目标的有力工具，合理定价可以吸引目标客户，维护客户忠诚度；降低价格可以给竞争对手压力，迫使对手进行改变；也可以和竞争者制定相同价格，减少价格战；还可以通过价格获得渠道方面的支持；即使是终端销售人员，也受益于价格策略，更低的价格和更好的客户体验，可以帮助他们更快地成交。

价格策略与产品策略、渠道策略和促销策略相结合，才能产生应有的效果。如果产品生产成本高，那么价格会相应升高；如果给渠道让渡部分利益的话，那么要设计好价格；促销也是必不可少的部分，促销的费用一定要计算在内，只有这样才能确定出合适的价格。

（4）体育组织的定价决策结构。在不同类型的体育组织中定价的决策部门可能不同。在小型组织中，价格通常由管理层来决定；而在大型组织中，价格则可能由地区经理或产品经理来确定。某些体育用品制造商可能会和渠道商共同制定价格。在一些情况下，可能会出现体育组织和政府物价部门协商定价的情况。

2. 体育组织外部因素

（1）市场需求。目标消费者对产品的需求情况对定价有着重要影响。所谓的物以稀为贵，体现的就是一种需求和价格的关系。消费者需求与价格的关联情况，可以用需求的价格弹性来反映。需求的价格弹性是需求量变动的百分比与价格变动的百分比的比值。

$E = (dQ/Q) / (dP/P)$

E：价格弹性　　Q：需求量　　P：价格

当需求的价格弹性大于1时，说明价格的较小变化会带来需求量的较大变化；当需求价格弹性小于1时，说明价格变化较大时，需求量也不会有太大的变化；当需求价格弹性等于1时，说明价格变化会带来需求量的同等变化。

需求的价格弹性又受到消费者的收入、替代品价格，以及消费者的爱好等因素的影响。

（2）竞争者产品价格。竞争者的产品价格对定价的影响较大，特别是当产品质量相同、价格却差异较大时，价格较高的产品销量会受到很大影响。因此，体育组织在制定产品价格时，应在了解竞争产品的价格水平基础之上，制定有竞争力的价格。竞争者可以通过改变产品价格来增加其竞争力，体育组织应对竞争对手的价格水平进行监测，根据对手的变化情况并结合组织营销策略来随机应变。

（3）消费者与组织的互动关系。互联网等数字技术的进步引发了消费者与组织互动关系的变革。在数字技术的支持下，消费者可以在极短的时间内比较数以万计的产品价格，从中选出心仪的产品。而且数字技术使得消费者定义价格成了可能，也使消费者在一些情况下可以获得免费商品。同时，卖方也可以通过数字技术分析顾客的行为，为特定顾客制定特定价格。诸如此类的变化，为组织制定价格带来了更多的不确定因素，同时也带来了更多的灵活性。

（4）其他宏观环境因素。影响组织定价策略的宏观因素有很多。政策法规可能会规定价格的区间，经济状况会影响消费者的购买能力和组织的定价水平，社会文化情况会影响消费意愿，技术的发展可能会提高或者降低生产成本。对于组织来说，做价格决策之所以难是因为环境的变化是复杂的，并且当今社会的不确定性越来越大，没有哪个组织拥有做出正确决策的全部信息来源，因此组织要密切关注宏观环境中的变化，防范其中的风险，把握其中的机会。

第二节　定价步骤与定价方法

一、定价的基本步骤

体育组织定价工作由以下六个步骤组成：选择定价目标、测定消费者需求情况、估算成本、分析竞争对手的产品与价格、选择适当的定价方法、确定最后价格。

1. 选择定价目标

组织在充分分析影响定价的各项因素后，可以在维持生存、利润最大化、市场占有率最大化、产品质量最优化、实现预期投资收益率等定价目标中选择切合组织实际的定价目标。

2. 测定消费者需求情况

体育组织可以通过估计需求曲线来估量组织产品价格和需求之间的关系。组织可以使用调查法来了解消费者面对不同价格时所愿意购买的数量。当然，需要注意的是：组织要有能力判断参与调查的消费者是否在价格过高时有意地低估自己的购买意愿，来防止组织制定较高的价格。为了避免这种人为的干扰因素，组织也可以通过开展价格实验来估算需求曲线。组织可以在分散于不同地域的类似消费者中针对同一商品设定不同价格，来观察价格变化对销量的影响；组织还可以通过对过去产品价格和销量的数据进行分析，得出需求和价格的关系。

需求价格弹性可以表示出需求对价格变化的敏感程度。针对需求价格弹性大的商品，适当降低价格可以带来销量的较大增加；对于需求价格弹性小的商品，制定较高的价格，对销量影响不大。

3. 估算成本

组织的成本分为固定成本和可变成本。固定成本，也称为固定费用，是指成本总额在一定时期和一定业务量范围内，不受业务量增减变动影响而能保持不变的成本。固定成本常见的形式有房租水电、员工工资、利息、折旧与损耗等，这些成本不会因为组织生产产品的多少产生剧烈的变动，会平摊在每一个财务周期内。可变成本，又称变动成本，是指在总成本中随产量的变化而变动的成本项目，主要是原材料、燃料、动力等生产要素的价值。总成本是指在一定的业务量范围内，固定成本和可变成本之和。

组织通常希望所制定的价格可以弥补一定业务量范围内的总成本，否则组织将出现亏损。由此可见，总成本，特别是固定成本是组织制定价格的底线。

4. 分析竞争对手的产品与价格

在有竞争的市场中，体育组织还需考虑竞争对手的产品特点、价格、成本等因素。如果体育组织所提供的产品特点是竞争对手所无法提供的，那么体育组织就应该将这部分特点的价值测定出来，并将这部分价值加在竞争对手产品价格之上。反之，如果竞争对手所提供的产品特点是体育组织所无法提供的，那么这部分价值就应该从体育组织的产品价格中减去。

5. 选择适当的定价方法

通过上面四个步骤，已经基本可以确定产品的价格范围，但是如何确定具体的价格，仍需要选择合适的定价方法。总体来说，可以从三个角度出发来选择定价方法：基于成本的定价方法、基于客户需求的定价方法、基于竞争的定价方法。这三大类方法中所涉及的具体定价方法将在下一部分具体介绍。

6. 确定最后价格

确定了定价方法后，组织还需具体考虑其他营销活动的影响、组织定价政策、市场竞争情况、法律法规、经济水平、社会情况以及技术的创新情况等，综合确定价格。

二、定价方法

1. 基于成本的定价方法

成本定价法是一种组织基于自身考量的定价方法，对于体育组织来说，这种定价方法并没有考虑体育组织所要面向的消费者对于价格的接受和认可程度。

成本定价法是最常见的定价策略，这种策略看似是一个很保险的定价策略，也为组织的产品价格设置了下限。组织通过综合核算产品的生产、流通和营销等各项成本支出，并结合组织将要面临的风险所要做的准备等，加上合理的利润回报，制定了合理的价格策略。

组织的定位决定了体育组织的生产成本。如果组织的目标消费群体对于价格敏感，并且对于产品的利益诉求不高的时候，组织是乐于努力降低成本的。但也有一部分组织定位于高端人群，他们会有意识地提高生产成本，通过采用质量上乘的原材料，使用高水平的制造工艺等方法来提高产品的性能，满足高端消费者的需求。

成本定价方法主要有两种做法，一是成本加成定价法，二是目标利润定价法。

（1）成本加成定价法。成本加成定价法是指在生产成本的基础上加上一定比例的利润。例如，一个足球的生产成本是 80 元，在此基础上加 25% 的利润率，那么出厂价是 100 元。如果零售商也想要拥有 25% 利润率，运营成本是 40 元，那么零售商的零售价格应为 175 元。成本加成定价是一种理想状态下的定价方式，并不能设计出完美的价格策略，这其中既没有考虑竞争者的定价策略，也没有考虑消费者的利益诉求。但是这种定价方法在实际中采用的仍较为广泛，因为一般的组织很难完全掌握全面的信息，如果某个行业或区域都采取这种定价方式，那么产品的价格浮动不会很大，可以最大限度地避免价格竞争。

（2）目标利润定价法。目标利润定价法是指组织通过确定成本和销量的关系，来实现目标利润的做法。组织根据估计的总成本和总销售量，确定期望达到的目标收益率，然后推算价格。假设某一生产足球的组织投资额为 300 万，目标利润率是 12%，固定成本是 60 万元，单位可变成本是 6 元，预计销量是 150 000 个。那么采用目标收益定价法，可以根据以下公式计算出目标价格。

目标价格 =（总成本 + 目标利润）÷ 总销量

总成本 = 固定成本 + 可变成本

目标利润 = 投资额 × 目标利润率

目标价格 = $[(600000+6\times150000)+3000000\times0.12]\div150000=12.4$ 元

以上的计算方式是理想化的计算，并没有考虑到现实生活中，随着价格的提升，消费者的消费意愿是下降的，消费者不会让渡更多的利益给组织。目标收益定价法的基础是销量预估，而价格却是影响销量的重要因素。

尽管采取成本定价法可以帮助组织确定实现利润的最低价格，但这种定价方式是一种静态的定价方式，没有考虑到除成本外的其他因素。

2. 基于需求的定价方法

基于需求的定价方法是面向客户的一种定价方法，不论组织采取何种定价策略，最终这种策略是否奏效，都取决于消费者对价格是否认可并采取行动。因此，结合市场定位策略，可以采取基于需求的定价方法。这种定价方法是在调查了解消费者需求的基础上，根据消费者的需求情况及对价格的感受情况来制定价格。这种定价方法的特点是定价与成本不发生直接关系，方法较为灵活，充分考虑了市场需求变化因素对价格的影响。常用的定价法有以下几种。

（1）感知价值定价法。感知价值定价法的核心是以消费者对于产品价值的体验和感知来确定价格，这意味着不论产品的实际生产成本是多少，只要消费者认可价格，就有可能达成交易。感知价值由消费者对产品、品牌、销售渠道、售后服务、客户支持，以及供应商的商誉、可信度等一系列因素的体验和印象构成。如果说成本定价法的思路是“我想给什么”的话，那么毫无疑问，顾客价值定价法的思路是“你想要什么”。成本定价是基于产品的实际成本，是基于产品导向的，这种情境下，组织还需要经过营销使消费者认可和相信产品是值这个价格的，而这个过程一般需要花费大量营销费用，根据经典的 AIDA 原则，消费者的决策过程会变得很长。而感知价值定价法是根据消费者想要的产品质量和产品体验来确定价格的，这种情境下，如果消费者潜意识里对这种为他们设计的产品有模糊的概念，而组织恰好满足了这种需求，那么消费者决策过程中的唤醒、兴趣和需求的阶段会变得相对较短，如果价格又很合适，消费者感到“物有所值”，那么行动阶段会更快地出现。

不过“物有所值”并不意味着低价，通过前面的讨论我们已经知道了，消费者的需求是多样化的，并不是所有消费者都希望获得低价产品。在使用感知价值定价法时，组织应有能力判断消费者对价值的感知和对价格的接受程度。但是，采用这种定价方法的组织会发现通常很难直观地判断消费者对于产品价值的感知和价格接受度。例如，计算一场体育赛事的举办成本相对简单，但是计算观众愿意花多少钱看比赛却很难。比赛精彩的程度、场馆设施的感受、比赛氛围是否热烈、球员表现是否尽如人意等，这些存在于消费者头脑中的概念很难被量化，而且受多种条件的影响。因此进行充分的市场调研是非常必要的。营销者在正式推出产品之前，可以通过调研来了解消费者对产品价格的接受程度，以找出更好的价格策略和营销组合，不会使组织的定价过高或过低，过高的价格会减少销量，过低的价格会减少利润，这都不是组织期望发生的。

（2）需求差异定价法。需求差异定价法是指产品价格的确定以需求为依据，首先强调适应消费者的不同需求，而将弥补成本放在次要的位置。按照需求差异定价法，对同一商品制定两个或两个以上的价格。需求差异定价法可以使组织的定价最大限度地符合上述需求，促进产品销售，有利于组织获得更好的经济效益。

（3）产品价值定价法。产品价值定价法即是我们常说的质优价廉，即以低价向消费者提供高质量的产品和服务。一般情况下，这种方式适用于品牌产品当中价格不高的产品，常见的如麦当劳的六元早餐。采用此种定价方法的组织通常是希望通过低价告知来赢得顾客忠诚。这一定价方法要求组织具有较强的实力，有能力在不牺牲质量的前提下降低成本，吸引和保持大量忠诚的客户。

3. 基于竞争的定价方法

任何参与市场行为的组织都会面临竞争，基于竞争的定价方法是指定价时以竞争者的策略、成本、价格及产量为参考的定价方法。此时，消费者会根据市场上其他竞争者提供的相似产品的价格来判断产品的价值。常用的定价法有以下两种。

（1）随行就市法。随行就市法也称为通行价格法，是指组织基于行业的平均价格水平来定价。采用随行就市法的组织认为行业的平均价格体现了行业集体智慧，定价过程简便易行，而且不容易造成竞争者之间的价格战。但随行就市法的缺点也很突出：随行就市法没有考虑到组织间成本的不同，采用行业平均价格水平可能使组织利润率较低；很难突出产品的差异化特点。

（2）投标定价法。投标定价法即采购方发出招标函件，说明拟采购的商品名称、品种、规格、数量等要求，而供应商在规定的期限内在投标书中给出投标价的定价方法。投标价格通常是投标者根据对竞争者的报价估计制定的，而不是按照供应商自己的成本费用或者市场需要而制定的。

三、常用的定价策略

组织运用一定的定价方法确定了产品的大致价格后，还需要从需求的角度考虑到不同区域的消费者需求、购买动机、购买方式等存在不同，也要从供给的角度考虑到组织的产品组合内的价格协调，同时考虑到不同区域的产品在运输成本、金融服务、交易辅助环节等存在差异的情况。针对需求和供给的不同情况，组织可以采用如下的定价策略制定出产品价格。

1. 应用于产品组合中的定价策略

很少有组织的产品是独立存在的，在实际生活中，产品都是存在于产品组合之中。当产品处于产品组合中时，单一产品的定价往往会受到组合定价的影响。常用的定价策略有以下几种。

（1）产品线定价。为了满足不同客户群体的利益诉求，组织一般会在产品线中开发出不同的产品。在产品线中，不同产品的生产成本不同，带给客户的体验也不同，造成了同一产品线中的不同产品拥有不同的价格。当产品线定价时，首先，组织可以首先确定产品线中价格最高的产品，作为产品线中的品牌代表和收益代表；其次，确定产品线中价格最低的产品，作为产品线中吸引价格敏感型客户的代表；最后，按照各个产品在产品线中承担的角色依次定价。例如，美职篮（NBA）比赛的不同场次的定价策略都不同，根据有无重大节日或事件（球星退役或复仇战）、球队实力、球星是否出场等。

（2）可选产品定价。可选产品是指组织在提供主体产品以外，提供的配合主体产品使用的可选产品或配件。例如，在体育场馆运营中，消费者除了购买比赛门票以外，还可以选择场地运营方提供的一些零食饮料来补充体力。运营者可以将这些可选产品与比赛门票绑定在一起，设计有吸引力的套餐价格来吸引消费者。

（3）分部定价。有些体育组织在制定价格时通常先收取一笔固定费用，再加上因人而异的使用费。例如，健身房通常会收取固定的会费，允许消费者使用健身房中的器械、设备等，并参加团操课。但如果消费者需要教练给予指导，则需要再交纳私教费。

（4）附属产品定价。有些组织生产的产品是必须配合附属产品使用的，如刀片就是刮胡刀的附属产品。一些组织在为附属产品定价时往往为附属产品制定较高的价格，而为主要产品制定较低的价格。之前几年风光无限的乐视电视就是采用这样的定价策略，即电视本身的定价较低，基本没有利润，但是乐视希望电视可以成为内容传播的窗口，人们为内容付费才是当时乐视期望的主要收入来源。事实上，为内容付费的消费者并不多。这一案例显示出了此种策略的风险，组织如果不能协调好主体产品和附加产品价格之间的平衡点，或组织能力不能够支撑到附加产品的销售额和利润足够让组织生存的话，此种策略使用还是要谨慎。

（5）副产品定价。在组织生产产品或服务的过程中，可能会有副产品产出，如果处理这些副产品可能要花费很多成本，就会增加生产成本；因此，组织会尝试将副产品定价出售，此时就会使用副产品定价策略。如果将副产品顺利出售，组织可以创造新的利润或降低生产成本，可以使产品在市场上更有竞争力。

（6）捆绑定价和拆分定价。捆绑定价是指组织将多种产品放在一起制定统一价格的策略，捆绑定价中的产品价格一般会低于单独出售的价格。例如，许多健身房通常将团操、球类、游泳等项目捆绑在一起，统一出售会员卡。

拆分定价是指组织将通常放在一起销售的各种产品拆分出来，为各种产品制定独立价格。例如，有的健身房会将游泳、球类等项目从健身房统一会员卡定价中拆分出来，单独制定游泳项目或球类项目的定价。就单一产品而言，拆分价格往往高于捆绑价格组合中的该产品价格。

2. 心理定价策略

俗话说："便宜无好货，好货不便宜"。这体现了在定价过程中，消费者的认知也有着重要作用，正如前文所述，如果消费者认可了某种价格，那么不论产品生产成本或实际质量如何，消费者都会进行消费，这里就使用了心理定价。心理定价的主要使用场景体现在当消费者接触一个全新的或者并不了解的产品或服务时会不由自主地认为价格更高的代表更高的质量。常用的心理定价策略有如下几种。

（1）声望定价。声望定价是根据产品在消费者心中的声望、信任度和社会地位确定产品价格的一种定价策略。声望定价可以满足某些消费者的特殊要求，如，地位、身份、财富和形象等。例如，国内高尔夫球俱乐部的会员价一般都比较高，这在一定程度上满足了会员彰显身份、地位、财富等的需求。

（2）尾数定价。尾数定价法是利用消费者对数字认知产生的心理差异，在制定价格时不进位或保留零头，使消费者产生产品价格低廉的感受，又称"奇数定价""非整数定价"。消费者会因为尾数（99.9 元）与整数（100 元）的区别而在购买行为上发生改变。仅仅是 0.01 元的差别，但在消费者心目中前者却代表便宜，可以刺激更多消费者购买，为组织带来更多利润。与此同时，消费者也将整数定价同高品质的产品和服务联系在一起。

（3）中间价格定价法。体育营销者也可以采用比较价格的心理定价策略，多数消费者倾向于选择中间价格商品，他们更多认为中间价格商品的质量与价格都在可接受范围内。在中间价格定价的时候，营销者经常推出一些经过评估的产品的相关价格，大致分为高、中、低三个层次。组织将评估后的产品放在一起出售，将想要推广的主要产品的价格设置为中位水平，那么消费者购买主推产品的可能性就会大幅提高。

（4）习惯定价。习惯定价策略就是根据人们传统习惯心理来确定产品的定价。消费者对某项体育产品价格的期望值受该类产品传统定价基础的影响。

3. 差别定价（歧视定价）

差别定价，又被称为歧视定价，是指组织为同一种产品设置不同的价格。常见的差别定价主要有以下几种形式：

（1）时间差别定价。根据消费者购买产品的不同季节、不同时期或不同时点制定不同的价格。例如，体育俱乐部通常采用的会员卡预售制，就是根据消费者购买的时点不同，制定不同的价格，越早购买的消费者所拿到的价格越优惠。

（2）顾客差别定价。组织将同一产品制定不同的价格卖给不同的顾客。

（3）产品部位差别定价。组织将处于不同位置或不同区域的产品制定不同的价格，虽然产品或服务的生产成本没有差异。例如，在体育比赛中，赛事组织者会将比赛场馆中的不同座位分成不同的区域，对不同区域制定不同的票价。这样既满足了消费者对不同座位的偏好，也可以为组织带来更多的收入。

（4）包装差别定价。组织可以为同一产品设计不同的包装，并相应地制定不同的价格。不同的包装可以满足消费者不同的需求。

需要注意的是，组织在进行差别定价时，实行需求差异定价需要满足如下条件：消费者存在需求差异，市场能够细分；付低价的细分市场消费者不能将产品转手或转销给付高价的细分市场消费者；细分和控制市场的费用不应超过差别定价所得的额外收入；实行这种定价法不应该引起消费者的反感或敌意，差别定价应是合法的。同时，组织还应认识到采用差别定价策略的组织更应该对消费者一视同仁，提供质量与价格相称的产品或服务，而不能将消费者区别对待，对于支付较低价格的消费者不闻不问或歧视。从发展的角度来看，今天的低价消费者很可能会成长为高价消费者，并且如果组织的区别对待引起了消费者的不满，其破坏力是巨大的。

4. 新产品定价

（1）撇脂定价法。撇脂定价是在产品生命周期的初始阶段，以高价获得最大利润。撇脂定价指的就是撇取市场中的“奶油”。实行这种定价策略必须满足以下几个条件：高价不会影响需求，市场竞争不激烈，价格高能给消费者带来高品质的印象。

（2）渗透定价法。渗透定价是将新产品以相对于竞争者来说更低的价格引进市场。如果消费者对价格很敏感的话，低价就会鼓励消费者去尝试新产品或服务。此外，当需求与价格之间的弹性相对较大时，价格的变动会引起消费者对产品需求的大幅度增长，通常来讲，渗透定价对赢得大市场份额是有帮助的。

5. 位置定价

一般来说，如果组织服务的客户范围较广，客户遍及全球，那么就会产生相应的运费，由于运费的价格并不便宜，因此组织为了控制运费成本会采取不同的定价策略。一般有以下五种基于位置的定价策略：原产地定价，基点定价，分区定价、统一交货定价及运费免收定价。

（1）原产地定价。原产地定价是指卖方将产品交付到某个指定地点，该地点有买方指定的运输单位。然后由买方承担运输费用并自行承担一切后果。对于采用此种策略的组织来说，此种方式可以规避一定的风险，降低运输成本。对于买方来说，可能会因为运输费用而选择就近购买。

（2）基点定价。基点定价是指组织选定某个城市作为计价原点（即使发货地与基点城市不同），以此计算客户的计价价格。强大的组织会选择几个城市来作为计价原点，以满足客户的需求，降低客户成本。

（3）分区定价。分区定价是将销售范围划为几个区，并规定不同区域的运费价格不同，经常在网上购物的人较为熟悉的“苏浙沪包邮，新疆西藏不送货”就是此种定价策略。对于采用此种定价的组织来说，应该注意一个问题，即有可能两个地理距离很近的区域被划分为不同的区域进行定价，会使一部分消费者对此感到不满。

（4）统一交货定价。统一交货定价是指在组织的销售范围内，到所有地区的运费都相等，这对于距离较远的消费者来说是一个利好消息。

（5）运费免收定价。运费免收定价是指组织对所有客户免收运费，组织会将此种定价方式作为一种竞争策略，期望赢得更大的市场份额，并随着市场占有率的提升，这部分成本可以被覆盖。

6. 动态定价和互联网定价

当下社会的变化非常快，组织在做决策的时候通常不会做太长期的决策，通过较短但不断调整的策略，来适应环境的变化。对于与市场接触最直接的营销环节来说，价格对于环境的变化更为敏感。新技术的不断出现，不断颠覆和重塑组织的既定营销策略以及生产成本、工艺水平等。互联网的出现也使得价格信息更透明，线下体验、网上下单已经是普遍现象，这对于各种曾经在实体经营中取得成功的组织来说是一个巨大的挑战。如何通过新技术赋能现有体系，使其活跃度紧随时代的发展，而不是日渐衰退，成为一个现实的问题。过去一个价格打天下或者差异化定价的时代已经渐行渐远，动态定价已成为常态，互联网的出现也使得从事线下经营的组织不但价格要与网上持平，甚至还要更低，才能留住现有客户。

第三节　体育产品的价格调整策略

一、体育产品调价的原因

既然组织享有定价的权利，那么组织就会在需要的时候行使这种权利。组织调价的原因有很多：应对竞争而做的调价，可能涨价也可能降价；为了维护忠实客户而做价格调整；为了争取新用户而做价格调整；为了刺激销售而做价格调整。在调价过程中组织会根据内、外部环境的变化而调整价格，采取的形式也是多种多样，使价格成为组织在竞争中的有力武器。

二、体育产品调价的策略

1. 涨价

合理的涨价是一个可以给组织带来更多利润的行为。但是组织必须注意到的是涨价必须合理，不合理的涨价并不能带来利润上涨，反而可能因为销量的大幅下滑带来利润下降。何为合理的涨价？总体来说，就是涨价的理由可以被消费者接受，且价格上涨并没有带来销量的下降。由此可见，提高价格的理由必须是合理而充分的。常见的提价理由是：成本快速上涨，挤压了组织的利润空间，此时组织可适当提价，以确保可以维持正常的生产和经营。另一个常见的提价理由是供不应求。当组织的产品供应无法满足消费者的需求时，可以通过涨价或限量销售，或二者同时使用的做法来保持正常的产品销售。

涨价是一个非常明显的市场行为，可以很快被消费者和竞争者注意到。消费者对涨价的反应可能是积极的，如认为产品质量上升了，品牌更知名了等；消费者对涨价的反应也可能是消极的，如认为产品性价比不如以往了，转而选择其他性价比更高的产品。对于竞争者而言，当成本上涨导致价格上涨时，竞争者通常乐意看到涨价，这样竞争者也可以适当涨价。当产品供不应求造成涨价时，竞争者就会感受到压力，可能会采取一些应对措施。

2. 降价

当组织遇到如下一些情况时，可能会发起降价。一种情况是供大于求，当市场上出现了供大于求，导致组织生产的产品积压时，组织希望通过降低价格来刺激销售；另外一种情况是组织希望通过主动降低价格来把握市场主动权，占领更多的市场份额。需要注意的是：主动降价往往被竞争对手视为市场攻击行为，可能会导致竞争对手的反抗，引起行业的价格战。如果组织没有强大的资金实力和成本优势等资源时，应慎重考虑是否采取主动降价行为。

3. 折扣和补贴

为了促进与消费者之间的关系或鼓励消费者某些行为，通过对价格进行比率降低或通过返还部分金额对部分利益进行让渡，这种调整价格的策略称为折扣和补贴定价策略。

折扣主要有以下几种形式：数量折扣、现金折扣、季节折扣、功能折扣和网上订购折扣等。折扣的使用广泛而常见，除了终端消费者常见的通过打折优惠刺激消费者购买以外，还有制造商和渠道商之间的折扣。随着渠道商进货数量的增加、提前备货、流转速度的提高或者提前结清货款等，制造商会给予不同程度的折扣力度。

补贴也是常见的降价形式，补贴是以某种程度的现金返还或对消费进行鼓励的一种定价方式。随着互联网的发展，各大电商平台采取线上购物津贴的形式，鼓励消费者在特定时段内进行有阶梯的消费，促进成交。

第四节　大数据时代下的定价挑战

近年来，越来越火的大数据技术已经不知不觉来到了人们的身边。基于移动客户端的大数据收集使得营销者可以更加轻而易举地收集到消费者的信息，并根据其中的数据描绘出准确的消费者画像，消费偏好、消费水平、可能购买什么商品等信息，都可以被准确地勾勒出来。在这种情况下，每个人都被海量的、精准的广告包围，放眼望去都是需要消费的产品和服务。对于营销者来说，使用先进的渠道找到精准的客户，进行精准的营销本身是没有错的，这样既可以准确快速地传达组织的诉求和品牌调性，也可以节约大量的营销成本；对于消费者来说，可以快速地获取在自己购买能力范围内的产品的信息。这本该是一件皆大欢喜的事情，但随着市场竞争的日益激烈和技术的发展，原本应该帮助人们节省成本和时间的网络购物平台，却利用其大数据技术，制定令人眼花缭乱的优惠规则，增加了消费者的选择成本。利用大数据产生的价格歧视在互联网上比比皆是。

利用大数据杀熟，即是其中一例。组织利用丰富的数据，面对不同的消费者，对于同一款产品使用不同的定价策略，以此获得更高的利润。这种做法是否合法呢？是否符合商业道德呢？……对于营销者来说，如何合理合法地使用新技术是一个值得深思的问题。

还有一个值得关注的问题是，随着移动互联网的高速发展，基于价格的促销手段层出不穷，并且可以快速地抵达每一个消费者。基于价格的促销越来越频繁，每一次都刺激着人们的神经。通过不断地调整价格，增加各种购物津贴，使用各种购物返现等策略不断地促成消费者的购买行为。由于互联网的特殊性，与价格相关的部分可以明确地被消费者看到和衡量，而与产品质量相关的部分却不能被消费者直接看见。每一次互联网购物狂欢之后，大量因质量导致的退货事件屡见不鲜，还因此浪费了大量的资源。是否只要运用好了价格策略，刺激了消费者的购买行为，就万事大吉了呢？除了调整价格以外，组织为了提高产品质量所做的整体性改进，也是应该思考的问题。

重要概念

价格 定价策略 调价策略 成本加成定价法 目标利润定价法 感知价值定价法 需求差异定价 产品价值定价

随行就市法 投标定价法 产品线定价 可选产品定价

分部定价 附属产品定价 副产品定价 捆绑定价 拆分定价 声望定价 尾数定价 中间价格定价法

习惯定价 差别定价 撇脂定价法 渗透定价法 位置定价 动态定价 涨价 降价 折扣 补贴

复习题

1. 价格的概念和价格的重要意义。
2. 定价的基本策略有哪些?
3. 影响定价的因素有哪些?
4. 产品调价的策略有哪些?

案例导入:中国网球公开赛门票政策

中国网球公开赛是中国唯一以国家命名的国际网球赛事。中国网球公开赛(简称中网)创办于2004年,每年一届定期在北京举行。赛事同时拥有国际男子职业网球协会(ATP)、国际女子职业网球协会(WTA)和国际网球联合会(ITF)等三大国际网球组织的赛事举办权,是亚洲地区唯一设置最全、参赛球员最多、总奖金最高的国际综合性网球赛事。

从门票体系来看,到2019年中网已经发展出了非常丰富的价格体系。

2019年中网门票欢享票价格为50元;莲花球场门票价格为100元;钻石球场看台票日场最低为280元,夜场最低为200元;钻石球场包厢票日场最低为480元,夜场最低为400元。据悉,为了感谢球迷多年来对中网的支持,今年购票球迷可享受多重优惠,除10月6日钻石球场决赛门票8折之外,其余场次(钻石球场、莲花球场)散票每满100减40;中网赢家汇会员16积分抵一元,使用中网钻石赞助商中信银行银行卡支付可享受9折优惠。

给力的赛程,亲民的价格,加上灵活的多项优惠,让中网的门票销售持续火爆。

(来源:《2019中国网球公开赛开票》新华社新媒体 2019-08-21 https://baijiahao.baidu.com/s?id=1642457345821402237&wfr=spider&for=pc 及《中网门票最后一波特惠,位置号还可以打球交流》,微信公众号 tennistop,2019-09-07)

思考题

1. 中网运用了哪些定价方法和定价策略?
2. 中网的定价策略可以为组织带来哪些利益?这种定价策略是否存在风险?

第九章　体育营销渠道策略

本章学习目标

1. 理解体育营销渠道的内涵，掌握体育营销渠道的核心概念。
2. 了解体育营销渠道策略的特点，熟悉体育营销渠道的功能和作用。
3. 了解体育营销渠道中物流管理的重要性。
4. 关注体育营销渠道发展的新变化。

案例导入：滔博运动

滔博运动是百丽国际旗下经营体育运动业务的体育子公司，凭借强大的终端实力与管理积累，逐渐发展成为中国最大的体育运动用品零售商。

自20世纪90年代起，滔博开始涉足体育运动产品的经营。2000年起，开始新渠道的尝试，不断丰富品牌组合；2010年起，拓展至户外和运动时尚品类，并且逐步探索与开拓体育用品多品牌集合店经营模式，先后创建了TOPSPORTS运动城、TOPSPORTS多品店、TOPSNEAKER潮流集合店；2018年，收购FOSS品牌，进一步开拓自有渠道的品牌建设。未来，滔博运动将围绕消费者扩展到更多新领域，不断打造数字化的新零售能力。拥有11个国际运动、潮流、户外品牌的经销权：耐克、阿迪达斯、彪马、匡威、添柏岚、万斯、乐斯菲斯、亚瑟士、鬼冢虎、锐步、斯凯奇等。

滔博运动拥有中国最大且高度下沉的运动鞋服直营门店网络，覆盖中国近270个城市，拥有8300余家直营店铺（体育用品类），自有员工约40000多名。凭借强大的线下运营能力、丰富的线上线下互动活动和一体化进程，完整覆盖购物的全旅程，满足消费者的全部运动需求。

（来源：滔博运动官网 http://www.topsports.com.cn/）

营销渠道是体育组织在将产品或服务送达消费者的过程中相互合作的一系列体育组织，这些体育组织是产品从生产者向消费者传递过程中的参与者和贡献者，正是由于这些渠道参与者的努力，产品得以被传递给消费者。营销渠道在传递产品时，还传递了资金、信息、价值等，可以说渠道策略关乎体育组织的资金流、物流、信息流、价值流等，营销渠道的打通，意味着其他方面的全面打通。在本章我们会介绍渠道和渠道的常见形式，讲解体育渠道的管理策略、物流管理等内容。

第一节　体育营销渠道概述

在现实生活中，消费者想要购买某种商品或服务，通常不能直接联系到生产厂商。一方面，这对于消费者来说是较为困难的；另一方面，对于厂商来说，直接面对消费者的业务，由于联络的复杂性而导致交易成本可能非常高，这会增加消费者的购买成本。以体育赛事的票务分销工作为例，如果赛事主办方想要自己直接联系观赛观众，其工作难度相当之大，即使主办方有能力和所有的观众取得直接联系，那么成本和工作难度也是不合算的。因此，为了合理适当地降低成本和售价，不论是生产厂商还是消费者，都需要中间商来帮助降低交易成本，这就需要建立渠道。

任何一个体育组织，在社会中都是某种网络中的一个环节，渠道存在的意义不止在于流通体育组织的产品和服务，也为体育组织的生产活动输送优质的原材料或服务产品，并且良好的渠道环境和优质的渠道能力还会提升产品的品质和品牌的价值。因此本节我们来讨论渠道及其价值。

一、营销渠道和供应链

在现实生活中，多数生产商都会选择和其他中间商合作，将产品或服务推进市场，因此，我们将与产品生产体育组织相互依存共同完成产品传递过程的一系列体育组织称为营销渠道。在这里我们需要注意一个与营销渠道紧密关联的概念——供应链。供应链是指以产品生产体育组织为核心，包括产品产出前的供应商和产品产出后的渠道商共同构成的网络结构。从消费者角度来看，供应链包含了消费者获得产品所需的所有环节。对供应链进行管理，提高供应链效率，有利于降低消费者的购买成本。本章中，我们仅对产品生产出来之后，直到被消费者购买和消费的这一系列过程中的营销渠道进行讲解。

二、营销渠道的重要性及意义

营销人员应该看到的是，相比于其他方面的营销决策，渠道方面的决策应该更加慎重，一定要结合自身情况量力而行。对于体育组织来说，即使定位准确清晰，产品质优价廉，广告与公共关系都非常优秀，也解决不了客户想买却买不到产品或服务的问题。渠道策略对营销组合中的其他策略有重要影响。体育组织的定价策略受到体育组织的销售渠道影响，如定价较高的高端产品放到折扣店里去卖，将很难被消费者认可。体育组织的促销策略也受到渠道策略的影响，如体育组织需要投入多少广告，使用多少销售人员都与渠道商的资源和能力密切相关。

当营销人员思考渠道策略时，不仅应思考如何建立渠道，还应思考渠道如何为体育组织传递品牌价值，增加品牌价值，降低成本和满足客户需求。营销渠道不仅应服务于市场，还应主动创造市场。

一些渠道成员直接面向消费者，而消费者对品牌的认知很可能取决于渠道成员在商品交易过程中的表现。如果渠道成员对于某种商品的态度不积极，那么消费者很可能对品牌的印象很差或认为品牌的质量存在问题，因为对消费者来说，他们很难也没有必要找到生产厂商了解真实的情况。渠道成员在销售商品以外所做的配套服务，会极大地影响品牌价值，这种影响，既可能是正面的，也可能是负面的。如何通过渠道成员增加品牌价值是营销人员应该重视的。

渠道的重要性还体现在降低成本方面。渠道成员的效率，直接影响了体育组织资金循环的速度和使用资金的成本。如果渠道成员在商品交易和回款方面都是高效的，那么体育组织就有机会能够缩短自己的账期，从而节约成本。在降低损耗和降低商品流通成本方面，渠道成员也能做出巨大的贡献。及时畅通的沟通，会减少因信息传递误差导致的商品流通不畅和不必要的损耗，这样对体育组织和渠道成员来说，可以提高生产效率，并节约成本。

渠道对于体育组织的意义不止于此，还有一些体育组织选择与渠道商成为利益共同体，如格力电器就和其渠道成员合资组建了销售公司。因此，营销人员在看待渠道的问题上一定要慎重且角度全面，将渠道放在整个营销战略中去。

延伸阅读：CBA 联手大麦票务

CBA2.0 计划的一大目标就是提升球迷体验、吸引更多年轻球迷观赛，从而塑造联赛更加年轻时尚的品牌形象。为了系统提升球迷的观赛体验，CBA 推出了三大关键举措，分别是打造首个官方票务平台、首个官方球迷社区和推出全新的 CBA 主场球衣。

CBA 新赛季将与大麦体育联合推出中国职业体育联赛中的首个官方票务平台——CBATickets. com。需要指出的是，这是 CBA 历史上第一次将所有俱乐部的票务交给了同一平台打理。而在 CBA 的过往 24 年间，球队票务一直由各俱乐部自行出售，联赛层面并不插手。如今打破惯例，将票务统一到同一平台进行打理，在体育大生意看来，这也是 CBA 联盟渴望精准掌握球迷大数据、希望借此更好地服务球迷的关键举措。

“CBA 与大麦体育合作推出官方票务平台 CBAtickets. com，这在中国职业体育历史上还是破天荒第一次。”CBA 联盟公司 CEO 王大为介绍说，官方票务平台不仅可以为 CBA 球迷提供更加便捷、高效的票务服务，同时有助于实现无纸化电子票，致力于无纸化公益林的建立，从而提升联赛和俱乐部的形象。

CBA 官方票务平台 11 月 1 日正式上线，提供票务运营、技术支持、数据分析服务以及票务营销推广资源，开发多样售票组合和玩法，大麦天猫旗舰店也会同步设立 CBA 专区。“双 11”期间，大麦体育推出膨胀金优惠活动，将从购买膨胀金的用户中抽送奖品，大奖是 2020 年 CBA 全明星赛星锐赛和正赛双人门票。

（来源：25 岁的 CBA 在四大层面升级：商务收入再创新高、首次统一票务平台（有删节），体育大生意，2019－10－23. https://baijiahao.baidu.com/s?id=1648237782012384763&wfr=spider&for=pc）

三、营销渠道的功能

渠道作为体育组织营销决策的重要组成部分，在体育组织营销体系中发挥着独特的功能。

1. 信息传递功能

渠道作为和消费者接触的中介，可以将最新的产品信息快速传递给消费者，同时也可以收集到消费者对于产品的想法并将这些信息反馈给生产厂家，帮助生产厂家改进产品和服务。例如，体育场馆可以作为职业体育俱乐部或体育明星的渠道成员，帮助他们快速地传递赛事信息或周边产品的信息。

2. 产品推广功能

渠道成员在扩大自己的销售额的同时，也承担了培育市场，说服消费者购买的功能。我们可以看到，超市与厂商联合进行的促销活动或者超市自己单方面推动的促销活动，这些活动强有力地推广了产品。

3. 联系买家功能

在市场之中，信息的不对称性使得生产厂家不一定知道潜在的消费者在哪里，消费者也不知道合适的卖家在哪里，这时渠道成员就会通过自己的能力寻找合适的潜在消费者，并与之沟通。

4. 配套服务功能

当消费者购买某种商品时，不仅仅购买某种商品，可能还需要与之配套的专业使用指导或者配套的商品等。例如，体育场馆或俱乐部会为参与观赛的观众提供接送服务等。

5. 谈判功能

中间商帮助达成价格和其他条件一致所做的努力。

6. 承担风险功能

渠道成员会和生产厂商共同承担风险。这些风险既有来自消费者的，如退换货等，也有来自厂商的风险，如厂商声誉受损导致的渠道成员声誉受损等。

7. 物流功能

在体育产业当中，实物产品的比重仍然很大，如体育器材、体育鞋服等；因此需要物流帮助运输和储存。

8. 融资功能

一是某些渠道成员帮助体育组织获取并使用资金以支付其他渠道的工作成本；二是渠道成员帮助消费者使用融资功能，严格意义上来说，属于帮助消费者使用金融功能，这在体育实物商品的交易中较为常见。

四、营销渠道的长度和宽度

1. 营销渠道的长度

在产品从生产者转移到消费者的过程中，任何一个对产品负有推销责任或拥有所有权的组合或个人，被称为一个渠道层级。营销渠道的长度由渠道层级的多少确定，层级越多，渠道就越长，管理难度也越大，生产商对于渠道的控制力度就越小（图 9－1）。主要的营销渠道有两种，直复式营销渠道和非直复式营销渠道。

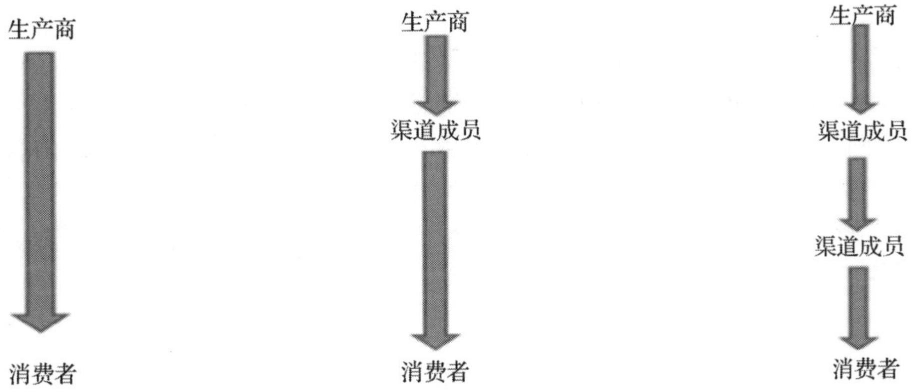

图 9－1　营销渠道的层级

（1）直复式营销渠道。直复式营销渠道又称零级渠道，是指生产厂商直接将产品供应给消费者，没有其他渠道成员参与。在体育领域，运动用品品牌开设网店，直接将产品供应给消费者就是这种模式。这种模式的优点是体育组织可以及时快速地了解消费者的需求和想法，并使体育组织可以敏锐地感知消费者市场的变化；缺点是直接触达消费者也要占用体育组织大量的资源，如在客服、处理投诉、退换货等方面，这相当于是体育组织自己承担了渠道的全部功能。

（2）非直复式营销渠道。非直复式营销渠道是指在商品流通的过程中，有一个层级或多个层级的渠道成员参与到商品流通的环节中来。一级渠道含有一个层级的中间商，通常是指零售商，会将商品销售给消费者；二级渠道含有两个层级的中间商，通常是指批发商和零售商；三级渠道含有三个层级的中间商，通常是指专业批发商、批发商和零售商。目前，这个系统变得越来越复杂，不只因为渠道的种类变得更多，还因为牵涉在其中的所有权转移、支付、信息、推广促销等越来越复杂。这些复杂的情况使得体育组织在管理渠道时要付出更多的资源。当然，随着技术（如 AI、大数据等）和管理手段的发展，管理的难度也会随之变化。

2. 营销渠道的宽度

营销渠道的宽度是指渠道的每个层次中拥有的同种类型的中间商数目的多少。每一层级中拥有的中间商数量越多，渠道就越宽，管理难度也就越大。常见的渠道宽度策略有三种：密集分销、选择分销和独家分销。

（1）密集分销。所谓密集分销是指生产者为每个层级选择尽可能多的中间商分销其产品，使渠道尽可能加宽。消费品中的便利品和工业用品中的标准品，适于采取这种分销形式，以提供购买上的最大便利。体育领域中的体育彩票、体育饮料等都采用的是密集分销策略。

（2）选择分销。所谓选择分销是指在某一地区有条件地选择少数几个中间商分销其产品。选择分销适用于所有产品。但相对而言，消费品中的选购品和特殊品最适宜采取选择分销。体育领域中采用选择分销的例子很多，如健身俱乐部、体育服装、运动鞋等产品大多采用选择分销。

（3）独家分销。所谓独家分销是指生产者在某一地区只选定一家中间商分销其产品，实行独家经营。独家分销是最窄的分销渠道，通常只适用于某些技术性强的耐用消费品或名牌产品。采用独家分销方式时，产销双方通常要签订独家经销合同，规定经销商不得经营竞争者的产品。采用独家分销策略时，生产商通常和中间商达成密切合作关系，共同为产品的生产、销售贡献力量。这种形式的风险在于，如果独家分销商经营不善或发生意外，生产商将蒙受损失。

延伸阅读：面向三四线城市的 361 度如何解决渠道问题

2018 年，361 度共开设了 5539 间核心品牌门店，较 2017 年同期减少 269 家。而 5539 家线下门店中，约 74% 位于国内三线或以下城市，位于一、二线城市的门店数量仅为 7.4% 和 18.6%。361 度儿童 1837 家线下门店中也有 67.5% 位于国内三线或以下城市，位于国内一线和二线城市门店数量分别占 8.1% 和 24.4%。由此可见，361 度线下门店主要集中在国内三、四线城市，这间接导致了市场对于 361 度产品的较低需求度。

除了门店分布外，361 度的缺陷还体现在分销模式上。在早期市场扩张期，不少国内品牌都采取批发的模式。但随着市场更加成熟，早期通过省级代理商、区域代理商、城市代理商、经销商发展的分销批发模式的缺点已经开始显现。而 2018 年，361 度渠道还在保留传统的批发分销模式：31 个独家分销商可以在获得 361 度批准的情况下自行选择开设门店或者授权给负责区域的零售商。同时，分销商也可以为地方城市的标准化定价。

值得思考的是，在如今体育运动用品市场相对饱和的情况下，这种分销渠道不仅可能面临着巨大的成本压力，还容易造成产品价格体系的混乱。

361 度不是没有电商渠道，实际上，2018 年，361 度的电商渠道销售收益同比大幅增长 85.3%，达到了 7.39 亿元，占集团收益的 14.3%，呈稳健增长态势。

不过尽管电商渠道获得了不俗的业绩增长，但集团并未获得盈利，除了受到上述分销模式等缺陷的影响外，因“刷单事件”的影响，361 度受到了不少质疑，甚至是被国际评级机构下调为负面，这也导致了其股票发生震荡，市值下降到 30 亿元左右。

综上所述，不难看出，361 度面临的渠道问题不仅直接影响其业绩表现，而且殃及了其欲意重塑的品牌形象。

（来源：利润下滑、营收维稳，谋求品牌重塑能帮“掉队”的 361 度获得多一度的热爱吗？（有删节）. 微信公众号体育 BANK，2019－03－16。https://kuaibao.qq.com/s/20190315A1I60K00）

五、营销渠道的体育组织形式

按照营销渠道成员结合的紧密程度可以将营销渠道的体育组织形式分成垂直渠道系统、水平渠道系统和多渠道系统。这些系统是为了解决传统分销渠道各渠道成员各自为战、追求自身利益最大化、不能有效整合的问题逐渐发展而来的。

1. 垂直渠道系统

垂直渠道系统是指由生产商、批发商和零售商纵向组成的营销渠道系统。这种营销渠道模式由一个强有力的渠道成员控制其他成员，或与他们组成公司，或者掌握了某种核心资源，使其他成员不得不参与合作。通常，垂直渠道系统有三种达成合作的方式：公司式、合同式和管理式。不同的方式有不同的权力分配方式。

（1）公司式垂直渠道系统。公司式垂直渠道系统集生产和分销的不同阶段于一体。通过正式组建的公司将渠道中的生产商、批发商、零售商都置于统一的公司架构之下，对渠道成员进行统一管理。公司式垂直渠道系统中有一名核心成员，或为生产商，或为零售商，分别形成由生产商主导的产销一体化经营方式，或由零售商主导的工商一体化经营方式。

（2）合同式垂直渠道系统。合同式垂直渠道系统，即不同层次的独立的生产商和中间商，以合同为基础建立的联合渠道系统。其特点是经济效益或销售影响不是每个企业单独创造出来的。渠道成员通过合同协调活动并管理冲突。合同式垂直渠道系统主要有三种形式：资源连锁、零售商合作社和特许经营。合同式垂直渠道系统和公司式垂直渠道系统的区别是：公司式垂直渠道系统是渠道成员成了某些体育组织的分销和合作成员，部分或全部让出自主权给某些体育组织。这些体育组织的特点一般来说是体育组织强大、产品极具品牌价值且产品畅销；而合同式垂直渠道系统的渠道成员单个体育组织能力较小，通过合同契约形成整体议价能力，对上下游产生影响，但各自的自主权都在自己手中，分销的产品不一定是著名品牌。例如，有些连锁健身俱乐部是采用直营模式，属于公司式垂直渠道系统；而有些连锁健身俱乐部是采用加盟模式，属于合同式垂直渠道系统。

（3）管理式垂直渠道系统。管理式垂直渠道系统是通过一个强有力的渠道成员对生产和分销渠道形成协调和管理，渠道成员都是各自独立的。例如，分销渠道成员强大，可以压低制造商成员的价格；如果制造商成员强大，就可以提高出厂价格。管理式垂直渠道系统中必然存在一个具有管理能力的渠道成员，其实力强大，可以通过其影响力将渠道中的其他成员组合起来。

2. 水平渠道系统

水平渠道系统是指两个或两个以上同一级别的体育组织联合起来，整合各自的渠道价值，制定新的营销策略，谋求单个体育组织不能实现的价值，即所谓强强联合。

3. 多渠道系统

多渠道系统是在消费者市场越来越细分，消费者注意力越来越分散的情况下应运而生的。如何将体育组织的品牌价值和产品快速准确地传递给有需求的消费者，是一个亟待解决的问题。因此，许多体育组织采取了多渠道分销系统。例如，一些足球俱乐部会对不同的球迷采取不同的票务分销渠道，对于忠实球迷会采取球票内购会等形式；对于偶尔观赛的球迷会采取网上购票渠道；对于主场附近或城市居民会采取与其他体育组织联合的方式，进行票务开发工作。

第二节　渠道策略

对于体育组织来说，在了解了渠道的定义及形式之后，还要知道如何制定有效的渠道策略。渠道策略主要包括渠道设计、渠道管理策略和增加渠道价值。体育组织主要依据营销战略、产品的特性、市场的竞争情况、消费者的消费习惯、市场成熟度等因素来确定采用哪种渠道策略。

一、渠道设计

渠道设计的目标是使产品确定到达目标消费者的最佳路径。

1. 寻找消费者

体育组织在确定了目标市场及定位后，就已经明确了该把产品传递给哪些消费者，与渠道有关的第一件事就是明确体育组织可以在哪里触达目标消费者。一般情况下，消费者不会天然地出现在体育组织想要他们出现的地方，体育组织应该去发现消费者，分析消费者的需求与消费者产生互动。现实中，体育组织会不断调整自己对于目标消费者的认知，并且拓展和细分消费者的层次。

体育组织需要考虑消费者想在何种环境下得到商品，对于距离的远近是否介意，对于产品价格是否敏感，对于物流速度是否在乎，对于产品类型和产品线有何需求，需要的是专业的单一产品还是基础而丰富的产品，是否需要其他的附加服务等。

在建立了一定的渠道后，体育组织还应该分析现有的渠道是否能够满足目标消费者的需求，如果有部分消费者购买不到所需商品，那么体育组织就应该思考如何改善渠道供给效率，或者建立新的渠道。

延伸阅读：NBA 球队开拓者利用微软 Cortana 进行智能卖票

2016 年，NBA 球队开拓者宣布将与微软 Cortana 合作来进行智能卖票，希望利用 Cortana 提高整个卖票过程的效率。

开拓者在保罗·艾伦接手后战绩还算不错，但开拓者的目标远不止此，它们想要获得更多。而要想让球队拥有一个好的发展前景，提高球票收入是必不可少的一部分。

NBA 球队的收入构成中除了转播费外，很重要的一部分就是球票收入，尤其是季票收入，所以如何卖出更多的季票对于球队的营收至关重要。这时候 Cortana 的先进分析能力就派上用处了。

Cortana 可以发现每个球迷的购票习惯，这些信息可以供球队参考哪些人是可以挖掘成为季票持有者的，或者哪个对手最吸引球迷去观看。

事实上很多球迷的购票习惯都是固定的，Cortana 可以帮助球队锁定那些没有固定购票习惯的球迷，然后针对这些球迷进行专门的市场营销。例如，一个只会购票观看对阵强队比赛的球迷，是不可能会去买季票的，所以球队也就没必要在这种球迷身上浪费时间了。总之，Cortana 既可以帮助球队针对普通球迷提供市场计划，也可以帮助球队把潜在季票购买者变成真正的季票持有者。

（来源：厉害！波特兰开拓者利用微软 Cortana 进行智能卖票！（有删节）公众号体育大生意：2016－05－13. http://www. sportsmoney. cn/article/35317. html）

2. 确定渠道目标

渠道目标是渠道需要达成的期望标准，是体育组织营销目标的重要组成部分。渠道目标应包括渠道要实现的分销任务、盈利额及相关成本等内容。确定渠道目标时，体育组织需要分析目标市场的情况，不同细分市场的消费者对于产品的需求不一样，体育组织要根据消费者的需求情况分析在不同细分市场中使用何种渠道效率最高。营销渠道目标还受到体育组织实际情况的影响，体育组织的产品特点、市场情况、品牌影响力等都会对渠道目标产生影响，不能生搬硬套其他体育组织的渠道目标。体育组织还需要根据环境中的其他因素，如经济、政治、文化、竞争等因素调整其渠道目标，使体育组织处于有利的竞争地位。

3. 分析备选渠道

在确定渠道目标之后，体育组织要做的就是根据其目标分析可选的渠道类型。在一般情况下，体育组织有许多渠道类型可选，从零售商、加盟商、电商平台到网络主播，不同的渠道类型有不同的特点，可触达不同的消费者。需注意的是，不同的渠道成员可能会拥有相互交叉的消费者，会对彼此之间的销售情况造成影响，体育组织应该事先在这个方面考虑周全，制定合适的消除或缓解冲突的策略。

选定渠道类型后，体育组织还需要确定渠道的长度和宽度。确定渠道的长度，就是确定渠道的层级数。需注意的是，渠道长度越长，管理难度越大；确定渠道的宽度，即确定不同层级上渠道成员的数量。渠道宽度策略有以下三种：（1）独家分销。对于体育组织来说，独家分销意味着制定严格的区域划分和排他性的合作模式，其优势是可以清晰地掌握分销商的销售能力，有利于长期合作并防止渠道成员市场重叠造成的不必要的冲突；缺点是一旦独家代理商出现问题，体育组织要连带一起遭受损失。体育组织既要慎重选择渠道成员，也要做好抵御风险的准备。（2）选择性分销。选择性分销是指体育组织在同一层级寻找两个或两个以上的代理商进行分销，其优点在于可以利用不同的代理商触达更多的消费者；但其缺点也十分明显，同一层级的渠道成员可能会因为相互竞争而产生冲突。在采取选择性分销策略时，体育组织就要协调好渠道成员的关系，并建立合适的调节体系和严格的分销条款，减少渠道成员之间的冲突。（3）密集分销。密集分销是指在同一层级中设计尽可能多的中间商，其优点在于可以最大范围地触达消费者，但缺点是渠道成员间的冲突也可能会更多。

在体育领域还有一种较为特殊的渠道形式——体育经纪人。由于体育服务产品的特殊性，一些体育赛事的产权交易、运动员的商业价值开发等都需要体育经纪人的帮助。

不同的营销渠道策略也有着不同的成本，过长的渠道会增加消费者购买时的价格，进而影响销量。因此，在制定分销策略时，需结合体育组织的整体营销战略进行综合考量。

4. 明确成员责任

渠道成员虽然与体育组织有利益往来，但并不是完全的利益共同体。相反，渠道成员为了实现自身利益最大化，可能会伤害体育组织的利益。因此，体育组织在进行渠道设计时，应提前明确渠道成员的责任，并与渠道成员达成一致意见。对于渠道成员的分销区域、分销行为（如不准恶意降价、跨区窜货）、享受哪些折扣优惠、享有哪些权利等作出明确规定。只有对权利和义务作出明确规定，体育组织才可以在拥有众多渠道成员时，拥有管理力度和控制权。

5. 评估渠道可行性

当体育组织分析了备选渠道以后，还要对备选渠道进行择优，从经济性、稳定性、适应性、可控性和合作难度等几个维度进行考虑。（1）经济性。经济性是指渠道能给体育组织带来的销售额、成本、盈利能力等，着重考虑渠道能为体育组织带来的经济效益，有些渠道成员看起来能带来巨大的销售额，但如果体育组织和渠道成员不对等，议价能力弱，那么巨大的销售额不一定能带来巨大的盈利，相反可能会成为巨大的成本负担。（2）稳定性。稳定性是指渠道能够长期存在并能持续分销的能力。对于体育组织来说，稳定的渠道成员意味着稳定地合作和稳定地满足消费者需求，符合体育组织长期发展的利益。（3）适应性。适应性是指在面临环境变化时，渠道成员能否准确且恰当地应对环境变化，尤其在渠道逐渐扁平化的过程中能否适应环境的变化。（4）可控性。可控性是指渠道成员多大程度上受体育组织控制，体育组织对渠道成员拥有多大的控制权。（5）合作难度。合作难度是指体育组织可以与体育组织成员在多大程度上达到利益一致性，利益分歧大则合作难度大。如果体育组织想要与渠道成员拥有长期稳定的合作，以上几点是必须要着重考虑的。

二、渠道管理策略

渠道成员往往与生产厂商的利益诉求并不一致，渠道成员希望自己的销售额大增，而不一定在乎品牌的价值是否被破坏，所以通过采用降价、窜货等手段来扩大自己的利益，这对品牌的发展是极其不利的；因此，体育组织需协调好生产厂商和渠道成员的利益，并且要学会和渠道成员沟通自己的品牌价值及理念，使渠道成员能够在产品和服务流通的过程中将其准确地传达给消费者。管理渠道成员是每一个体育组织需要正视的问题。

1. 选择渠道成员

并不是体育组织的产品足够好或者品牌足够大就必然可以找到合适的渠道成员。一些体育组织可以吸引分销商成为渠道成员，可能是因为体育组织的品牌声誉很高，也可能是因为分销其产品利润更高，或者因为与某些分销商的关键人物有良好的关系，这对于许多初创体育组织或声望不高的体育组织来说是一个利好消息。在实际生活中，一些知名品牌使用独家分销或选择分销的特权也会吸引众多的分销商成为其渠道成员，因为知名品牌会吸引相当多的忠实消费者，对于渠道成员来说，具有分销压力小，周转周期相对更短等优势。对于容易吸引分销商的体育组织来说，体育组织所做的工作是选择适合合作的分销商并拒绝不适合合作的分销商。对于不太容易吸引分销商的体育组织来说，需要付出许多精力才能找到和预期数量和质量一致的分销商。是否容易吸引分销商与体育组织和分销商的实力有关，如果分销商实力强大或与体育组织实力相当，那么体育组织吸引分销商成为渠道成员就有一定的困难。

对于体育组织来说，不论遇到上述哪种情况，都要细致评估分销商的各项经营指标，如存在时间的长短、货物及资金的流转速度、过往合作历史、业内声誉等。体育组织须根据自身的营销战略目标和产品本身的特点，选择合适的分销商类型；体育组织还需考虑渠道成员的人员组成、稳定程度、对市场的熟悉程度、所在的地理位置、人流量等情况。

2. 管理渠道成员

管理渠道成员的理想状态是渠道成员与体育组织在利益方面达成一致意见，在基本面没有分歧，愿意按照双方协商的合同行事，积极配合体育组织的各种营销活动，实现自身和体育组织的最大利益。这时体育组织应采取激励手段、提高返点，给予更多折扣、更高授信额度等方式来奖励渠道成员。

与上述情况对应的是渠道成员的自行其是，不服从体育组织的管理协调，伤害体育组织声誉，并做出有损体育组织和其他渠道成员的行为，如倾销、窜货、随意调价等。这时体育组织应视情节严重情况做出相应惩罚。这时渠道成员与体育组织处于对抗状态，其可能不会配合体育组织，体育组织可以在分析原因的基础上，适当采取相应的措施，包括书面警告、减少返点、减少折扣、降低授信额度直至解除合作关系等。任何组织都不愿看到合作破裂的情况发生，但在实际情况中，没有体育组织可以与所有的渠道成员一直保持良好的合作关系，因此，体育组织应随着与渠道成员合作情况的变化，及时调整渠道策略并做好备选方案，做到有备无患。

3. 评估渠道成员

评估渠道成员是为了评估成员的绩效水平，一方面保证体育组织的利益，另一方面可以帮助渠道成员提升业绩和能力。评估绩效水平需要体育组织设定合适的评估标准，评估标准要考虑以下几个维度：业绩完成情况，与往期业绩完成度对比情况，渠道主要成员稳定情况，市场竞争的激烈程度及市场占有率，经济发展情况等。评估渠道成员的绩效应综合多方面因素。对于能够有效完成分销任务的成员，体育组织应采取适当的奖励措施。对于未能完成目标的渠道成员，体育组织也应及时与其进行沟通，并给予辅导和培训。为了避免在合作中出现推诿扯皮、沟通不畅等问题，体育组织也应在合作之前与渠道成员进行详尽的关于分销细节的沟通，如分销目标、市场占有率、流转周期等，并明确责任和义务，减少合作中的摩擦。只有这样，评估渠道成员才可能做到有的放矢，令人信服。

三、增加渠道价值

渠道也是体育组织的资产，甚至可以说是体育组织最重要的资产之一。体育组织对待渠道的态度应该像对待投资一样，渠道的建设越稳固，对于体育组织来说抵御风险的能力就越强。根据美国《福布斯》杂志发布的 2018 年度“全球品牌价值百强”榜单，2018 年可口可乐品牌价值已经高达 573 亿美元，排名第六位，并连续几十年排在全球前几位。在美国，可口可乐是产品的象征，彰显品牌的力量。这个世界最大的饮料公司在其第二任董事长兼总经理罗伯特·伍德拉夫在任期间，获得了长足的发展。伍德拉夫有一个宏伟的目标，就是“要让全世界的人都喝可口可乐”。对于可口可乐公司来说，要让这句话真正实现，需要的是在全世界都有可口可乐的销售渠道。由此可见，增加渠道价值对于体育组织来说非常重要。

增加渠道价值的手段主要有增加渠道的广度或数量、技术革新等。在实际中，对于不同的体育组织，还有更多增加渠道价值的方法。

1. 增加渠道的广度或数量

增加渠道的广度或数量是较为直接和有效的方法。增加了渠道的广度或数量可以使品牌更频繁和更深入地接触到消费者，提高产品成为消费者备选的机会。需注意的是，随着渠道数量的增加，体育组织与渠道成员之间及渠道成员相互之间的冲突也可能会增多，这对于体育组织的渠道管理能力提出了更高的要求。

2. 技术革新

技术革新是当下增加渠道价值的主要方法。得益于计算、互联网和大数据等技术的发展，过去许多需要大量人力才能完成的工作，如库存盘点、进出库、搬运、记录商品的流通情况等，现在通过手机、电脑或机器人就可以完成了，节约了大量的人力成本；过去，这些管理工作大量地占用了体育组织的资源，随着科技的发展，这些工作部分甚至全部被高科技所替代，而且完成得更好。对于渠道中的各个成员来说，通过技术革新来实现提高货物和资金的流通速度及周转率等渠道价值是非常必要的。

第三节 物流管理

不论是生产实物型产品的体育组织还是生产服务型产品的体育组织，只要使用物料，就会涉及物流。物流是指物料在整个供应链中的流通，物流管理不仅包括对下游的分销渠道成员的管理，也包括对上游的原材料供应商的管理。如何合理建设和管理物流系统，是每个体育组织都要面对的问题。

一、物流管理的重要性

物流管理是指根据物质资料实体流动的规律，应用管理的基本原理和科学方法，对物流活动进行计划、组织、指挥、协调、控制和监督，使各项物流活动实现最佳的协调与配合，以降低物流成本，提高物流效率和经济效益。现代物流管理是建立在系统论、信息论和控制论基础上的。

物流管理是渠道管理中重要的组成部分，物流的目的是让商品在合适的时间、合适的地点以合适的方式配送给消费者。这不仅要规划简单的物流地图，也要对整个物流过程进行精准的把握。使用大数据、云计算、移动互联等技术有助于体育组织实现对物流过程的精准把握。

物流的环节一般包括以下几个维度：一是进货物流，涉及原材料采购、运输、交付和仓储；二是发货物流，涉及消费者信息管理、运输和交付；三是逆向配送，涉及回收、翻新、处理货损、滞销和退换货等。这些过程涉及不同的主体和物流标准，对任何一个环节都应该谨慎对待。

对于体育组织来说，物流管理有三个方面的重要意义，一是通过快速完善的物流，可以实现产品的有效流转，为消费者增加价值；二是通过完善物流体系，减少不必要的浪费，提高生产效率，降低产品的供给成本，为组织创造价值；三是通过对物流体系中各合作伙伴的有效管理，可以促进合作伙伴改进管理机制，提高管理效率，为物流体系中的合作伙伴增加价值。

二、物流管理的目标

物流管理的目标应该围绕体育组织的营销目标进行，总体来讲包括以下三点。

1. 实现客户满意

现代物流管理的第一目标是实现客户满意。这里的客户不仅仅是指产品的使用者，还包括整个物流体系中的所有成员，要使整个体系中每一个成员都满意。客户满意是一个综合指标，具体包括效率、质量、速度、成本、安全等方面。

2. 实现整体最优

这里的整体最优是在整个物流环节共同运作下，保证物流系统的效率和质量，并实现物流成本的最小化。实现整体最优需要对运输、储存、装卸、库存、配送、信息等物流环节进行优化管理，处理好各环节之间的关系。

3. 促进物流系统的可持续发展

现代物流在促进物品流通之时，也加剧了各种包装材料对环境的污染。因此，体育组织在确立物流管理目标时，应从承担企业社会责任的角度出发，适应当代绿色物流的发展潮流，在确保整体最优的基础上，充分重视环保因素，促进物流体系与自然的和谐发展。

三、物流管理的内容

在设计好了物流管理的目标之后，体育组织还需要完善物流管理的功能。

延伸阅读：安踏物流

以国内运动服装第一品牌——安踏为例，其物流根据其全国门店销售体系，建立了"中央仓＋区域仓＋分仓"的物流模式，通过分仓覆盖临近的区域门店的形式进行商品运输配送。通过自建物流中心，以招标的方式将干线运输进行外包，末端门店配送阶段与同城第三方物流合作，以只控节点的形式搭建其服装物流。

当前由于市场需求的变化及物流成本控制需要，"中央仓＋区域仓＋分仓"的模式开始转变，形成中央仓直配全国门店、电商前置仓、高销售区 DC 仓、前店后仓等多种形式相结合的物流模式。

（来源：Zara、安踏、春风、品骏等服装物流模式（有删节）. 公众号运联传媒，2018－08－21 https://baijiahao.baidu.com/s?id=1609321400250072144&wfr=spider&for=pc）

1. 仓储

即使体育组织拥有最完善的计算模型和计算工具，也很难完全拟合生产周期和消费周期，实现无时差的生产与消费同步，为了解决这个问题，体育组织要对仓库的位置、数量和类别进行决策。为了提高效率，体育组织还会设立配送中心，此时仓库的功能就不只具有仓储功能，还具有配送功能。

2. 库存

库存的多少意味着体育组织资金使用速度的快慢。一方面，较多的库存会增加体育组织成本压力和流动资金风险；另一方面，如果库存过少，则存在消费者需求较为急迫却无法得到想要的产品的风险，因此体育组织要在库存的数量上保持平衡。理想状态是保存较少的库存，同时可以满足消费者的需要，目前新技术的发展正在推进这一状态的实现。

3. 运输

货物的运输方式对产品最终的价格、交货的速度和货品的保存程度有着直接的影响，这些都对消费者的满意度有着较大的影响。货物运输的方式主要有公路、铁路、水运、管道和空运五种。由于大量数字产品，如视频、音频、影像及电子书等的存在，不需要物理运输，因此互联网也可以算作运输方式。不同的运输方式适用于不同的产品，管道运输是液态或气态商品的良好运输方式，但造价高，功能单一。得益于我国基础设施建设速度的加快，近年来公路运输在运输方式中占比不断提升。

随着实际情况的发展，联运也越来越普遍的被采用，由于受地理环境、路况等条件的限制，有时一种运输方式并不能使货物到达目的地，这时需要采取联运策略，使用不同的运输方式使货物到达目的地。

4.. 物流信息管理

体育组织通常需要和渠道成员、物流服务商共享货物的信息，这有利于各方一起努力提高物流效率和物流实时信息的准确性。这些信息和数据的管理只有借助管理软件和大数据的支持，才能被有效利用。

四、整合物流管理

随着环境的日益复杂，体育组织需要对物流进行整合管理，其涉及三个维度：体育组织内部物流管理、渠道成员物流管理和第三方物流管理。体育组织需要使这三方密切配合，目的是提高效率，降低成本，使数量庞大的产品有序流通开来。

1. 体育组织内部物流管理

体育组织内部的物流部门不一定是核心部门，但物流管理工作却是一项基础性工作。物流管理工作的顺利开展，需要各个部门的协调，实现紧密合作。体育组织可以建立专门的协调部门或协调机制，使物流管理工作实现有序化开展。

2. 渠道成员物流管理

渠道成员的物流管理水平既会影响自身的利润水平和绩效水平，也会间接影响体育组织的利润水平和绩效水平。体育组织应该且有必要对渠道成员进行物流管理，一方面可以提高效率，另一方面可以加深体育组织与渠道成员之间密切合作的关系。

3. 第三方物流管理

对于许多体育组织来说，自建物流网络是一项投入巨大的工作，并且这种巨大的投入可能占用体育组织大量的流动资金和利润，却不一定能产生更好的收益。体育组织可以选择和第三方物流合作，并对他们进行管理。第三方物流的优势是合作方式灵活，可以应对更为复杂的环境；没有巨大的前期投入，相对成本较低。

渠道的整合管理不只是连通不同渠道，更重要的是实现不同渠道间的高效甚至无缝衔接，使每一种渠道都能增加体育组织的价值，提升消费者的消费体验。这样，渠道整合管理才有意义。

第四节 体育服务产品的营销渠道策略

体育服务产品是体育产品中较为特殊的一种，也是体育产品的重要组成部分。许多体育服务产品的生产既要依托专业的服务人员，如健身教练和职业运动员等，也要依托适当的空间，即体育场馆来进行生产。此时，我们可以将这类场馆既看作是体育服务产品的生产场所，也可以将其视为营销渠道。体育服务产品可以通过各种营销策略来增加消费者数量，但由于时空上的不可分割性和产权无法分割的特性，最终体育服务产品的消费须在一定空间内完成；因此，体育组织对于体育场馆的选择变得十分重要，适当的位置不仅可以增加人流量，吸引消费者，也可以增加品牌的价值。

休闲健身类产品和竞赛表演类产品是两大主要的体育服务型产品。休闲健身类产品和竞赛表演类产品的消费者需求有很大的不同。休闲健身产品的消费者一般想通过运动增强体质，获得更完美的身体形态，或与朋友进行社交互动增进感情；而竞赛表演类消费者则想要观看精彩的比赛或通过体育赛事探究人类身体使用的极限，并依此获得满足。由于消费需求的不同，消费者对于最终进行消费的渠道——体育场馆的形态要求也不同。

一、休闲健身类产品的营销渠道策略

目前，在我国市场环境中，体育组织提供休闲健身类产品的渠道大致分为两类：一是实体型店铺，主要是以商业俱乐部和私教健身工作室为主；二是以健身类 App 为依托的网络渠道。本节主要阐述实体型店铺的渠道策略。

无论是商业俱乐部还是私教健身工作室都可以被看作是零售店铺。按照《中国大百科全书》中关于零售的定义可知，零售是直接将商品或服务销售给个人消费者或最终消费者的商业活动，是商品或服务从流通领域进入消费领域的最后环节。零售是营销渠道的最终环节。零售界最古老的格言就是“店址、店址、还是店址”。选址是导致实体型店铺经营成败的关键因素。由此可见，设置实体型店铺的关键问题就是选择店铺的地址。选址的一般步骤是商圈分析、选择合适的店址类型、挑选地段、确定具体店址。

1. 商圈分析

商圈是指经营特定产品或服务的某一企业或一组企业的顾客分布的地理区域。商圈分析是指对商圈的构成、特点和影响商圈规模变化的各种因素进行综合性的研究。商圈分析的主要内容包括对商圈中顾客进行的人口统计特征分析、消费者购买行为分析、竞争者情况和市场饱和度分析等。

在进行商业俱乐部或私教健身工作室的商圈分析时，应注意分析商圈中居民或工作人员的人口统计特征及消费能力，分析他们是否可成为店铺的目标消费者；并考察附近 2 ~ 3

公里范围内社区、写字楼、商场的数量，周边同类竞争产品的数量及质量，如果已经存在相同定位且质量较好的健身场所，那么体育组织应该慎重考虑。

2. 选择合适的店址类型

我国常见的休闲健身类店址类型分为酒店健身中心和独立店铺。酒店健身中心是指在酒店中开设的健身场所，主要面向酒店的住店客人开放的健身场所；独立店铺是指不依托于酒店，由体育组织独立开设的健身场所。这两种店址类型各有优缺点。酒店健身中心优点在于客源相对来说有保障，缺点在于健身中心的发展受到酒店发展的影响；独立店铺优点在于自主性强，缺点在于客源需要自主开发。

3. 挑选地段

在进行了商圈分析和店址类型选择后，体育组织需要确定大致的地段。地段选择通常是在对如下因素评估后得出。

（1）客流。衡量店址的一个重要标准是过往的客流量及类型。在其他条件相同的情况下，客流量大的地段往往是最优选择。客流量测量通常从如下角度进行：按年龄和性别特征测算，如按目标客户的年龄范围测算；按时段测算，测算不同时段的目标客户的流量，这有助于研究客流高峰和低谷情况；行人访谈也是测量客流的方法，这有助于了解客户的需求及潜在客户的比例。

（2）车流。体育组织必须调查拟选地址的车流数量及特征。许多健身消费者会选择开车前往，车流量测算可一定程度弥补客流量对潜在客户量预估的不足。

（3）交通情况。不论开展何种项目，体育场馆最好选在城市交通站点附近，如地铁和公交站等，而且最好位于目标客户群体步行距离较近的位置，如果有停车场，要保证行车方便且有足够的停车位。对于户外项目，要选择交通方便到达的区域，一方面是方便消费者抵达和离开；另一方面对于一些具有一定危险性的项目来说，方便救援力量的抵达。

4. 确定具体店址

适合在城市中开展的体育项目，体育场馆选址应考察备选位置的场馆具体物理条件及物业水平等。体育场馆的层高、柱距、荷载、是否是框架结构等物理条件必须满足休闲体育项目的需求。体育场馆入口的便捷程度也非常重要。体育场馆建筑整体结构要质量高，易于装修和改造，如果改造成本过高应慎重考虑。此外，体育场馆是否有热水设施、新风设施、充足的广告位等物业水平也是需要考量的条件；还应关注水、电、网络和防水等配套设施的情况，如果是地下设施还应注意通风和防汛设施是否完备。体育场馆的运营离不开基础设施的配合。

需注意的是，在一定自然条件下开展的户外项目，如滑雪、登山、冲浪等，应选择自然条件适宜的地点，如果失去了适宜的自然条件，那么选址是不会成功的。

二、竞赛表演类产品的营销渠道策略

竞赛表演类产品具有时效性、一次性、易逝性、主观性等特点，且参与人数众多。竞赛表演类产品需要借助大型体育场馆来完成生产。大型体育场馆所处的地理位置十分重要。

大型体育场馆具有占地面积大、投入巨大、需要与城市规划配套等特点；因此，大型体育场馆的选址策略主要有三种：城市型策略、近郊型策略和远郊型策略。

1. 城市型策略

城市型策略是指将体育场馆建设在城市中的策略。由于体育场馆位于城市中心，使得体育场馆具有优越的地理位置，具有人流量大、方便抵达、场馆利用率高、地标性建筑等优点；职业联赛通常采用城市型策略。城市型策略的缺点主要有土地使用成本高、用地局促、后续发展空间小，如果设计不得当，还会造成交通拥堵，给消费者体验带来负面影响。

2. 近郊型策略

近郊型策略是指在距离城市 5 公里以内的郊区选址策略。近郊型选址策略的优点是土地价格便宜，后续发展空间大；同时可以借助城市现有设施进行发展。对于消费者来说，体育场馆的选址在近郊的优点是距离相对较近，体育场馆选择在近郊的缺点是能否吸引到消费者取决于该体育场馆经营的主要赛事是否具有吸引力。而对于体育组织来讲，选择在近郊体育场馆举办赛事具有一定的挑战性。

3. 远郊型策略

远郊型策略是指在距离城市 5 公里以外的远郊区的选址策略。其优点与近郊型有点类似。但缺点更加明显，这种选址策略十分依赖城市的发展水平，如果城市发展速度放缓，或没有按照原计划发展，极容易造成场馆的浪费和空置。

第五节　互联网时代背景下营销渠道的新发展

一、互联网渠道的兴起

随着互联网带宽的增加和 5G 网基站数量、技术的更新等，中国的互联网和移动互联网购物平台有了长足的发展。多元化的手机应用、电脑应用的开发，更为全面完善的商品信息和更加多元的商品展示方式，使得传统的体育组织有了更多的渠道可以选择。过去体育赛事的版权只卖给电视台，现在却可以卖给视频网站和直播平台，腾讯视频平台就与 NBA 达成了一项 5 年价值 15 亿美元的数字媒体版权合同。2021 年天猫“双 11”购物节上，传统运动鞋服厂商——安踏一分钟销售额破亿，这在过去是不可想象的。

得益于大数据和现代化物流的发展，当人们选择在互联网渠道和移动互联网渠道购物时，所享受到的购物体验并不一定会低于线下购物体验。大数据技术还会根据人们过往的浏览数据和购买历史，有针对性地推荐消费者喜爱的产品，如抖音平台会根据用户的浏览记录推荐相关视频，如果用户是一个体育迷，那么可以得到近乎无限的短视频资源。而体育组织只要生产出足够的短视频，就有可能会吸引和转化一部分视频用户。

二、互联网渠道带来的渠道变革

移动互联网网速的提高和费率的下降，几乎再造了消费者的消费习惯，也重塑了许多体育组织的商业模式。在这样的背景下，既诞生了天猫、京东这些与衣食高度相关的互联网平台企业，也诞生了 Keep、悦跑圈等为人们提供休闲健身服务的平台企业，以及体育赛事票务分发见长的大麦网。对于这些产品和服务的生产商来说，平台改变的不只是营销渠道，还有因为营销渠道反向推动而变化的生产管理方式。不论这些尝试是否成功，或者对于体育组织的管理模式改变有多大，每个体育组织都需要正视移动互联网渠道给体育组织带来的挑战。不论是否情愿，主动或被动，每个体育组织在移动互联网的推动下，都要重新审视自己的营销渠道策略。

在互联网时代背景下，消费者对于产品要求越来越高，充足的信息也使得消费者可以获得近乎无限的产品信息，对于价格或其他因素敏感的消费者有了足够的信息进行搜索和比较。与海量信息相对应的是消费者更加碎片化的时间分配，越来越大的城市，越来越快的工作节奏，越来越高的工作强度，使得人们花在通勤和工作上的时间越来越多，加上其他各种占据人们时间的因素，留给人们购物的时间变得越来越少也越来越碎片化。消费者更短的购物时间和更分散的注意力，使得体育组织有必要思考哪些渠道更适合销售自己的产品。全面的渠道策略固然可以彰显体育组织的财力，但更多的渠道如果无法带来更多的收益显然是一种巨大的浪费。移动互联网也重塑了消费者的支付习惯，体育消费者开始习惯使用移动支付手段，从扫码到 NFC，消费者的消费场景越来越多元化，不再像过去那样，随身携带信用卡或者现金，只能在商场收银台才能结账。在很多时候，购买过程和支付过程在时空上都存在着分离。过去传统的渠道成员提供的空间支持，既是消费场景又是支付场景。在今天，由于移动互联网的存在，这一切正在发生着深刻的变化。

消费者的消费习惯也在悄然发生着变化，线下看产品、线上购买，又或者线上看产品、线下体验购买都是普遍存在的。对于体育组织和渠道成员来说，在这样的大背景下思考如何有效地提高自身的业绩，催生了 O2O，B2B，B2C，C2C，O2M 等模式的产生，

互联网渠道在给体育组织和消费者带来便利的同时，也带来了一些亟须解决的问题。隐私保护是一个不容小觑的问题。大数据在带给人们便利的同时，也会要求消费者提供某些敏感的数据，如消费者的姓名、年龄、职业、位置、购物记录、浏览记录等，这些数据由谁保管，如何才能保证其安全呢?

这些都是体育组织需要考虑的问题。

三、产品属性是否适合移动互联网营销渠道

人永远不可能躺在家里就吹到夏威夷的海风，有些产品永远无法通过互联网来体验。我们如果将产品按照存在形态分类，可以分为实物产品和服务产品。当体育组织的产品是

服务产品时，人们无法通过互联网的方式直观感受产品。例如，体育赛事，不论多么优秀的转播技术，在电脑前或者手机前观看的观众，永远也无法享受到比赛现场热烈的气氛，也无法得到和体育明星互动的机会，体育明星的签名或者赠送给观众的随身物品可能会使现场观众终生难忘，而通过其他渠道观赛的观众则无法收获这样的体验。

实物产品也是如此，一些质地上乘，设计精巧的产品带给消费者的体验，是任何精心修饰的图片都无法传达的。仅就奢侈品来说，很少有具备购买能力的消费者去网上购物。

因此，当体育组织决定拓宽营销渠道时，要重点考虑消费者的消费体验和消费习惯，是否会随着新渠道的开设而发生转移。

四、如何实现全渠道协调

互联网缩短了体育组织和消费者的距离，原本需要渠道成员承担的工作，由于互联网的存在，体育组织可以直接面向消费者。现实情况往往是生产商、渠道成员都在电商平台上开设自己的网上店铺。当在购物平台搜索某种产品时，会同时出现官方旗舰店和其他渠道成员的商店，虽然增加了产品的曝光机会，但原本在地理上不存在冲突的渠道成员，此时成了直接竞争对手。如果对于渠道成员缺乏相应的管理制度和协调能力，那么可能会出现生产商与渠道成员及渠道成员相互之间为了招揽消费者而进行的相互倾轧。这对生产商和任何渠道成员都是不利的。此时多元的渠道并不一定带来更多的销售收入和利润。体育组织应该完善自己对于渠道评估的数据模型，不能凭借直觉增加渠道成员或渠道形式的数量。体育组织需要协调渠道成员的利益分配，使各利益方在争取自身利益的同时，不伤害其他成员的利益。

重要概念

营销渠道 供应链 渠道宽度 渠道长度 密集分销 选择性分销 独家分销 物流 物流管理 零售 选址策略

复习题

1. 体育营销渠道有哪些功能?
2. 体育营销渠道有哪些常见形式?
3. 体育营销渠道中物流有哪些功能?
4. 请分析体育营销渠道发展的新变化。

案例导入：加盟店关停收入却激增，贵人鸟遭问询

贵人鸟收到上交所的问询函。问询函要求贵人鸟补充披露公司在2018年加盟店数量大幅减少的情况下，加盟店营业收入仍大幅增长的原因及合理性。

贵人鸟年报显示，2018年，公司直营店新开1438家，关闭1家，净开店1437家；加盟代理新开515家，关闭2809家，合计净关停2294家门店。

贵人鸟直营店数量的激增，仅仅让公司直营店收入增长不到20%。而另一边，净关停了2294家加盟店，收入却不减反增，营收从2017年的1.2亿元激增至2018年的12.01亿元，增长超9倍。

此外，从毛利率来看，贵人鸟2018年直营店的毛利率为32.39%，比2017年减少3.84%，而加盟店2018年的毛利率则比2017年增加了15.33%，达到28.68%，接近直营店水平。

值得一提的是，贵人鸟在年报中称，2018年，由于公司原材料成本上涨，自主品牌产品产量下降等原因，公司的贵人鸟品牌产品单位毛利率下降。

就此，中新经纬致电贵人鸟公司，其工作人员表示，公司目前也在积极准备上交所问询函，如果有回复将第一时间在网上公布，目前不便透露更多信息。

尽管目前贵人鸟尚未对上交所问询函给出答复，但是中新经纬翻阅贵人鸟的年报与公告发现，贵人鸟加盟店铺营业收入诡异增长的背后，或许与公司2018年向直营转型的战略以及公司的财报编制有关。

2018年8月，贵人鸟董事会通过《关于优化销售模式暨在各区域设立分公司的议案》，将贵人鸟品牌产品终端销售模式细分为直营店（含纯直营销售和类直营销售）和加盟店模式。

其中，直营店模式分为两种：一是纯直营销售，即由贵人鸟自行开设的独立店铺，直接面对消费者进行销售，由贵人鸟负责店铺管理工作并承担管理费用；二是类直营销售，即由加盟商自筹资金、设立店铺，将店铺的内部管理委托公司负责。而加盟店模式，是指加盟商开设的独立店铺，由加盟商负责店铺管理工作并承担管理费用，加盟商在统一执行贵人鸟品牌运营制度的前提下自主运营。

此前，贵人鸟的销售渠道大多为经销商自主经营，也就是采用上述的加盟店模式。但是自去年以来，贵人鸟的直营店数量大幅增加，由2017年末的4家增至2018年末的1441家，而加盟代理店铺则由2017年末的3726家减少至1432家。

2018年12月11日，贵人鸟公告称，公司将以1.47亿元向部分经销商购买区域市场销售渠道资源（含网络、店铺或商场实体等联营渠道及区域分销渠道等），并准予这些经销商将2018年初以来从贵人鸟购入但尚未实现对外销售的贵人鸟品牌商品，按原采购价格销售给贵人鸟在当地设立的分公司，涉及的商品价值预计为4.19亿元。

也就是说，如果将贵人鸟向经销商采购的这4.19亿元尚未销售的贵人鸟品牌商品算

入公司的加盟店收入，那么，今年公司加盟店的收入就将增加 4.19 亿元。

除了这种可能之外，中新经纬还发现，在 2017 年的年报中，贵人鸟曾表示，因贵人鸟品牌的运营模式主要为批发，加盟店销售收入情况无法统计，因此加盟店收入不包括贵人鸟品牌。但是该表述并未出现在公司 2018 年的年报中。

也就是说，贵人鸟加盟店铺 2018 年营业收入的大幅增加，或许与公司在 2018 年将贵人鸟品牌商品销售所产生的收入也算进加盟店收入有关。

年报显示，2018 年，贵人鸟品牌商品的销售收入为 10.95 亿元，但需要指出的是，贵人鸟品牌的销售收入，不仅来自加盟店，也来自公司的直营店。而去年，贵人鸟直营店的收入为 8.65 亿元。尽管财报中并没有披露这 8.65 亿元的直营店收入是否全由销售贵人鸟品牌商品产生，但是进行简单计算可以得知，如果公司在 2018 年将贵人鸟品牌的收入也算进加盟店收入，那么贵人鸟加盟店收入至少比去年增加 2.3 亿元。

按上述的可能性计算，2018 年，贵人鸟加盟店收入激增的 10.87 亿元，有至少 6.49 亿元的增长可以得到解释，但即便如此，仍有近 4 亿元的收入增长存在疑问。此外，加盟店毛利率的大幅上涨，也需要贵人鸟公司进行解释。

（来源：加盟店关停近 2300 家收入却激增 9 倍，贵人鸟这笔钱是怎么算的？公众号中新经纬，2019－05－22. https://www.sohu.com/a/315549240_561670）

思考题

1. 贵人鸟体育的渠道策略是否合理？
2. 增加渠道数量对于体育组织来说有哪些影响？
3. 贵人鸟案例对你有什么启示？

第十章　体育营销传播策略

本章学习目标

1. 掌握体育营销传播的概念。
2. 了解营销传播组合的构成及影响因素。
3. 了解体育营销传播的过程及步骤。
4. 了解广告策略、公共关系策略、人员推销策略、销售促进策略。

案例导入：安踏发布“因动而美”女子营销主题

2021 年 3 月 8 日，中国运动品牌安踏携手品牌代言人、自由式滑雪世界冠军谷爱凌，发布针对女性市场的全新营销主题“因动而美”，透过女性视角诠释安踏“Keep Moving—永不止步”的品牌精神，并正式启动 2021 年度一系列针对女性的推广活动。安踏鼓励更多女性参与运动，支持每一个女生都能通过运动改变自己，获得自信，追求梦想，在运动和生活中绽放自己的美与力，与“因动而美”的价值观深度共鸣。

根据《2020 线上运动市场女性消费者洞察报告》数据显示，女性在运动市场消费规模占比逐年上升，2020 年有健身习惯的女性高达 72%，创造出名副其实的“运动她时代”。

伴随着运动意识的苏醒，注重身材与健康管理的她们，追求的不仅仅是表面的纤细身材，更是紧实的肌肉线条与充满力量的健康身体和积极乐观的意志力。安踏始终关注中国女性的运动需求，通过精准的社会洞察，携手品牌代言人谷爱凌共同提出“因动而美”的口号，旨在激发中国女性参与运动的热情，让更多中国女性享受运动乐趣，并从中获得精神力量，在自己的人生赛场实现梦想。谷爱凌表示，希望用运动激励全中国女性，实现因动而美的人生。

相对于男性而言，女性更倾向与志同道合的闺蜜或同伴一起运动，也更乐于分享运动带来的成就和快乐。为实现“用运动激励全中国女性”的愿景，安踏携手谷爱凌在线上共同发起了一项专为女性消费者开展的“拉勾约定”计划。活动期间，安踏将在多个社交平台发起“拉勾约定”的互动话题，每一位热爱运动的女性，包括运动员、演艺明星、时尚博主都将通过“拉勾约定”，分享运动态度和生活故事。

安踏希望借助社交平台的力量，吸引和凝聚中国年轻女性，积极影响身边人，带动自己的同伴、好友一起开启运动生活，增强默契、互相鼓励，更加享受运动的乐趣，共同构建“因动而美”的安踏女性运动社群。安踏将通过社群不断开展线上线下的活动，逐渐建立属于中国女性的运动社群文化，传递健康、积极、美好的新女性群像，为社会和世界的改变，发出女性的声音。

（来源：安踏携手品牌代言人谷爱凌发布#因动而美#2021 女子营销主题，搜狐网，2021－03－08，https://www.sohu.com/na/454686045_629109）

通过阅读这个案例，我们可以了解安踏公司的哪些信息？在案例中，安踏公司采用了哪些体育营销传播工具？除案例中的传播工具外，体育组织还可以采用哪些体育营销传播工具来向消费者传递信息？

第一节　体育营销传播与体育营销传播组合

现代体育市场营销不仅要求体育组织提供适销对路的体育产品和体育服务，制定具有吸引力的价格，使消费者以最便捷的方式获得他们所需要的体育产品及服务，还需要体育组织通过多种多样的方式向公众传播体育组织各项信息，树立体育组织形象，促进体育组织产品和服务的销售。

一、体育营销传播概述

1. 体育营销传播的概念

体育营销传播，又称体育促销，是指体育营销人员通过多种媒介与消费者进行有效的信息沟通，告知、说服或提醒消费者，使其了解体育组织所销售的产品和服务的方法。体育营销传播通过与消费者的沟通，创造消费及使用体育产品和服务的社会氛围和市场条件，以达到促进销售提升的目的。

2. 体育营销传播的特点

针对性和计划性是体育组织开展体育营销传播活动的特点，即体育组织会有选择地针对特定的目标受众开展有计划的传播活动，而非对所有消费者进行广泛的宣传。

3. 体育营销传播的目的

体育营销传播的目的是传递体育组织的行为、理念、形象以及产品和服务的信息，引起消费者的注意与兴趣，激发其购买的欲望，促成消费者的购买行为。

4. 体育营销传播的手段

体育营销传播的手段主要是告知和说服，即告知消费者体育产品或体育服务知识，说服消费者做出购买行为。在传播手段丰富且发达的今天，消费者的注意力被众多体育组织的传播信息所分散，体育组织应更加重视体育产品和体育服务的传播。

5. 体育营销传播的作用

体育营销传播的作用体现在，体育营销传播传递了体育组织及其品牌的声音，通过与消费者开展对话和建立关系，强化消费者忠诚度，创建客户资产。体育营销传播向消费者展示如何以及为什么使用一个体育产品，在何时何地由谁使用。体育营销传播可以帮助体育组织将其品牌与其他人物、地点、品牌、体验、感觉和时间建立关联。消费者对体育产品所属体育组织以及体育品牌的意义了解越多，就越会积极地尝试或者使用体育产品。通过体育营销传播将品牌植入消费者心中，创建品牌形象，从而提升品牌资产，促进销售，甚至提升股东持有资产的价值。

二、体育营销传播组合

1. 体育营销传播组合的概念

体育营销传播组合是体育组织根据体育营销传播的需要，对广告、公共关系、人员推销与销售促进等各种体育营销传播工具进行合理选择和综合编配。体育营销传播组合可以被体育组织用来与中间商、消费者以及其他公众进行接触。在体育营销传播组合中，体育组织可以充分利用各种沟通工具的特点和优势，因地制宜地整合应用，使体育营销传播效益最大化。

2. 体育营销传播组合的构成

从广义上讲，体育营销传播组合可以将市场营销组合中的各种要素都归入其中，因为体育组织的产品、定价、渠道等都传播出了体育组织的信息；从狭义上讲，体育营销传播组合只包含了具有沟通性质的营销传播工具，如体育广告、人员推销、体育公共关系、体育人员推销、体育销售促进等。

为了使体育营销传播工具的潜力得到最大程度的发掘，体育组织需要进行专业化的管理。下面，我们重点探讨体育营销传播组合中四个重要的构成要素——体育广告、体育公共关系、体育人员推销与体育销售促进。

（1）体育广告。体育广告是指广告主以支付费用的方式，采用一定的传播媒体对创意、商品或服务进行展示和推广，向目标市场传播产品信息，并说服消费者购买的经济活动。体育广告的目的在于营利。传播媒体包括印刷媒体（报刊）、广播媒体（广播和电视）、网络媒体（无线电话、有限电话、卫星电话和无线网络）、电子媒体（录像带、录音带、光碟、CD、网页）和展示媒体（广告牌、标识、海报）等。

（2）体育公共关系。体育公共关系是指体育组织为了改善与社会公众的关系，促进公众对该组织及其体育产品的认识、理解和支持，达到树立良好的组织形象、实现组织与公众的共同利益和目标而进行的与社会公众之间的信息交流活动。社会公众不仅有外部消费者，还包括体育组织内部员工、其他公司、政府机构和媒体等。

（3）体育人员推销。体育人员推销是指体育组织通过派出销售人员与一个或一个以上的潜在消费者交谈，做口头陈述，以促进和扩大体育产品的销售。

（4）体育销售促进。体育销售促进是指体育组织运用各种短期激励措施，直接诱导消费者购买或经销商销售体育组织产品或服务的体育营销传播活动，如提供折扣、优惠券或赠品等。

3. 影响体育营销传播组合构成的因素

当体育组织考虑本组织的体育营销传播组合构成时，实质上是考虑如何将体育营销传播预算在各种体育营销传播工具中进行合理分配的问题。影响体育营销传播预算分配的主要因素有：

（1）体育产品类型。体育产品类型包括有形的体育商品和无形的体育服务两种。

有形的体育商品包括体育服装和装备等，如篮球服、登山装备等。广告是该类体育产品的主要营销传播工具，推销也有自身的作用。无形的体育服务包括体育培训、体育旅游、体育健身等。无形性、易逝性、不可分割性、异质性、没有所有权是该类体育产品的主要特征。人员推销能够使该类体育产品的特点更好地被消费者理解，广告也能发挥一定的作用。一位训练有素的推销人员能够激发消费者的消费欲望，也可以使消费者一次性购买更多的体育产品，促进销量提升。

（2）体育营销传播目标。体育营销传播目标是体育组织进行最佳体育营销传播组合的行动方向，需优先考虑。相同的体育营销传播工具用于不同的体育营销传播目标，会产生不同的成本效益。体育组织试图通过一种体育营销传播工具去实现体育营销传播目标是不切实际的。一般而言，广告和公共关系在告知消费者信息时效果较好，人员推销和销售促进在说服消费者购买时效果较好。

（3）产品生命周期阶段。针对处于不同生命周期阶段的产品，体育组织分配的营销传播费用及选择的营销传播工具也应有所不同。通常情况下，在产品导入期，体育组织应多使用广告与销售促进的方式来让消费者快速了解产品和购买产品；在产品成长期，体育组织应运用公共关系和口碑传播来树立产品和品牌形象；在产品成熟期，市场中竞争对手林立，消费者对产品也比较了解，在此情况下，体育组织可以加大销售促进的力度，刺激消费者购买；在产品衰退期，体育组织可将营销传播规模缩小，节省销售成本，只用少量营销传播活动来推动库存产品的销售即可。

（4）体育营销传播策略。体育组织采用的营销传播策略按照营销传播的主要对象可以分为推式策略和拉式策略。推式策略的主要营销传播对象是中间商。体育生产组织将主要的营销传播费用投给批发商，批发商又花费大量营销传播费用吸引零售商，零售商再向最终消费者进行营销传播。在拉式策略中，体育生产组织的主要营销传播对象是最终消费者，体育生产组织直接面向最终消费者开展广告、公共关系、销售促进等营销传播活动，增加消费者的需求，从而带动消费者主动向零售商要求购买产品，拉动零售商向批发商要求购买产品、批发商向生产商要求购买产品。通常而言，在采用推式策略时，人员推销和销售促进的效果较好；在采用拉式策略时，广告、公共关系、销售促进的效果较好。

4. 整合营销传播

营销学者唐·舒尔茨认为整合营销传播是针对消费者制订、实施、评估品牌传播计划的完整商业过程。整合营销传播要求组织将多种营销传播工具进行有效整合。也就是说，组织在营销传播的过程中不仅要使用各种各样的传播手段，还要重视这些传播手段的整合。

整合营销传播的效果已得到众多组织的实践证明。第一，整合传播工具能够使组织的广告、公共关系、人员推销与销售促进等各种营销传播方式在一起使用，发挥协同效用。组织可以更加便捷地与利益相关者沟通，使他们更容易理解组织的信息。第二，整合营销传播是一种经济合理地运用营销传播手段和费用的方法。它的使用能够起到优化传播效果的作用。第三，完善的整合营销传播活动能够使所有的利益相关者的交易费用明显降低。第四，整合营销传播能够使组织与利益相关者的沟通更加高效，实现目标受众的精准定位。

第二节　体育营销传播过程及步骤

一、体育营销传播过程

体育营销人员应该了解有效传播的基本过程。有许多学者对传播过程进行了描述，其中香农—韦弗模型对传播的沟通过程和要素进行了较为清晰的描述。

香农—韦弗模型展示了营销人员与消费者的沟通过程，它包括沟通者（也称信息发送者）、编码、信息、媒介、解码、接收者、反馈、干扰等要素。(图 10 - 1)

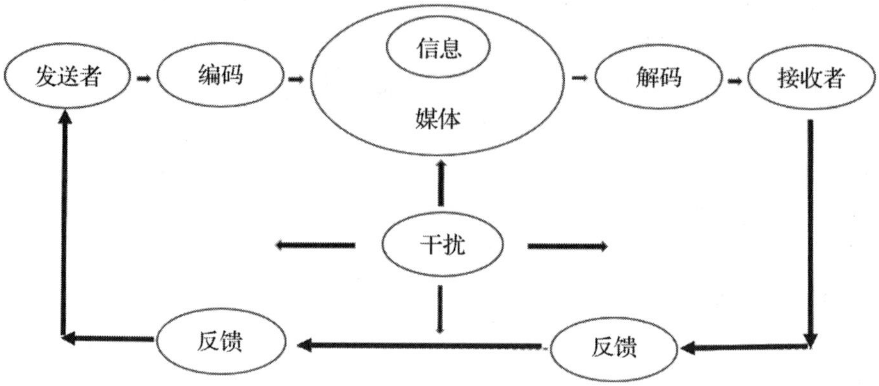

图 10 - 1　香农—韦弗传播模型

现代信息传播根据信息流动的方向分为单向传递和双向沟通。单向传递是指一方发出信息，另一方接受信息；双向沟通是指双方都既是信息的发出者，又是信息的接收者。体育市场营销中，体育组织开展体育营销传播的目的是使自身的体育产品或服务被更多的消费者认知和传播。因此，体育组织既要主动及时地向消费者提供有关信息，也要积极地倾听消费者的声音，与消费者进行双向沟通，以利于更好地满足和实现消费者的需要。例如，一方面体育营销人员需要根据消费者的反馈对产品信息做进一步的解释；另一方面消费者需要发送信息，信息的接收者变成体育组织。

干扰是指在沟通过程中因未料到的障碍或扭曲造成的接收者收到的信息有别于沟通者所传出的意思。在沟通过程中，体育营销的每一个环节都有干扰存在。这种干扰可能来自外部环境，也可能来自接收者本身，沟通者需要通过努力将干扰降到最低程度。

消费者对传播的特定反应是体育营销传播的微观模型所关注的重点。表 10 - 2 是四种经典的反应层次模型，它们都假设消费者在购买过程会经历认知、情感、行为三个阶段。AIDA 模型是较早提出的营销传播模型，其认为广告或者其他传播手段需要从引起消费者注意开始，逐步引发消费者对产品的兴趣和欲望，进而诱发消费者的购买行为。效果层次模型认为，反应层次的每一个阶段都是一个必须实现的传播目标，传播者通过了解消费者在反应层次所处的位置，来确定将要面临的传播问题，制定相应的传播策略。如果消费者处于知晓、认识阶段，那么该阶段的主要传播目标为提高产品的知名度；如果消费者处于喜爱—偏好—信任阶段，那么该阶段的主要传播目标为增加产品的美誉度；如果消费者处于购买阶段，那么该阶段的主要传播目标为增加消费者的忠诚度。创新采纳模型主要是针对新产品的传播。消费者在接受一项产品或服务创新时，往往会经过知晓新产品、对新产品产生兴趣、评估新产品、试用新产品和采用新产品五个连续的阶段。传播模型来自整合营销传播理论，传播中经过宣传、接受、认知响应、态度、意图和行为等阶段。从这个模型中我们可以看出，传播者和消费者是互动的，传播者根据消费者的反应、态度再进行下一个传播。消费者参与到了传播之中，不但是传播的客体，也是传播的主体。

表 10－2　微观营销传播模型

阶段	AIDA 模型	效果层次模型	创新采纳模型	传播模型
认知阶段	注意	知晓 ↓ 认识 ↓	知晓 ↓	宣传 ↓ 接受 ↓ 认知响应 ↓
情感阶段	兴趣 欲望	喜爱 ↓ 偏好 ↓ 信任 ↓	兴趣 ↓ 评价 ↓	态度 ↓ 意图 ↓
行为阶段	行为	购买	试用 ↓ 采用	行为

二、体育营销传播的步骤

有效的体育营销传播包括八个步骤：识别目标受众、设定传播目标、设计传播方案、选择传播渠道、制定营销传播预算、确定营销传播组合、测量营销传播效果、管理整合营销传播过程。

1. 识别目标受众

体育营销传播的第一步必须明确目标受众：体育组织产品的潜在消费者、现有消费者或者相关影响者。目标受众会对传播内容、传播时间、传播地点和传播对象等决策产生重要影响。

2. 设定传播目标

约翰·罗斯特和拉里·伯希确定了以下四种可能的传播目标。

（1）创建类别需求。创建某种产品或服务类型，以填补或满足消费者现有动机状态和所期望的动机状态之间的感知差距，如健身俱乐部对私人教练的宣传能够有效地提升消费者对一对一健身指导的购买欲望。

（2）创建品牌认知。培养消费者辨识或回忆品牌细节并完成购买的能力，如体育用品体验店的品牌辨识非常重要，离开体验店之后，品牌联想则变得非常重要。

（3）构建品牌态度。构建品牌态度可以帮助消费者评估该品牌满足现有相关需求的能力。相关品牌需求可能是积极导向的，如购买品牌产品可以让消费者获得使用价值或感官满足等；相关品牌需求也可能是消极导向的，如购买品牌产品可以帮助消费者排除或避免问题等。

（4）影响品牌购买意图。推动消费者决定购买本品牌产品或者做出与购买相关的行动，如说服消费者购买产品，保持品牌忠诚等。

3. 设计传播方案

体育组织在设计传播方案时应回答三个问题：说什么，怎么说，由谁说。这三个问题分别对应传播方案中的信息策略、创造性策略和信息源策略。

（1）信息策略。信息策略需要建立在对消费者的深刻洞察基础上，针对消费者的主要诉求来设计信息。信息既可与产品和服务的性能（如质量、功能等）相关，也可与外部因素（如传统文化，流行元素等）相关。

（2）创造性策略。创造性策略回答的是怎么说的问题，体育营销人员在这一环节中应将信息内容转换成特定的传播方式。常用的创造性策略有信息性诉求和转换性诉求。在信息性诉求中，体育营销人员详细说明产品或服务的特点。转换性诉求会将传播的重点放在与产品属性关联度不大的地方，如目标消费者、使用体验等方面，通过激发消费者的情感来促其购买。

（3）信息源策略。信息源是否可信是消费者能否接受信息的重要因素。因此，营销人员在选择由谁说时应选择可靠的信息源。研究表明，信息源可靠度的三个最常用指标为：专业性、可信性和受欢迎程度。专业性是指信息源拥有支持其观点的专业知识，可信性是指信息源的客观和真实程度，受欢迎程度是指信息源的吸引力。

4. 选择传播渠道

在当代传播环境中，传播渠道多样而广泛，总体来说，可以将传播渠道分为人际传播和大众传播两大类别。

人际传播是指个人与个人之间的信息交流。人际传播的形式可以是两个人面对面的直接传播，也可以是以媒体为中介的间接传播。直接传播主要以语言表达信息，或用表情、姿势来强化、补充、修正语言的不足，它可以使传者与受者直接沟通，及时反馈信息，产生亲切感，从而增强传播的效果。间接传播需要使用媒体，常用的人际传播媒体主要有电话、书信、短信、微信等。它可以使传者与受者克服空间上的距离限制，从而提高了传播的效率。人际传播是体育组织营销传播的主要形式，表现在组织内部成员之间的沟通和组织与外部公众之间的沟通。

大众传播是指体育组织通过电视、广播、网站等大众传播媒体向多人传播的过程。广告、公共关系、销售促进等营销传播工具通常都通过大众传播手段向目标公众传递信息。一般来说，大众传播信息具有公开性、可信性、及时性等特点。

5. 制定营销传播预算

通常传播预算在体育组织的营销开支中占有较大比例。常用的营销传播预算的测算方法有：量入为出法、销售百分比法、竞争对等法和目标任务法。

量入为出法是按照组织的财务承受能力来设定传播预算。销售百分比法是按照当前或预期销售量或销售价格的特定百分比来设定预算。竞争对等法是以竞争对手相等的传播量为目标设定传播预算。目标任务法是以实现目标必须完成的任务成本预估为标准设定传播预算。

6. 确定营销传播组合

体育组织需要根据营销传播预算情况来确定选择哪些营销传播工具，以及各种营销传播工具的预算分配。影响营销传播工具选择的因素主要有体育产品类型、营销传播目标、产品生命周期阶段、营销传播策略。

7. 测量营销传播效果

测量营销传播效果是指体育组织在营销传播活动结束后必须进行的工作。通过测量营销传播效果，体育组织可以知道目标受众是否能够辨识或回忆起所传播的信息，也可以发现营销传播是否实现了促进销售、扩大市场占有率等目标。

8. 管理整合营销传播过程

需注意的是，体育组织在进行营销传播的过程中，应该整合各种营销传播工具，使各种营销传播工具传递出的信息可以提供清晰的、一致的信息，使传播效果最大化。

第三节 体育营销传播工具

一、体育广告

1. 体育广告概述

美国市场营销学会委员将广告定义为“是由明确的发起者以公开支付费用的做法，以非人员的任何形式，对产品、服务或某项行动的意见和想法等的介绍”。

体育广告是体育组织向外部消费者及其他相关人员，传播体育组织体育产品及服务信息的重要手段，且已成为应用最为广泛的体育营销传播工具。每一个强势体育品牌的发展都离不开广告的支撑。

体育广告按照内容分类，可以分为体育产品及服务广告、体育组织广告、体育公益广告等。体育产品及服务广告是针对体育产品及服务的销售开展的广告宣传，通过吸引潜在的消费者购买，从而有效提升销售量。体育组织广告是通过介绍体育组织愿景、宗旨和文化等，向消费者提供信息，树立体育组织在行业、社会和消费者心中的形象。体育公益广告是为公众谋取利益或提供福利待遇而设计的体育广告。

体育广告按照传播媒体分类，可以分为体育视听广告、体育印刷广告以及其他形式的体育广告。体育组织可以通过多种媒体平台发布信息，如体育社交媒体、电视、广播、杂志、广告牌、公共交通工具等。

体育广告按照传播区域分类，可以分为全国性体育广告和区域性体育广告。全国性体育广告适合宣传全国的消费者通用的体育产品。区域性体育广告只能覆盖一定的区域，传播范围小，更适用于体育服务的信息传播。

2. 体育广告决策

（1）明确广告目标。体育广告的目标主要在于提供容易理解、记住并可信的体育沟通信息。它对消费者的影响可以体现在认知、心理、引导、教育等方面。认知，即体育广告能够让消费者提高对体育产品的认识，消费者通过广告了解体育产品的质量、特点、价格等。心理，即体育广告作为说服型的沟通活动，能够加深消费者心中的积极印象，激发消费者的购买欲望。引导，即体育广告可以一定程度上影响消费者的消费选择。教育，即体育广告作为一种文化，可以培养消费者的健身意识。总之，体育广告的目标是直接或间接地增加体育产品及服务的消费。

（2）制定广告预算。体育广告预算是指体育组织确定在广告活动上应该花费多少资金。在制定广告预算时，体育组织要综合考量可用于组织的财务情况、广告媒体的特性、体育产品生命周期、竞争对手广告覆盖率、目标受众媒体偏好等，使体育广告效益最大化。

（3）明确广告信息。创新性和针对性是设计高质量体育广告所必须考虑的因素。广告信息一般包括以下内容：一是广告诉求主题。体育组织要通过传播活动使消费者产生预期的认知、情感和行为反应，主要包括理性诉求、情感诉求和道德诉求等。理性诉求是指理性的利益，如体育产品的功能。情感诉求是指情感因素，如积极情感中的快乐、得意、兴奋等。道德诉求是指是非标准，常用于体育公益广告。二是广告内容，包括体育组织经营理念、体育产品特性、价格和支付方式、体育产品销售地点等。

（4）广告媒体选择。广告媒体的选择需要考虑以下因素，目标沟通对象的媒体习惯、体育产品的特性、信息的类型、媒体的传播范围及影响力以及成本等。通常通过有经验的广告代理商进行媒体选择可以有效地降低成本，并且使广告和其他体育营销组合要素的整合更加有效。WPP 集团是世界上最大的传播集团，拥有一系列大型的广告传媒公司，包括奥美、智威汤逊、传立等。它与媒体频道有大量的合作，所以拿到的价格一定比其他公司单独议价得到的价格优惠许多。而 WPP 在营销传播和公共关系中的创意，也可以帮助体育组织进行一体化信息的设计与实施。

（5）广告效果测量。广告效果测量既可以帮助体育组织了解广告对消费者在认知、心理、引导、教育等方面的影响，也可以帮助体育组织了解广告对销量的影响。为了更准确地测量广告效果，体育营销人员应当在广告投放前和投放后各进行一次测量。

二、体育公共关系

1. 体育公共关系概述

体育公共关系是指体育组织为了改善与社会公众的关系，促进公众对该组织及其体育产品的认识、理解和支持，达到树立良好的组织形象、实现组织与公众的共同利益与目标而进行的与社会公众之间的信息交流活动。公共关系活动对体育组织而言尤为重要。例如，良好的社会形象不仅能使体育组织的赞助收益增加，还可以使体育组织获得更好的竞争优势。

体育公共关系的管理职能包括：评估社会公众态度，确认与公众利益相符合的体育组织或个人的政策与程序，拟定并执行各种行动方案以优化体育组织内外部环境，塑造体育组织或个人良好的社会形象，争取社会公众的理解与接受，努力增强体育组织或个人的竞争与发展能力。

体育组织在开展公共关系工作时，必须把握体育公共关系的两项基本原则：诚信原则、公众利益与体育组织利益相协调的原则。诚信是获得公众信任的基础，而体育组织的生存发展离不开社会的支持，因此必须与公众利益相协调。

2. 体育公共关系的流程

体育公共关系活动的基本程序包括调研、计划、实施、评估四个步骤。

（1）体育公共关系调研。体育组织通过调查、传媒检测等多种方式，了解和掌握社会公众对于体育组织及体育产品的态度、意见和建议，同时了解竞争者的动向及其可能给体育组织带来的影响。体育公共关系调研是体育公共关系的基础和起点，为体育组织制定合理的决策意见提供依据。

（2）体育公共关系计划。体育公共关系的计划是整个体育公共关系活动的重点。更为重要的是，通过制定公关战略来评估其形象、声誉和关系可能面临的危险，能够帮助体育组织提前采取必要的应对措施。在进行计划时，体育组织需要确定公共关系活动的目标、公众、主题、时间、媒体、预算、具体活动方案等。具体的活动方案包括专题活动、媒体传播、事件策划、外联协调、赞助活动、公益活动等。体育公共关系的专题活动应该根据体育组织自身特点、不同发展阶段、不同目标公众和不同公关任务来开展。体育公共关系媒体传播需要根据公共关系工作的目标、要求、对象和传播内容以及经费预算来选择。体育公共关系事件策划需从提高体育组织或个人的知名度与美誉度出发，选择富有创意的设计和渲染来吸引公众关注。外联协调需要体育组织依据公共关系计划选择重要公众，如政府部门、媒体、重要客户等进行交流和协调。赞助活动是体育组织依据公共关系目标有计划地选择赞助对象，向其提供相应的资金和实物，从而获得赞助商地位，并进行公关传播的活动。公益活动是指体育组织无偿地向各种社会公益事业提供资金或物质，以提高社会声誉，树立良好社会形象的公关专题活动。

（3）体育公共关系实施。体育公共关系的实施要严谨以便保证工作持续且高效。在实施过程中，体育组织应按照确定的公共关系计划开展各项公共关系活动。在执行中，如因实际情况发生变化，无法按原计划执行，应在不背离原定公共关系目标的情况下，灵活调整执行方案。

（4）体育公共关系评估。体育公共关系的评估很难精确测量，但我们可以选择一些指标作为评估对象。具体包括以下三个方面：一是信息传播频率，如体育组织出现在媒体上的信息传播次数；二是受众反响，如市场份额是否提高、形象或声誉转变是否成功；三是估算公关对受众行为产生的影响，如体育赛事的上座率、赞助或参与者数量等。

三、体育人员推销策略

1. 体育人员推销的内涵及特点

体育人员推销是指体育组织通过派出销售人员与一个或一个以上的潜在购买者交谈，做口头陈述，以促进和扩大体育产品的销售。体育人员推销包括建立自己的销售队伍以及销售人员外包两种方式。作为体育组织与消费者之间相关联系的纽带，体育组织推销人员能够确保体育产品或服务在分销渠道中的“高价值性”。

体育人员推销具有以下特点：

（1）注重人际关系。面对面交流有助于体育推销人员与消费者建立信任，提高消费者的满意度。

（2）具有较大的灵活性。个性化的推销方法可以有效促进销售量的提升。体育推销人员近距离与体育消费者展开沟通，能及时感知消费者对于体育产品的态度，根据消费者的情绪及心理变化，做出最合适的推销调整。

（3）针对性强。体育推销人员通过搜索潜在的目标客户，依据客户特点展开定制化的推销，能极大提高销售效率。

（4）有利于体育组织了解市场动向。虽然当前线上网络销售量与日俱增，但许多体育品牌依旧注重线下的专卖店销售渠道。销售人员在向消费者提供服务的同时，能收集可靠的市场信息，了解消费者的需求，为体育产品决策提供有效的建议。

（5）适用于竞争激烈的市场环境。如健身市场的私教服务很难通过一般的广告宣传促使潜在消费者购买，必须通过现场的展示，答疑解惑，促成消费者做出购买行为。

2. 体育人员推销的决策

体育人员推销的决策包括销售队伍规模决策、推销工作安排、销售区域设计等。

（1）销售队伍规模决策。

销售队伍的规模会对销售量和销售成本产生最直接的影响。它与市场营销传播组合中其他因素相互作用，从而影响体育组织的整个市场营销策略。销售队伍规模有三种决策方法：

①销售百分比法。体育组织根据现存的历史数据，计算出销售队伍开展工作所需的总成本占销售额的百分比以及销售人员的平均成本，然后预测未来某一特定时期的销售额度，从而确定销售人员的数量。

②分解法。体育组织可以把每一位销售人员的销售额进行分解，计算出销售人员平均销售额，用销售额预测值除以人均销售额，就可确定销售队伍的规模。

③工作量法。体育组织根据顾客访问的历史数据，计算出销售队伍的总体工作量和销售人员的平均工作量，用销售队伍的总体工作量除以销售人员的平均工作量，即可得出销售人员的数量。

（2）推销工作安排。推销工作安排是指在销售队伍规模既定的情况下，销售人员如何在体育产品、体育消费者和地理区域方面分配时间和资源。体育组织通常可以从不同消费者服务时间安排、体育产品资源分配两方面做出决策。

（3）销售区域设计。销售区域设计是指体育组织根据区域特点，有选择地委派销售代表驻地，负责体育产品销售。

四、体育销售促进策略

1. 体育销售促进概述

体育销售促进是指体育组织运用各种短期激励措施，直接诱导消费者购买或经销商销售体育产品或服务的体育营销传播活动，如提供折扣、优惠券或赠品等。除了提高销售额，销售促进还可以起到鼓励消费者试用、刺激重复购买以及使分销变得更加有效的作用。

2. 体育销售促进的形式

体育销售促进的形式包括折扣、赠品、免费样品、比赛等。

（1）折扣。折扣通常是指在有限的时间内或者为大批量购买提供较低的价格。例如，很多体育用品品牌会在每年的“天猫双 11 购物节”提供较大的折扣，通过巨大的消费量来提升销售额，同时扩大品牌影响力。

（2）赠品。赠品属于非价格激励，形式可以多样，但必须是有价值的物品。赠品的目的是吸引新的体育消费者或者提高现有消费者的消费频率。

（3）免费样品。免费样品往往可以附有体育组织的标识，起到一定的广告作用。例如，运动水杯、运动 T 恤等。免费样品还可以是各种运动项目的体验课，通过为消费者提供良好的现场体验促进即时的销售提升。

（4）比赛。比赛是指以向消费者提供限量的门票、中奖券等，刺激消费者高额消费，从而实现销售额的增长。

3. 体育销售促进的实施

体育组织销售促进策略的实施包括以下六个步骤：

（1）确定体育销售促进目标。体育销售促进目标会依据目标市场的不同而有所差异。具体的销售促进目标包括鼓励消费者更多地使用体育产品或者大量购买体育产品，争取潜在消费者试用，吸引竞争对手的现有消费者等。

（2）选择体育销售促进工具。体育销售促进工具必须充分考虑目标市场的分类、体育销售促进目标、竞争情况以及每一种销售促进工具的成本效益等因素。

（3）制定体育销售促进方案。体育销售促进方案的制定需考虑诱因大小、参与者条件、媒体选择、时间长短、时机选择、预算制定等。

（4）预试体育销售促进方案。虽然体育销售促进方案往往依靠经验制定，但仍然需要通过小范围试验来确认所选用的工具是否恰当，诱因规模是否最佳，实施的途径效率如何。面向体育消费者市场的销售促进能够相对容易地开展试验，如通过邀请小范围区域的消费者进行体验，并寻求反馈。

（5）实施和控制体育销售促进方案。实施计划需考虑前置时间和销售延续时间。前置时间是指开始实施这种方案所需的准备时间。销售延续时间是指从开始实施优惠办法到大约 95% 的采取这种优惠办法的商品已经在消费者手中为止的时间。

（6）评价体育销售促进效果。体育组织对销售促进效果的评价方式比较多样。评价程序随着目标市场的不同而有所差异。体育组织可以通过销售绩效的变化值来测定体育消费促进的有效性。在其他条件不变的情况下，销售的增加可归因于体育销售促进的影响。

重要概念

体育营销传播 整合营销传播 广告 公共关系 销售促进 人员推销 拉式策略 推式策略

复习题

1. 什么是整合营销传播？整合营销传播有何价值和作用？
2. 体育营销传播的具体步骤有哪些？
3. 什么是体育广告？体育广告的决策流程是怎样的？
4. 怎样理解体育公共关系的含义？其基本程序是什么？
5. 如何做好体育人员推销决策？
6. 怎样理解体育销售促进的含义及其策略？

案例思考：“你就是跑者”

2015 年 4 月 2 日，中国极限马拉松名将陈盆滨开始了一场史无前例的壮举。他在 2015 年 4 月 2 日至 7 月 10 日的 100 天内，以一天一个马拉松的节奏跑完 4219.54 公里，为中国申请 2022 年冬奥会助威。伴随着他完成这长达 100 天传奇挑战的，是安踏“Challenge100”专业功能跑鞋。

在为陈盆滨助力的同时，安踏发出了“你就是跑者，Run with Me”的跑步号召，全面启动新一轮的跑步产品推广战役，号召全国的受众都能够参与跑步，参与运动，健康生活。

“你就是跑者”系列推广战役主要面对中国的二至四线城市，通过微电影、电视广告、社交平台传播以及店面互动等形式，通过讲述陈盆滨从小岛渔民成长为著名极限马拉松运动员的故事，宣扬“跑步面前人人平等”的跑步精神，提出“换一双跑鞋，你就能跑的”行动号召，并最终塑造安踏跑步系列产品的专业形象。

“你就是跑者”首支品牌微电影在腾讯视频、乐视以及优酷平台上线，15 秒电视广告通过中央电视台、重庆卫视、广东卫视等平台播出，发出“跑步，无关乎时间、地点，也无所谓身份、头衔。跨过脚下的起跑线，你就是跑者!”的运动宣言，动员目标消费者跑起来，成为参与者。

随着百天百战活动的不断深入，安踏还完成了一系列 15 秒电视广告和平面广告，从各个层面突出安踏跑步系列产品的性能和科技，进一步塑造安踏跑步产品的专业形象。该系列广告在中国的主流电视台陆续播出。

安踏体育用品有限公司品牌中心高级总监朱敏捷表示：“陈盆滨，从一个小岛渔民，跑到七大洲极限跑大满贯唯一得主，他的传奇经历再一次证明：跑步是没有门槛的，跑步是世界上起点最低的运动，跑步面前，每个人都是平等的。既然陈盆滨是安踏跑者，那只要你也决定跑起来，跨过起跑线，你就是跑者!”

（来源：你就是跑者 案例来源：安踏推出传播战役“你就是跑者 Run with Me”。中国广告网，2015－04－03，http：//www. cnad. com/show/22/254896. html）

思考题

1. 安踏在“你就是跑者”系列推广活动中，整合使用了哪些营销传播工具?
2. 假设你是此次活动的负责人，你将如何测量此次营销传播活动的效果?

第十一章 体育赞助策略

本章学习目标

1. 理解体育赞助的内涵，掌握体育赞助的核心概念。
2. 了解体育赞助的特点和分类，熟悉体育赞助的功能。
3. 了解影响赞助效果的因素。
4. 了解伏击营销产生的原因和方式。

案例导入：维萨（VISA）赞助奥运会

VISA 是全球较负盛名的支付品牌之一。1986 年，VISA 成为奥运 TOP 计划赞助商的时候，VISA 卡的交易金额只有 110 亿美元左右，全球仅有 1.37 亿张卡片，与其他支付品牌的市场份额差距并不大。而目前，VISA 的营业额达 1.2 万亿美元，发卡量达 10 亿张，占有全球 60% 的银行卡市场份额，远远超过其他品牌的总和。其中重要的原因之一，就是 VISA 一直以来对奥运会的赞助。

在巴塞罗那奥运会期间，时任国际奥委会主席萨马兰奇开始实施著名的 TOP 计划。当时，VISA 仅仅是一个由 2 万多家会员银行组成的松散组织，但是它牢牢地抓住这个机会，成了“TOP 计划”的成员之一。VISA 在正式加入“TOP 计划”后，就利用 1988 年汉城奥运会发起广告攻势，直接挑战美国运通卡（American Express）。VISA 的第一句广告语听起来就火药味十足：“带上你的 VISA 卡，因为奥运会不接受美国运通卡。”两大信用卡之间的广告战争自此全面爆发。奥运营销给 VISA 带来了巨大回报，在它开始赞助奥运会的前 3 年内，VISA 的全球发卡量上升 18%。几年之后，

VISA 卡就取代美国运通卡成为国际旅行信用卡。

VISA 已经赞助奥运会长达数十年。VISA 是 2008 年北京奥运会指定的独家支付卡，也是所有奥运场馆唯一接受的用于任何奥运官方交易的支付卡。VISA 通过赞助奥运会迅速发展壮大。

（来源：裴瑜．VISA：“不可能”的奥运赞助［J］．中国品牌，2008（Z1）：56－58.）

在这个案例中，我们看到赞助奥运会给 VISA 带来了巨大的回报。那么我们要思考：什么是赞助呢？为什么赞助对企业可以起到这么大的影响呢？是不是所有赞助都可以带来回报呢？

本章中我们将带着这些问题走进体育赞助，掌握体育营销的概念，了解体育赞助的特点和分类，熟悉体育赞助的功能，并认识对体育赞助有重大负面影响的伏击营销。

第一节 赞助营销概述

一、赞助营销的定义

赞助营销最初是以资助的形式出现的。最早的资助行为出现在古希腊文明和古罗马文明时期。在古希腊，富有的古代希腊富商们为了获得更高的社会地位，他们往往会为国家举办的体育节和艺术节提供大量资助。在古罗马时代，每当取得军事胜利时，就有达官显贵自费出资举办角斗等庆祝活动并邀请大众免费来参加活动。这些达官显贵们希望通过宏大奢华的活动场面吸引众多观众参与，从而提高其声誉，博得更高的社会地位。这些事件是赞助营销的最早雏形，在这些例子中，贵族们通过为节庆活动提供资金，促成了节庆活动的举办；同时，贵族们也在事件中获得了所期冀的好名声。

虽然赞助营销活动很早就出现了，但是将赞助营销纳入学术研究的历史却并不长。随着赞助营销在企业经营活动中的重要性逐步增强，对赞助营销的研究也日益增多。从 20 世纪 80 年代起，学者们对赞助营销的定义、赞助营销的性质、赞助营销效果的评估等多方面开始了广泛的研究。其中，如何来界定赞助营销，即“赞助营销的定义到底是什么？”这个问题吸引了众多学者的关注。据不完全统计，学者们对赞助营销所下的定义多达 100 多种。英国学者米纳汉（Meenaghan）在 1983 年发表的《商业赞助营销》一文，将赞助营销定义为“商业企业以资金或实物方式向某种活动或个人提供支持，以达到其商业目标的行为”[①]。这个定义首次明确地将赞助营销行为从企业慈善捐助行为中分离出来，提出并

① MEENAGHAN T, Commercial Sponsorship [J]. European Journal of Marketing, 1983, 17(7): 18.

认可了企业可通过赞助营销来实现其商业目标。这标志着，赞助营销开始作为一种商业行为而独立存在。Sleight 等学者认为：赞助营销是双方或多方的交换行为，各方通过交换来实现组织目标。康威尔（Cornwell）和迈尼昂（ Maignan）在 1998 年发表论文指出，赞助营销是赞助方和被赞助方之间的交换；通过交换，后者获得了资金或实物，而前者获得了将自己与所赞助营销的活动联系在一起的权利。同时，他们还强调，赞助营销不仅仅是双方资源的交换，赞助商要达成既定目标还需要对赞助营销关系进行营销。这个定义进一步将赞助营销纳入了营销研究范畴。

整合如上定义的共性，给出赞助营销的定义为：赞助营销是指赞助方给被赞助方提供现金或实物等方式的支持，获得与被赞助方直接关联的权利；赞助方利用与被赞助方的关联权利来进行一系列的营销活动，从而实现赞助方商业目标的一种营销方式。这个定义具有如下内涵。

1. 赞助营销是一种双边关系

在赞助营销中涉及赞助方与被赞助方，两者缺一不可。在赞助营销中，赞助方通常为企业等商业性质组织，赞助营销的目标在于获取商业利益。被赞助方通常为一些事业性组织，如体育组织、公益事业等，被赞助方参与赞助营销的目标是获取生存和发展的资金或实物。以奥运赞助营销为例，参与奥运赞助营销的赞助商通常都是具有雄厚资金实力的企业，他们参与奥运是希望借助奥运来实现树立企业形象等商业目标。奥运赞助营销的被赞助方是奥运会的各级组织者，即国际奥委会、奥运会组织委员会和各国（地区）奥委会。

2. 赞助营销是一种关联关系

通过赞助营销协议，赞助方和被赞助方就形成了一定的关联关系。这种关联关系的存在，使赞助营销双方，特别是赞助方可以充分利用被赞助方的优势开展自身的商务活动。例如，在奥运会赞助营销中，众多企业争先恐后，竞相争夺奥运会的赞助营销权，实际上就是为了获得与奥运会的关联关系，只有通过正式的赞助营销协议，企业才获得了可以将企业自身与奥运会关联在一起的资格和权力。成为奥运赞助商后，企业可以将奥运会的标志印制在企业产品上，也可以在各种宣传场合中表明自己的赞助商身份……所有这些权利的获得都是基于赞助营销双方的关联关系，而非赞助商。如果将企业自身与奥运会的标志结合在一起，则会引发法律纠纷。

3. 赞助营销是一种平等交换关系

在赞助营销中，赞助方与被赞助方结成关联关系，是通过双方的交换行为达成的。在交换中，赞助方付出的是资金或实物，被赞助方付出的是各种赞助权益，如给赞助营销者冠名权、标志使用权、专利使用权、促销权利等。这种交换关系是在双方平等、共同获益的条件下达成的。根据交换理论，如果有任何一方觉得交换双方的交换条件不对等，交换则不能达成。在赞助营销中，只有赞助营销双方认为交换条件是合理且对等的，赞助营销协议才可以达成。仍以奥运赞助营销为例，每一届奥运赞助营销的 TOP 赞助商的赞助营销费用都会上升，为什么还有企业愿意成为 TOP 赞助商呢？原因就在于，企业认为成为奥运 TOP 赞助商后，奥运会所富含的无形资产可以为企业带来巨大的商机。例如，联想花费 6500 万美元成为奥运会 TOP 赞助商，就是看中奥运会可以帮助联想提升国际形象，助力联想的国际化战略。

4. 赞助营销是一种营销战略

赞助营销协议帮助赞助方实现了与被赞助方之间的关联关系，借助这种关联关系，赞助方既可以开展各种营销活动，将消费者对被赞助方的喜爱转移到自己身上，也可借助被赞助方的受众拓展自己的目标客户，还可借助被赞助方来改善自己的合作伙伴关系。例如，韩国三星公司通过赞助营销奥运会，将奥运会巨大的无形资产巧妙地和自身相联系，塑造了国际企业形象；同时，利用奥运会受到全世界人民喜爱的特点，将三星通信产品拓展到世界各个角落。

二、赞助营销的独特性

赞助营销作为一种营销职能，在履行职责的过程中，经常与广告、公共关系等一些其他营销手段相结合使用，这就容易造成人们在认识上和实践上的误解和混淆。为了准确地把握赞助营销，人们需要将赞助营销与一些容易混淆的概念加以比较和区别。

1. 赞助营销与广告

广告是广告主通过支付广告费用来传播信息的一种方式，其目的在于推销商品、劳务服务、推进一种事业或引起刊登广告者所希望的其他的反映。广告信息通过各种宣传工具，传递给它所想要吸引的观众或听众。广告不同于其他传播形式的特点在于它是由广告主付给传播媒介一定报酬来获得传播信息的权利。

与广告相比，赞助营销的独特性主要体现在如下几个方面。

一是二者获得的权利不同。赞助方通过赞助协议可获得多项权利，如冠名权、商标使用权、专属广告位等赞助协议所规定的权利；而广告方通过广告协议获得了在媒体上发布信息的权利。二是二者的表达方式不同。赞助传递的是一种巧妙、隐蔽的信息；广告则是直接、公开向消费者传递信息。三是二者的效果不同。赞助如果成功，会在消费者和企业之间建立一种持久的利益关系；广告如果成功，则会激发人们短期的购买行为。四是二者涉及方的数量不同。赞助关系中涉及企业、被赞助方、媒体、中介组织等；广告则只涉及企业、媒体、中介组织等。

2. 赞助营销与事件营销

事件营销，又称为活动营销，是企业通过策划、组织和利用具有名人效应、新闻价值以及社会影响的人物或事件，引起媒体、社会团体、消费者等公众的兴趣和关注，以求提高企业或产品的知名度、美誉度，树立良好品牌形象，并最终促成产品或服务的销售目的的手段和方式。

从定义可知，事件营销与赞助营销既有联系也有区别。从两者之间的联系来看，事件营销和赞助营销都是通过对大众关注的热点事件进行策划、组织和宣传。甚至在某种程度上，赞助营销是事件营销的一种形式。但从组织形式、战略地位、回报形式等方面两者又有一些显著差别。具体来说，两者主要的区别有：

一是两者的组织形式不同。赞助营销是一种受到协议保护且具有一定排他权的营销方式。而事件营销的组织形式则没有同赞助营销一样的相对固定的模式。二是两者的战略地位不同。赞助营销在企业中常常被作为一种企业战略，而事件营销则被企业视作一种营销策略来运作。三是两者的回报方式不同。赞助营销的回报手段丰富且具体，而事件营销的回报手段则很难被直观判断出来。四是两者的管理模式不同。赞助营销管理既涉及对企业自身赞助营销行为的管理，也涉及与赞助营销有关各方；而在事件营销中，企业只需对自身的营销行为作出管理，企业对所借用事件则较缺乏管理和引导的可能性。

3. 赞助营销与捐助

捐助是指向组织或个人进行的无偿帮助和赠送。捐助与赞助营销的发展在历史上同出一源，都是从资助发展起来的。历史上，资助泛指一切向他人提供资金、财产、物品甚至力气等帮助他人的行为。虽然同出一源，但在现代社会中，赞助和捐助却有着很大的区别，主要体现在以下几方面：

一是两者的性质不同。虽然都是由企业来出资或出物，但是从性质上看，捐助是一种社会公众性的经济救助行为，体现的是慈善性、公益性和非营利性；而赞助营销是一种企业与被赞助方之间的等价交换行为，即企业为了获取被赞助方的某种资源。二是两者的回报不同。虽然都是为他人或组织提供财务帮助，但捐助者通常不求从受捐助者处获得回报，捐助者的目的主要在于帮助他人（或组织）；与捐助的无偿目的不同，在赞助营销中，赞助商对被赞助方有着直接而明确的回报要求。

4. 赞助营销与公共关系

公共关系是组织运用有效的传播手段，使自身适应公众的需要，并使公众适应组织发展需要的一种思想、政策和管理职能。公共关系的核心目标是塑造组织形象，公共关系的主要手段是公共关系传播与公共关系活动。赞助营销作为一种企业营销战略，在履行职责的过程中，常常需要借助公共关系的手段来促进赞助营销战略的成功。因此，公共关系和赞助营销之间的区别常常被人忽略。但是从目标、运作周期、效果等方面来看，两者之间还是有显著区别的。

一是两者的目标不同。公共关系的主要目标是塑造组织形象，从而赢得公众的信赖、好感、合作与支持；赞助营销的目标则要比公共关系的目标复杂。公共关系的核心目标为树立企业形象，赢得公众好感，因此，良好的公共关系运作可以取得让“公众喜欢我”的效果；在赞助营销中，赞助商的目标除了形象方面外，还有其他方面的目标，如推动销售、拓展合作伙伴关系等目标。二是两者的运作周期不同。公共关系作为一项维护和改善组织形象的管理职能，其运作的周期应该是长期的；而赞助营销是组织的一项营销战略，其运作周期与组织所赞助的项目有关，是一个有着始点和终点的封闭周期。三是两者所涉及的参与方不同。在公共关系工作中，组织是公共关系的主体，所有的公共关系活动，都是由组织发起，并通过传播这个中介，向公共关系的客体——公众采取公关行动而展开的；而在赞助营销活动中，赞助商不仅借助大众媒体等传播渠道，还会借助其所赞助项目的无形资产来对公众产生影响。

三、赞助营销的目的

赞助方开展赞助营销的目的是多种多样的，常见的营销目标有以下几种。

1. 增加企业知名度

增加企业知名度或品牌知名度是学者们公认的企业赞助营销目标之一。学者们认为，企业往往将赞助营销作为一种传播手段来实现增加企业或品牌知名度的目标。企业通过对赞助营销关系的宣传，可以增加赞助营销关系的知名度，进而增加企业的知名度。根据米纳汉（Meenaghan,1991）所提出的企业赞助营销的多层级目标框架显示，赞助商进行赞助营销的初级目标是增加企业或品牌知名度；另外，还有一些更复杂的目标，如树立企业形象、建立关系等；最终目标则是希望消费者可将对被赞助方的好感转移到赞助方上来。

2. 树立企业形象

树立企业形象也是常见的赞助营销目标。增加企业知名度是较为浅层的赞助营销目标，对于许多知名企业来说，他们进行赞助的目的并不在于增加企业知名度。赞助营销经验丰富的赞助商设定了更高层次的目标，即树立企业形象和建立关系等。企业有时还希望通过赞助营销活动来加强企业形象或改变企业形象。赞助营销可以树立企业形象的原因在于赞助可以帮助赞助方将被赞助方的形象向赞助方的形象转移。赞助方通过开展一系列整合营销活动来建立与被赞助方的联系，从而将被赞助方在目标受众中已经建立的形象与赞助方自身形象联系在一起。体育赞助非常有利于赞助商树立企业形象。因为体育活动可以产生很强的情感和积极的形象。

3. 增加企业销售

希望增加销售或增加市场份额是企业进行赞助营销的主要目标之一。许多企业都在赞助计划中明确列出量化的销量增加目标和市场份额目标。例如，有调查显示，在 1996 年欧洲杯足球赛期间，嘉士伯啤酒的销量增加了 69%，而同业普遍的销售增长只达到了 55%。

4. 维护企业社会关系

随着赞助营销行为的日益成熟，企业进行赞助营销也有了更多的目标。除了企业已经广泛关注的赞助营销目标：知名度、形象和销售外，建立和维护企业的社会关系也成了许多企业的赞助营销目标。

企业社会关系目标主要包括：改善企业与社会的关系，改善企业与客户的关系，改善企业与员工的关系等。越来越多的企业认为承担企业社会责任，改善企业与社会的关系是企业进行赞助营销的最重要目标之一。许多企业认为，通过赞助奥运会等大型体育赛事可以获得赛事提供的门票、贵宾室、专属停车场等贵宾接待服务，有效地利用这些接待服务可以增进企业和员工的关系，也有利于改善企业和目标客户的关系。

四、赞助营销的种类

赞助营销的种类繁多，可以将体育赞助按照赞助内容、赞助对象、赞助级别、赞助周期等标准进行分类。

1. 按赞助内容分

按赞助内容可以将体育赞助分为实物赞助、现金赞助和技术赞助等类别。实物赞助是指赞助商通过向被赞助方提供具体物品来进行赞助；现金赞助是指赞助商直接向被赞助方提供资金来进行赞助；技术赞助是指赞助商向被赞助方提供技术支持来进行赞助。

2. 按赞助对象分

赞助营销的对象，也就是被赞助方所属的行业类型是多种多样的。常见的赞助对象有体育赞助、艺术活动赞助、博览会赞助等。其中，体育赞助是所有赞助对象中最受青睐的一种。

3. 按赞助级别分

按赞助级别可以将体育赞助分为冠名赞助、独家赞助、联合赞助等类别。冠名赞助是指被赞助方所组织的活动（如体育比赛等）以赞助方（包括个人、企业、单位、机构、组织等）的名称为前缀而展开；独家赞助是指某活动只有一家赞助商来进行赞助；联合赞助是指某活动由几家企业共同完成赞助工作。赞助级别不同，赞助方所获得的赞助权益会有差别。通常而言，冠名赞助商所获得的权益比独家赞助商所获得的权益多，独家赞助商所获得的权益比联合赞助商所获得的权益多。

4. 按赞助周期分

按赞助周期可以将体育赞助分为长期赞助和短期赞助。赞助周期超过一年的赞助被视为长期赞助，赞助周期在一年以下的赞助被视为短期赞助。赞助周期和赞助效果有一定的关系，通常而言，长期赞助容易取得较好的赞助效果。

第二节　体育赞助概述

一、体育赞助的概念

体育赞助是赞助营销在体育领域的表现。体育赞助是指赞助方给体育组织提供现金或实物等方式的支持，获得与体育组织（包括组织所管理的赛事、人员等）直接关联的权利；赞助方利用与体育组织的关联权利来进行一系列的营销活动，从而实现赞助方商业目标的一种营销方式。有数据显示，体育赞助是赞助营销的主流。世界范围内的大多数赞助营销活动都是体育赞助活动。体育赞助是现代企业营销中一种行之有效的方式，有助于企业达成提升企业形象、扩大产品销售、提高市场竞争力等战略营销目标。

二、体育赞助的起源

据史料记载，古罗马时期有一位贵族，为了讨好罗马帝王自愿支付了竞技场一天的奖赏费用。这种行为并不是一种慈善行为，这位贵族是想借资助比赛而获得帝王的回报，这在本质上与今天的体育赞助无异。然而，现代意义上的体育赞助始于19世纪中叶，交通运输业是最早运用现代意义体育赞助的行业。1852年，美国的一家铁路运输公司向哈佛和耶鲁大学的赛艇队提供了免费的运送服务，并大力宣传此事，借以吸引上千名体育迷搭乘该公司的火车去现场观看比赛，于是，现代意义上的体育赞助出现了。而大规模的正式体育赞助始于20世纪60年代的英国，壳牌、埃索和BP等三家跨国石油公司于1965年共投资1000万西德马克赞助1.5公升级的汽车大赛，取得了在参赛汽车上粘贴一圈公司招牌贴纸的回报，从而开创了企业大规模赞助运动项目的先例。英国和美国分别于1966年和1970年做出明文规定，不允许在电视上发布香烟广告，随之而来的是香烟产量及销量急剧下滑，烟草业遭到巨大的打击。商家灵机一动，将巨额广告费用拿来赞助体育比赛，并取得了良好的效果，从而带动了更多企业对体育赞助的重视，带动了体育赞助的蓬勃发展。在许多国家，广播和电视上也禁止为烈酒发布广告；因此，在很长一段时间内，烟草商和烈酒商成了体育赞助的主力军。由于烟草及烈酒对人体健康的有害性，许多国家出台了法律法规严禁烟草企业进行赞助活动。但我们必须承认的是，烟酒商们在体育赞助方面取得的成功，极大地促进了体育赞助活动的发展。体育赞助活动在1984年洛杉矶奥运会之后受到了社会的广泛关注。1984年洛杉矶奥运会对体育赞助的快速发展有着举足轻重的作用。由于洛杉矶奥运会在体育赞助方面取得了巨大成功，使赞助商和被赞助商都看到了体育赞助所蕴藏的巨大商机。此后，体育赞助的作用逐渐得到了人们的重视，更多的企业参与到了体育赞助中来。

三、体育赞助的特点

1. 体育赞助的商业性

商业性是体育赞助最重要的特点，赞助方进行体育赞助的主要目的在于吸引消费者关注，从而为赞助方带来相应的商业利益。2008年，TCL成为广州亚运会的赞助商，TCL围绕亚运会开展了一系列赞助活动。在活动结束后，TCL彩电销售额大增，甚至在菲律宾当月的销售额一举超过了当地2008年全年的销售额。

2. 体育赞助的隐含性

体育赞助与广告等营销方式相比其传播信息的方式较为隐蔽，其诉求点隐含在赞助行为之中。无论是现场还是电视机前的观众，他们的注意力都会被运动员所吸引。那么运动员服装以及运动器械上的各种赞助商标识也随之进入观众的视野。由于这些赞助商标识不是单独出现，而是依附于其他载体以背景的方式出现，因此会减少观众过分的反感；观众在潜移默化中接受了赞助商的宣传。

3. 体育赞助的广泛性

体育赞助的广泛性既体现在体育赞助是所有赞助对象中最常见的一种，也体现在体育赞助普遍地出现在各种体育活动中。体育赞助的广泛性，是众多企业十分看重的一点。即使是数字媒体广告和电视广告，虽然传播较广，但人们都有很强的主观选择性，可以直接跳过不感兴趣的广告，因而其实际传播效果有限。体育赞助大都和体育比赛紧密相连，每逢重大体育赛事，现场观众的人数都十分惊人，再加上网络、电视、广播等媒体的报道和转播，从而涵盖全地区、全国甚至全世界，受众面极大。例如，2018 年俄罗斯世界杯的观众人数达到了创纪录的水平：35.72 亿人次，这超过了四岁以上世界人口的一半。

4. 体育赞助的经济性

传统的广告宣传往往都要投入大量的人力、物力、财力，才能达到预期的宣传效果。如果企业在电视上投放一次广告，广告的时间往往只能以秒来计算。而一场体育比赛通常持续几十分钟甚至几小时。此外，比赛运动员服装以及赛场四周挡板上的广告出现的时间几乎等同整个比赛的时间。由于比赛往往要重播和回放，广告画面可多次在电视荧屏上重复，展现在观众面前；因此，体育赞助可以通过更少的花费取得更长时间的广告宣传，其传播收益远高于传统广告。

5. 体育赞助的精准性

一项体育赛事的观众往往都有一个相对固定的群体，因此企业可以根据自己的产品和定位进行更有针对性的体育赞助。例如，联邦快递认为美国高尔夫球巡回赛代表了可靠精准，观看高尔夫球的观众大都十分看重这点，而这些特点正好与联邦快递的企业文化不谋而合。联邦快递通过赞助美国高尔夫球巡回赛成功地宣传了自己的公司形象，为公司进一步开拓市场吸引消费者打下了良好的基础。

6. 体育赞助的风险性

体育赞助是个十分复杂的活动，整个赞助持续的时间较长，涉及的组织机构和人员都较多，因而不确定因素也很多。其中任何一个环节出现了问题，都会对赞助收益造成影响。同时，赞助收益还在很大程度上依赖于赞助赛事本身的精彩程度。这些都要求企业在进行体育赞助时要谨慎选择，按照自身特点以及赛事的具体情况进行赞助。

四、体育赞助的体系构成

体育赞助体系一般由被赞助方、赞助方、中介方、传媒方、消费者五个部分构成。

1. 被赞助方——体育组织

体育组织是体育赞助的被赞助方，也是体育赞助的卖方。首先，体育组织为了更好地实现体育赞助的目的，应不断进行自我完善，提高自身可赞助资源的数量和质量，为进一步扩大营销赞助规模打下基础。其次，体育组织需要更好地与赞助方合作，及时为赞助方提供帮助，尽量满足赞助方的利益需求。

同时，体育组织在赞助的过程中应该平衡赞助方和被赞助方的关系。既不能为了实现赞助目的获得赞助回报而对赞助方一味索取，忽视自身建设，也不能为了迎合赞助方的无理要求，而做出损害自身形象和违背体育精神的行为。

2. 赞助方——赞助企业

赞助企业是体育赞助的赞助者，也是体育赞助的买方。它在体育赞助中的任务是向被赞助方体育部门提供金钱、物资、人员或技术等支持，以换取冠名、广告、专利和促销等商业回报，从而达到扩大和加强与目标受众之间的沟通，提高企业和品牌的知名度、美誉度和顾客忠诚度等目的。赞助企业在赞助过程中应给予体育组织必要的支持，高度尊重体育组织所肩负的职责和独立自主的地位，才能确保双方的合作顺利进行，实现自身的利益追求。同时，赞助企业在赞助期间应该开展整合营销活动，促进赞助关系被更多消费者认知，从而有助于取得良好的赞助效果。

3. 中介方——体育经纪人

体育经纪人包括从事体育经纪工作的个人、法人和其他经济组织。它是体育赞助的卖方和买方之间的中介。其获得利润和报酬的途径主要是通过中介服务。

为此，其主要任务是向赞助方和被赞助方提供协调、代理和经纪服务，促成赞助交易；或者作为赞助双方的代理人，负责具体策划、筹备、营销和运作赞助等相关事项。体育经纪人既可以是个人，也可以是公司。

由于体育经纪人，特别是以经纪体育赞助为主的经纪人，是这方面的行家里手，拥有丰富的专业知识、技能和经验，信息比较灵通，具有成熟完备的营销手段，有些大型体育经纪公司还拥有国际、全国或地区性的经纪网络；因此，他们无论在促成赞助交易方面，还是在提高赞助质量和效益方面，都能发挥巨大的作用。在发达国家，体育经纪人已经成为体育赞助联合体不可或缺的一个组成部分，在我国其重要性也与日俱增，逐渐发展为一个日渐壮大的热门行业。

3. 传媒方

传媒是大众传播媒介的简称，包括电视、广播、报纸、杂志、网络、广告载体等多种媒介形式。当今的体育赞助必须与传媒大力配合，借助传媒的力量进行传播和推广。体育赞助的优势就在于信息传播力强，覆盖面广，受众数量大，效果好。而这些优势的形成和发挥都离不开传媒。无论是在赞助活动开始前的铺垫、包装和宣传中，还是在活动期间及活动结束之后的转播、报道和评论中，传媒方都功不可没。当然，体育赞助，特别是许多由体育赞助所激活的精彩赛事，也为传媒的报道提供了大量的素材和机会，并丰富了其报道内容；反过来，这也为提高其声誉、扩大其销路、增加其广告数量创造了良好的条件。

4. 消费者

这里的消费者既指体育组织的消费者也指赞助企业的消费者。通常赞助企业希望通过赞助体育组织将体育组织的消费者变成自己的消费者。如何有效地将体育组织消费者的注意力转移到赞助企业身上，并接受和参与赞助企业的各种营销活动是体育赞助取得成功的关键。因此，消费者也是赞助关系中的关键一环。

五、体育赞助的功能

1. 对赞助方的功能

（1）提升企业美誉度。体育赞助使赞助企业与某一体育组织相联系，借助体育组织本身的积极形象来提高企业的美誉度。运动员在体育赛场上所表现出来的“更快、更高、更强——更团结”“永不言败”等体育精神是一种健康向上的精神。当赞助企业与体育组织通过赞助关系连接在一起时，有效的赞助活动将把这种积极的体育精神和赞助企业相结合，对企业产品和品牌形象产生“增值”效应。

（2）维护企业社会关系。体育赞助可以获得赛事组织者在接待票证等诸多方面的优惠和照顾政策，这为赞助商带来了利用体育赛事争取生意及合作的机遇。在 2000 年悉尼奥运会期间，11 个国际性赞助商都邀请了其数以千计的客户及合作伙伴去参观奥运会，这为赞助商提供了与合作伙伴及客户增进感情、交流、谈判及签订协议争取新投资或客户的机会。赞助大型赛事还有利于增进组织与政府间的关系。

（3）为企业提供商机。体育赞助有利于企业接触体育组织的目标消费者，扩大其潜在的消费者群体，促进销售额增加，这是通过一般的纯粹商业性行为所难以实现的。体育具有很强的号召力，由于它富有激情，充满活力，兼具精彩与刺激，受到了全球跨越民族、性别及年龄观众的普遍理解和欢迎。体育赞助可以将体育消费者对体育的忠诚转换成对赞助企业产品的购买力，并给赞助企业带来巨大的商机。例如，2018 年俄罗斯世界杯决赛全球观看人数超过 11 亿人次，这个庞大的观众群都可能是赞助商的潜在消费者。呈现在体育赛事的企业广告取得的效果是传统的广告无可比拟的。又如，1996 亚特兰大奥运会，可口可乐花费了 1 亿美元的赞助费，最终可口可乐借助奥运会吸引的消费者实现了盈利高达 21% 的增长。再如，2002 年韩日世界杯上，现代汽车投入了大约 1000 亿韩元的赞助费，获得了 60 倍以上的效益。

2. 对被赞助方的功能

（1）增加收入，提高活力。目前赞助所得收益已成为许多体育组织的主要财源之一。赞助解决了经费不足的困难，增强了体育的活力。国际奥委会目前的运作费用有 42% 来自赞助，1996 年亚特兰大奥运会赞助总值为 6 亿美元，占总预算的 1/30 ；2002 年盐湖城冬奥会组委会对外宣称，他们的赞助目标总额约为 3 亿美元，相当于总收入的 33% 。

（2）促进各类比赛的开展。通过体育赞助，体育组织获得了举办各类比赛的经费支持。奥运会、世界杯以及各单项世锦赛的顺利举办都与赞助商的支持分不开。在国内，我国的全运会、城运会以及各单项全国锦标赛的成功举办也得益于体育赞助在我国的快速发展，这些赛事无论是举办的次数还是规模都较以往有了大幅度的提高。

（3）促进运动水平的提高。体育赞助让各国运动员都有了更加充足的经费，可以参加更多的国际赛事。优秀运动员之间的频繁交流可以极大地促进运动水平的提高，同时还能丰富运动员的国际比赛经验，比赛的观赏性因而得以提高。另外，赞助也有助于提高运动员、教练的收入，有利于稳定和巩固现有教练、运动员队伍，有利于后备人才的培养和成长。

延伸阅读：赞助商变卦

2017 年 9 月 12 日，现代汽车公司突然宣布，从今年起停止赞助中国女子高尔夫球公开赛。在距离开赛只有 3 个月的情况下，赞助商突然宣布退出赞助，这让主办方措手不及。11 月 21 日，主办方正式宣布，原计划将在 12 月中旬举行的 2017 中国女子高尔夫球公开赛，将停办一年。此前，由泰格·伍兹基金会主办的美巡赛华盛顿站同样因为没有找到冠名赞助商，不得不终止了与国会乡村俱乐部之间的办赛合同。

（来源：女子高尔夫球中巡赛将停办一年（有删节）. 搜狐体育 .2017 - 11 - 08. https://www.sohu.com/a/203166269_114977）

第三节　影响体育赞助效果的因素

体育赞助是一项高风险的营销活动，高额的赞助费投入，不一定能带来高额的赞助回报。影响赞助商取得赞助效果的因素很多，大体可分为两种类型：选择体育赞助项目时的影响因素和执行体育赞助过程中的影响因素。

一、选择体育赞助项目时的影响因素

1. 被赞助的体育组织自身形象

体育组织形象是对体育赞助效果具有重要影响的因素。事实上，在企业体育赞助实践中，选择形象好的体育组织也是赞助企业的共识。企业进行体育赞助的目的之一就是借助体育组织良好的形象来提升自身形象，因此，体育组织的形象对赞助企业而言至关重要。可以说，没有任何一个企业在挑选被赞助体育组织时，会选择一个声名狼藉的组织。但是，由于体育所具有的竞技特征，使体育组织形象具有了不确定性。体育赛场有如战场，瞬息万变；赛场上的挫败，会使体育组织形象受损。由于赞助营销具有的形象转移作用，体育组织形象的恶化可能会牵连到赞助商形象的恶化。因此，为避免体育组织形象恶化对赞助商形象带来不良影响，赞助商应该预先制定好体育组织形象变化的风险预案。并在赞助营销过程中，与被赞助方保持积极有效的沟通，密切关注被赞助方的情况。

2. 被赞助体育组织与赞助企业的契合度

体育赞助双方契合度的高低将影响体育组织的正面形象向企业形象的转移，影响企业知名度的建立等体育赞助成功的各个方面。因此，体育赞助企业需要选择与自己契合的体育组织。企业与体育组织的契合是指企业与体育组织具有较高的匹配度。赞助双方之间的契合主要体现在功能契合、形象契合、目标市场契合和价值观契合等方面，因此，企业可从功能、形象、目标市场、企业价值观等四个方面寻找与自己契合的体育项目。

（1）功能契合。功能契合是指企业产品可以为体育赞助赛事所使用。要实现功能契合，企业可从体育赛事的各个组织和运行环节中寻找体育赞助机会，也就是说体育赞助企业要参与到体育赛事的组织和运行过程中去。例如，体育器材企业可为体育组织举办体育赛事提供所需器材；高科技企业可以为体育组织举办体育赛事提供所需的计算机系统等科技产品；大众消费品企业可以为体育组织举办体育赛事提供观众所需的各项消费品。功能

契合使赞助商可以用产品实物为体育组织举办体育赛事提供赞助营销，这不仅减少了体育赞助费用对企业资金的占用比例，还使得赞助商可以将自身的产品卖给体育赛事的组织者，使产品可以在体育赛事的组织和运行过程中得以使用，获得经济效益。值得注意的是，赞助商还可以通过对这种供应关系的宣传扩大产品的知名度和美誉度，从而获得更好的赞助营销效益。

（2）形象契合。形象契合是指赞助商形象与体育组织形象相似。许多企业在开展体育赞助时都希望借助体育组织形象来塑造或改善自身企业形象。事实上，树立良好的体育组织形象确实可以实现这一目标。但是，需注意的是，当企业自身形象和体育组织形象差距显著时，如果要达成良好的形象转移效果，那么企业需要付出更多的营销努力。研究表明，形象相似的赞助营销双方更容易产生形象转移效果；而形象差距显著的赞助营销双方，往往会使消费者对企业的赞助营销身份产生疑虑。因此，企业在挑选赞助营销项目时，应考虑体育组织形象是否与企业形象相似。如果差距显著，那么企业需付出更多的营销努力，以使消费者对企业的赞助营销身份予以认同，从而实现赞助营销成功。

（3）目标市场契合。现代营销早已步入了市场细分的时代，对于目标市场的争夺，已成为企业生存与发展的战略制高点。谁获得了目标市场的青睐，谁就将获得长足发展。但是由于科技的迅猛发展，导致产品同质化较高。企业如果不采用有效的传播手段，那么产品很难脱颖而出。作为一项公众喜好的活动，体育常可有效地接近企业难以企及的目标市场；这对于希望抢占市场先机的企业来说，体育赞助营销不失为一种良好的传播媒介。

赞助企业挑选赞助项目时，应该将企业的目标市场与体育组织的目标市场进行对比分析，应选择与企业自身目标市场契合的体育组织。对于生产大众消费品的企业，可以选择大众体育项目，如奥运会、全运会等比赛项目。例如，可口可乐选择奥运会进行赞助营销就是很好的目标市场匹配的成功案例。作为全球最大的软饮料公司，可口可乐公司生产超过500种饮料品牌，在全球进行销售；对于一个销售范围如此庞大的目标市场来说，没有比奥运会更好的宣传载体了。现代奥运会拥有长达百年的历史，是世界上最高竞技水平的综合性体育盛会，其影响力遍布全球各大洲。可以说有人的地方，就有体育运动；有体育运动的地方，就有人关注奥运会。奥运会的巨大影响力，与可口可乐的目标市场需求不谋而合，因为可口可乐的目标市场定位就是“有人的地方”。可口可乐希望做到只要是有人的地方，就有可口可乐售卖。正是由于奥运会的影响范围与可口可乐的目标市场完美匹配，因此，从1928年阿姆斯特丹奥运会可口可乐公司向美国代表团提供了上千箱饮料的赞助开始，可口可乐就一直坚持其奥运赞助策略；而这一策略，也带给了可口可乐公司巨大的成功。据媒体数据显示，2008年北京奥运会期间，可口可乐公司仅在奥运场馆内就实现了2500万瓶的销售，带动全球的销售更是数不胜数。

当企业进行体育赞助时，应结合企业自身的特性考虑目标市场匹配的问题。对于自身产品专业性较强的企业来说，应选择与自身目标客户类似的体育项目。专业性强的企业如果选择大众体育项目，不仅耗资巨大、收效甚微，可能导致企业形象受损。例如，生产高尔夫球服装的企业去赞助一个基层运动会，不仅不能取得良好的销售业绩，而且可能有损其提供高端服装的形象。

（4）价值观契合。企业文化、企业社会责任等价值观问题对企业各项营销策略都有显著影响；因此，企业选择与自身价值观相同或相近的被赞助方，有利于更好地与被赞助方沟通，并充分利用各项赞助营销权利，实现赞助营销目标。

体育赞助的发展壮大与烟草企业的大力支持密不可分。早期的体育赞助金额中有超过70%的金额来自烟草企业。烟草企业对体育赞助的贡献不可谓不大，但是为何现代体育项目中的赞助商名录中已经看不见烟草企业的踪影了呢？究其原因，主要在于烟草企业的价值观，特别是烟草企业的社会责任与体育项目的社会责任大相径庭。体育项目崇尚自然、绿色、运动等积极向上的健康理念，而吸食烟草有害人类健康是世所公认的。巨大的价值观差异，导致烟草企业对体育项目的赞助不断受到公众的质疑；因此，即使烟草企业提供的赞助金额可观，体育项目也不再接受烟草企业的赞助了。

虽然赞助营销双方的契合主要体现在功能契合、形象契合、目标市场契合、价值观契合等方面，但这并不是说，赞助营销双方要在这些方面都得到契合。但是，赞助方至少要选择有一个方面与自己契合的赞助营销项目；并利用这一契合点来进行营销传播，从而引发消费者心目中对两者关系的联想，进而在消费者心目中树立赞助营销身份，并最终实现赞助营销目标。如果已经选择或希望选择的体育项目与赞助方在以上几个方面都不契合，那么赞助商应该付出更多的营销努力，充分地利用各种传播手段来宣传赞助营销关系，并通过所赞助营销的体育项目来传达企业的赞助营销身份，从而在消费者心目中营造双方之间的契合度。

二、执行体育赞助过程中的影响因素

1. 赞助企业的体育赞助目标

研究表明，体育赞助目标对企业赞助营销成功具有积极的促进作用。体育赞助目标是体育赞助是否成功的评价标准，同时也是指导体育赞助执行过程的风向标。体育赞助行为不同于慈善行为，企业在投入巨资进行体育赞助时，是希望获得相应回报的。评价体育赞助是否成功应该看体育赞助是否达到了企业的预期目标。如果企业制定了明确的体育赞助目标，那么管理人员在执行体育赞助的过程中，就可以有所侧重，而不会无所适从；评估人员在评估体育赞助效果时也会有标准可依。

许多企业都认为他们已经为赞助营销设置了明确的目标，但是事实上，他们的目标往往还停留在提高企业知名度、增进品牌影响力等难以测量的目标上。由于企业制定的空泛目标导致企业在实际操作中难以选择测量方法和测量样本。因此，在制定体育赞助目标方面，企业应根据企业战略需要，并在对企业资源和能力进行全面论证的基础上，制定SMART的体育赞助目标。也就是说，企业制定的体育赞助目标要明确、可量化、可实现、以结果为导向及有时限性。

2. 制定整合营销传播战略

整合营销传播手段的运用是企业在执行体育赞助过程中需要特别注意的问题。在体育赞助中整合运用广告、公共关系、人员促销、网络营销等多种传播手段，并将企业内部资源进行有效整合，将体育赞助看成是企业的一项整合营销战略，可以使体育赞助关系得到广泛传播，体育赞助身份得以树立，从而实现体育赞助效果的达成。因为，将体育赞助与其他传播手段整合在一起可以产生协同作用，即整合营销传播手段与单一传播手段相比可以发挥更大的作用。

国内外有许多企业在体育赞助执行过程中都已经采用了整合营销传播手段来配合体育赞助目标的达成。企业在进行整合营销传播时应使企业内部各个部门都对体育赞助目标的实现担负起相应的责任，如战略部门应负责制定整合的体育赞助战略；营销部门应负责利用广告等传播手段宣传体育赞助关系，将体育赞助与企业知名度提升、企业形象改善等联系起来；销售部门应将特定赞助营销产品与特定的目标客户联系起来；人力资源部门应负责对企业内部员工进行赞助营销知识的培训，将企业文化塑造与体育赞助相联系等。

此外，对于内部有多个体育赞助项目的大型企业来说，整合营销传播战略还要求企业内部各个项目应按照企业的整体战略目标进行统一协调，并考虑广告、公关、促销、网络营销、电话营销等传播手段的整合运用。

3. 伏击营销的影响

伏击营销几乎是每一个赞助商都会面临的挑战，精心策划的伏击营销也会很成功。由于不用投入巨额的赞助营销费用，伏击营销者的营销费用相对充足。竞争对手伏击营销的成功，意味着赞助企业的失败。伏击营销的形式是多种多样的，企业在进行体育赞助时须尽可能地消除其他企业通过伏击营销对消费者的误导，以使体育赞助取得预期效果。

第四节　体育赞助管理

对于赞助企业而言，体育赞助是一项高投入、高风险的企业活动，为了实现企业体育赞助目标，取得良好的赞助效益，降低赞助风险，企业需要对体育赞助进行系统的、科学的管理。

企业在进行赞助管理时，可以按照一般管理原则，将体育赞助管理分为以下五个步骤。

第一，确定赞助营销目标。在确定体育赞助目标时一定要服从企业整体发展战略，要在企业战略思想的原则、目标、要求指引下确定相应的体育赞助目标。企业确定的体育赞助目标要具有明确、可量化、可实现、以结果为导向及有时限性的特点。要使赞助目标成为整个体育赞助过程中指导所有参与体育赞助管理人员的风向标。

第二，建立评估标准。在确定体育赞助目标后，企业要将目标进一步细化，建立可衡量的评估标准。

第三，确定赞助计划。好的目标需要有好的方案来实现。企业需要为体育赞助制定详细的计划，明确将开展的营销活动具体内容，准备使用的方法和手段及为实现这些活动需要做出的各项准备等。

第四，执行赞助计划。按照既定的赞助计划有序地执行。执行过程中如碰到突发情况，则应根据实际问题，在不背离原有体育赞助目标的情况下进行适当调整。

第五，评估赞助效果。在体育赞助活动告一段落后，依据体育赞助目标和评估标准对体育赞助效果进行评估。

在进行体育赞助管理时需注意以下几个问题：一是从企业战略角度思考体育赞助问题，体育赞助一定是要为企业的整体战略服务，受制于企业的整体战略。二是在体育赞助营销管理中，为了增加体育赞助的精确性，要灵活运用目标市场战略，明确体育赞助活动的目标消费者，并思考如何通过体育赞助活动在目标消费者心目中确立明确的产品和品牌定位。三是在选择体育赞助项目时应全面系统地考量各种影响因素。四是要将体育赞助和企业整体营销活动整合起来，通过各种营销手段的配合，尽可能地扩大体育赞助效果。五是建立风险管理体系，对体育赞助过程中可能出现的各种风险做好风险预案。六是完善企业体育赞助效果评估体系，通过评估体育赞助效果，来判断企业在体育赞助活动中的得失，为下一次的体育赞助活动积累经验和教训。

第五节　伏击营销

一、伏击营销的含义

赞助商在执行体育赞助活动的过程中，需要对来自竞争对手的伏击营销予以有效打击。伏击营销对企业取得体育赞助成功造成严重的威胁。

伏击营销又称隐性营销、寄生营销、隐蔽营销、埋伏营销，是一个组织把自己间接地和一个赛事联系起来，以便获得一个官方赞助商应有的某些认可和利益的一个有计划的努力或运动。从广义上讲，伏击营销不仅仅限于这种直接和故意的误解，而是某些公司未经授权或相关当事人的同意而与某一事件或活动产生联系，从而利用该活动的名誉和声望的行为。从狭义上讲，伏击营销是指一方用各种方法削弱或攻击竞争对手通过赞助而获得的与体育组织的官方正式联系。

延伸阅读：女球迷涉嫌“伏击营销”

2010 南非世界杯期间，在荷兰队对阵丹麦队的比赛中，36 名荷兰女球迷在上半场比赛中突然脱掉外衣，身穿印有一家荷兰当地啤酒商名字的橙色迷你裙，在比赛中不停地唱歌欢呼，而这家名叫巴伐利亚的荷兰啤酒商并非南非世界杯官方指定赞助商。国际足联以她们涉嫌伏击营销而将她们赶出了赛场。

（来源：荷兰女球迷涉嫌"隐性营销"或判监禁6个月（有删节）. 新华网：2010－06－15日. https://worldcup.qq.com/a/20100615/003627.htm）

二、伏击营销产生的原因

1. 提高企业知名度

奥运会、世界杯等大型国际性活动都是大众关注的焦点，是新闻媒体争相报道的对象；因此，其不仅沟通对象面广量大、有针对性，而且非常有利于企业进行自我宣传。企业成为这些活动的赞助商，可以大大提升消费者对于品牌的信任度，进而提高产品或服务的销售。所以众多企业即使没有获得官方赞助商的资格，还是要想尽一切办法进行伏击营销，进而达到宣传自身提高知名度的目的。

2. 赞助费用越来越高昂

成为官方赞助商的费用极其昂贵，目前呈持续增长的态势，使得一些企业对官方赞助资格更加难以企及。国际奥委会的统计显示，从1988年开始，国际奥委会在TOP计划中取得的收入从9500万美元增长到2000年的5.5亿美元，几乎每4年翻一倍；同时，TOP计划的门槛也不断抬高，从1984年的400万美元之后，每一期企业赞助费都在上升，到2008年北京奥运会TOP赞助商的准入费飙升到6500万美元。一般的企业都无法承受如此高昂的费用，因而现在许多企业都试图通过伏击营销的方式，吸引公众的注意力，以节省高额的赞助费用。

3. 赞助存在巨大风险

奥运会、世界杯等大型体育赛事都蕴含着前所未有的巨大商机，这也使众多企业趋之若鹜，都希望能够抓住这样一个难得的商业机遇。但是，赞助和效益往往不能画等号，赞助是一项高风险高投入的投资行为。如果企业只关注赞助商的称号，没有很好地利用赛事平台进行营销，那么最终很可能一无所获。赞助行为本身也是一把"双刃剑"，暂且不论动辄数千万美元的投入能取得多少收益，一旦产品、技术或服务出现失误，这些失误都会通过赛事平台被无限放大。

4. 相关法律法规不健全

由于法律制度的不健全，当发生伏击营销时，许多受害的赞助商都无计可施；而且，目前相关的法律诉讼程序费时、费力、费财，许多公司为了避免麻烦，都不愿意采用法律程序；此外，有时对伏击营销者们提起诉讼或者仲裁，反而会增加这些伏击营销者的曝光率和知名度。因此，赞助商们尽量避免用诉讼程序解决问题。如今，许多国家和地区都高度重视伏击营销现象，已经陆续开始制定相应的法律法规来抵制伏击营销。

三、伏击营销的方式

1. 在赛事会场附近进行宣传活动

在赛事会场附近进行宣传活动，是最常见的一种伏击营销方式。通常赛事举办地都会有较大的客流量和曝光度，因而当企业无法成为官方赞助商时，其往往会利用赛事举办地本身的便利条件在赛事场馆周边进行伏击营销。例如，1996 年亚特兰大奥运会，没有成为奥运会官方赞助商的耐克公司，无法进入比赛场地进行广告宣传，也不能使用奥运会的标志；但是为了借助奥运会达到宣传的目的，耐克公司在比赛场地附近打出了自己的品牌标志，并销售相关产品。由于地点接近比赛场地，客流量很大，销售情况非常好。耐克公司还给观众发放了印有耐克标志的旗子；观众在自发地挥舞旗子的同时，并没有意识到这些耐克标志已经被众多的摄像机无意间传播到世界各地了。

2. 对个别代表团或运动员进行单独赞助

对个别代表团或运动员进行单独赞助，是投入最小、效果最佳的伏击营销手段。参加大型体育赛事的体育代表团往往人数众多，企业需要投入大量资金赞助整个代表团，这时企业为了节约资金，会选择一些明星运动员进行单独赞助，充分发挥明星运动员的影响力，达到宣传效果。例如，在 1992 年巴塞罗那奥运会上，锐步运动服是美国运动员的指定领奖服。但是当时美国篮球“梦之队”中，有 6 人是耐克的代言人；因此，他们以与耐克签约在先而拒绝执行这一规定，虽然最后美国奥委会取得了胜利，美国队身穿官方领奖服上台领取金牌，但乔丹等人却扛着一面美国国旗，让垂下来的旗面挡住了“Rebook”的标志。

3. 购买比赛期间的广告时段

购买比赛期间的广告时段是一种隐蔽性很强的伏击营销。许多观众都会将在电视上转播体育比赛期间播放广告的商家当作是比赛的官方赞助商；因此，这也成为伏击营销的一个有效的方式。例如，1992 年法国阿尔贝维尔冬奥会，维萨（VISA）是这届冬奥会的官方赞助商，但是美国运通卡（American Express）购买了电视、网络等媒体上与 VISA 相近的广告时间，结果电视观众误以为 VISA 和运通卡都是这届奥运会的赞助商。

近年来，由于各国法律法规的健全，对伏击营销的打击日益增多，使得伏击营销的形式更加多样化且更加隐蔽。

四、打击伏击营销的策略

企业打击伏击营销的策略主要有以下几方面。

1. 与所赞助营销的体育项目组织方联手打击伏击营销

想要更好地消除伏击营销带来的影响，赞助商应和被赞助体育项目组织一起携手共同打击伏击营销。通常情况下，体育项目组织方比企业在打击伏击营销方面更有力量。因为，体育项目组织方将就体育项目的组织和管理问题更多地与政府、媒体、公众等各方接触。如果被赞助方愿意并采取有效措施打击伏击营销的话，那么所取得的效果将更好。例如，为保护体育赞助商的利益，国际奥委会通常会在《主办城市协议》中要求各主办城市在奥运期间对所有与奥运相关的场馆、饭店、机场等相关处所，进行各项伏击营销调查，凡是赞助商的竞争对手产品及其企业（品牌）名称、标志都不得在奥运相关场所出现。例如，在北京奥运会期间，可口可乐是赞助商，所以在奥运会场馆、奥运官员及运动员所下榻的饭店，是绝对看不到百事可乐的身影的。由被赞助方出面，可以在更大范围内打击伏击营销，从而最大化地保护赞助商的权利。

2. 与所赞助体育组织的主要媒体方建立联系

大型赛事的转播商对扩散体育赛事影响有着非常重要的作用。由于地理、经济、政治等因素，到体育赛事举办场馆观看体育赛事的人数是有限的。更大范围的公众是通过电视、广播、网络等媒体来收看、收听体育赛事情况的。因此，购买了体育赛事转播权的媒体机构在体育赛事举办期间将吸引众多的该赛事体育迷。赞助企业应结合自己目标市场的区域特点，与拥有转播权的赞助商建立联系，并利用整合营销手段对体育赞助关系进行传播，以免被竞争对手抢占先机。

3. 充分利用一切赞助权利

赞助企业应充分利用所获得的一切体育赞助权利，来树立赞助商身份，不给竞争对手可乘之机。例如，体育赞助企业可以利用所获得的赞助商接待权益，款待大客户和媒体，使客户和媒介充分认识企业的赞助商身份，进而将体育赞助商的身份识别传播出去；又如，赞助企业可以在体育赛事举办场馆、饭店、机场等一切所赞助的体育赛事拥有专属权的地方充分陈列企业产品，充分展示其体育赞助商身份等。

总之，赞助商在体育赞助期间应充分利用一切可利用的体育赞助资源和权力，积极主动地发起体育赞助传播攻势，不给竞争对手可乘之机。并在必要之时，利用法律手段保护自己的权益。

重要概念

赞助营销 事件营销 体育赞助 冠名赞助商 独家赞助商 联合赞助商 功能契合 形象契合 目标市场契合 价值观契合 伏击营销

复习题

1. 什么是赞助营销？赞助营销和广告、事件营销、公共关系、捐助等概念有何区别和联系？
2. 体育赞助有何特点和功能？
3. 体育赞助效果受到了哪些因素的影响？
4. 什么是伏击营销？伏击营销对赞助商有何影响？
5. 如何打击伏击营销？

案例思考：中国画卷幕后公司断臂求生

2008人击缶而歌、29枚“大脚印”沿中轴线迈向鸟巢、代表中国文化的巨幅画卷徐徐展开……2008年8月8日，第29届奥林匹克运动会在北京鸟巢开幕。时任国际奥委会主席的罗格评论北京奥运会称：“这是一届真正的无与伦比的奥运会。”

为了这场无与伦比的盛会，64家中外企业以合作伙伴、赞助商或供应商的形式，与北京奥组委建立合作。查阅当年奥组委公布的名单，近70%是中国本土企业，除了实力雄厚的国企，一些规模较小的企业也纷纷入局。

成为北京奥运会最高级别的合作伙伴至少需要6500万美元，而最低级别的供应商也要4100万元人民币，这还仅仅是参与竞争成为赞助商的门槛，最终脱颖而出者往往要花更多的钱。

成为赞助商并不意味着此后可以高枕无忧，躺着挣钱。有数据显示，1996年亚特兰大奥运会200多家获得赞助权的企业中，大约只有25%有所回报，大部分企业只收获了短期效益，有些甚至血本无归。

回顾北京奥运会赞助商的发展变化，不难发现，赞助奥运会是一项风险与机遇并存的投资。

2008年8月8日晚，北京奥运会开幕式进入第四篇章，一副巨大画卷慢慢展开，而后依次展示中国的四大发明。这幅画卷其实是通过地面上庞大的LED屏播放出来的，其背后的供应商是一家名为水晶石的数字科技的公司。除了负责开幕式上的145.5米“卷轴”地幕，水晶石还为奥运会提供了鸟巢顶部碗边环幕的数字影像内容和现场转播屏幕上的部分内容。

曾经，水晶石只是一家“小作坊”。1995年，创始人卢正刚拿着从父母那里借来的1.2万元，在北京一间18平方米的办公室里，带着两位合伙人成立了一家图像设计工作室。在最初的几年间，水晶石主要为房地产商制作三维建筑效果图。当时中国的建筑市场正在蓬勃发展，需求旺盛，像水晶石这种小作坊每年也能有百万左右的收入。

2000年，卢正刚做了一个冒险的决定：用300万元赞助北京申奥。当时，水晶石只有不超过50名员工，300万元是公司三分之一的财产。2001年7月13日，北京申奥成功，水晶石与奥组委开始了长期的合作。2006年8月2日，北京奥组委宣布，水晶石成为2008年奥运会图像设计服务供应商。在与奥组委合作的8年间，水晶石的业务范围从建筑可视化拓展至影视特效、商业演示等诸多领域，营收从千万级别上升至5亿元人民币，员工数量增至2000余人，在北京、上海、新加坡、迪拜等多个国内外大城市成立分公司。

北京奥运会后，水晶石迎来鼎盛。新加坡、迪拜政府邀请水晶石为其制作三维立体效果的城市规划图；2009年3月，水晶石成为伦敦奥运会官方影像供应商和赞助商，这也是首家与伦敦奥组委签订赞助协议的中国公司；2010年，水晶石作为上海世博会指定供应商，制作的动态版《清明上河图》，成为中国馆的“镇馆之宝”。

过快的发展速度为水晶石埋下隐患。2014 年 3 月 25 日，一篇名为《别哭，水晶石》的文章开始在网上传播。文章引用卢正刚在 2014 年新年给公司全体员工发送的电子邮件，邮件中卢正刚称："2013 年对我们所有人来说，都是艰难的一年。"

位于北京的水晶石影视传媒科技有限公司自 2014 年 3 月 25 日起停产、停业、员工待岗。据卢正刚的邮件透露，水晶石已经减员近 1000 人，其中北京减员将近 500 人，十多个部门被裁撤，多名公司高管离职或被调整。当时，关于"水晶石破产"的传言一度甚嚣尘上。3 月 28 日，水晶石董事长卢正刚就破产传闻发文回应称，目前实际情况是"北京水晶石改制，把大公司拆小，私有化，解决长期以来发展遇到的天花板问题"。

《别哭，水晶石》一文中提到，为了品牌上市，2008 年后，水晶石拼尽全力拉高签单额、融资，在世界范围增加分公司办事处。另据《新金融观察家》报道，水晶石为求业绩增长，承接大量项目，其中包括一些水晶石本身并不擅长的项目。但因为未能满足创业板对盈利的要求，2013 年 3 月，证监会发布公告，包括水晶石在内的 12 家拟上市公司终止审查，水晶石上市失败。

（来源：杨雅芳．北京奥运最惨赞助商：裁员千人陷倒闭疑云；有人上市不成改微商．AI 财经社．http://www.ymcall.com/artinfo/968223224080464424.html）

思考题

1. 水晶石为什么会在赞助北京奥运会后迎来鼎盛期？
2. 你认为水晶石的奥运赞助是否取得了成功？为什么？
3. 水晶石公司的案例给你哪些启示？

第十二章 体育新媒体营销

本章学习目标

1. 理解体育新媒体的内涵，掌握体育新媒体的相关概念。
2. 掌握体育新媒体营销的几种主要渠道。
3. 认识体育新媒体营销的未来发展趋势。

案例导入：谁能“让你在现场”

随着移动互联技术不断发展和完善，媒体行业进入了大变革时代。作为媒体行业的分支，体育媒体自然也避免不了重新洗牌，而在这个过程中腾讯体育在众多体育媒体的竞争之中取得了优势，开始引领体育媒体的变革趋势。

从2016年1月开始，腾讯体育在自己直播的赛事前开始插播一支主题为“不只是说，让你在现场”的宣传片。这是腾讯体育将“在现场”的品牌口号与自身的优质解说员资源相结合，从而推出的一支宣传片，旨在向用户传达腾讯体育希望让用户时刻感受“在现场”的品牌理念。

其实，“在现场”不仅是腾讯体育的品牌口号和理念，同时也是体育媒体在移动通信技术变革大浪潮下应追逐的方向。中国的体育媒体经历了传统纸媒和电视台的1.0时代、tom和新浪引领的2.0时代，如今已经进入了3.0时代。

不同时代的用户对体育媒体有不同的需求，体育媒体1.0时代由于信息的匮乏，用户只求能了解更多体育资讯即可，电视台播放什么比赛就收看什么比赛。2.0时代的用户已经开始有了更多个性化诉求，他们不再满足于电视台和报纸提供给自己的内容，每个人都希望看自己想看的东西，tom和新浪便由此应运而生。

如今，移动互联技术已经逐步完善，4G 网络也已经普及，用户的个性化需求也因此进一步提升。他们不仅有看自己想看的比赛的诉求，同时还要求直播质量的提升、直播视角的多元化、直播的互动性等等。而追根溯源，这些诉求大多是为了还原观看体育赛事时在现场的那种氛围和体验。

知易行难，想要做到全方位满足用户需求、提供“在现场”的观赛体验并不容易。腾讯体育在2015 年经历了一系列大动作后，终于逐渐在这方面获得了行业与用户的认可。

在拿下 NBA 版权后，腾讯体育斥资修建演播厅，云集各路名嘴，在直播中尝试上帝视角，引入虚拟现实和增强现实等技术。所有这些举措，都是围绕“在现场”的品牌口号和理念所做。

回到前文所说的宣传片，这个片子由杨毅、苏群、柯凡、王猛、马健、刘家超、李毅、李金羽、杜莹莹、苏东共 10 位腾讯体育解说团队成员出镜。不仅展现了腾讯体育强大的解说团队资源，同时再次向用户展现了腾讯体育所坚持的“在现场”理念。宣传片以一种创意拍摄手法，将主持人融入了真实的比赛环境中。这种解说方式当然不可能成真，但无疑最直观地展现了腾讯体育所秉持的“在现场”品牌理念。

在国务院 46 号文发布的背景下，体育产业已经进入了集中爆发期。不同的公司在体育产业中选择了不同的定位，腾讯体育已经将自身定位为媒体，无疑腾讯体育已经通过 2015 年的出色表现，在体育媒体传播进入 3.0 时代后率先发力。

（来源：体育传播进入 3.0 时代，谁能“让你在现场”. 微信公众号体育大生意，2016－01－27.）

体育组织运用新媒体手段来进行营销已经成了一种潮流和趋势，本章就将对体育新媒体营销展开介绍。

第一节　体育新媒体营销

一、体育新媒体营销的概念

在当代汉语词典里，媒体是指传播信息的工具，如报刊、广播、电视等。但对于新媒体，目前学术界仍没有一个准确权威的定义。“新媒体”概念的出现至少可以追溯到 20 世纪50年代，加拿大学者马歇尔·麦克卢汉做了名为“电子革命：新媒体的革命影响”的演讲，尽管当时提及的概念与现今的相关定义有所差别，但也为后人提供了研究方向。随着信息社会的到来以及科技的不断进步，新的媒介形态不断涌现，新媒体开始不断被广泛应用。美国《连线》杂志把“新媒体”描述成“所有人对所有人的传播”，意思是指每个人都可以在媒介传播活动中成为传播主体。联合国教科文组织关于新媒体更是有过一个相当简洁的定义，即新媒体就是网络媒体。

新媒体是一个快速滚动和随时推进的概念，想要在新的信息时代下寻求新媒体的定义，应该从媒体互动的新方式、媒体技术的新融合、媒体产品的互相依赖与交叠等众多因素中去寻找。本书中，我们倾向于将“新媒体”理解为以“数字媒体为核心的新媒体”，它是通过数字化交互性的电脑、手机等多媒体终端向用户提供信息和服务的媒体形态。新媒体营销就是借助新媒体技术、渠道和软件来创造、交流、传递和交换对顾客、股东、合作伙伴等组织利益相关者有价值的产品的活动过程。

在世界信息化的过程当中，体育以其独特的魅力吸引了数以亿计用户的广泛关注，成为新媒体传播中不可或缺的重要内容。新媒体技术发展改变了体育用户的习惯与需求，推动体育传播向更丰富更精彩的方向发展，增强了用户体验。体育相关的信息和服务是体育新媒体传播和吸引受众的主要内容。体育新媒体营销就是借助新媒体平台传播体育相关的信息和服务，实现组织营销目的的一种营销方式。

新媒体所具有的内容多样性、即时性、互动性等优势对传统媒体产生巨大冲击，对体育组织、企业经营策略和内部运营结构产生巨大的影响。新媒体也深刻改变了体育产品与服务制造、传输和消费方式。

在许多体育相关领域中，新媒体营销传播已逐渐成为重要的传播方式，促进了体育营销传播模式的变革。

二、体育新媒体营销传播的特点

1. 传播主客体多元化

新媒体传播打破了传统媒体中媒体与受众分明的界限。人们既可以是新媒体的客体，是信息的受众，也可以是体育新媒体传播的主体，是新媒体信息的生产者和发布者。传统媒体时代对媒体消费者的称呼——受众，已经不再适宜。新媒体形式给了人们更多的选择性，即使是作为信息的受众，也可以根据自己的意愿自由选择自己想看的信息。借由新媒体的开放性，普通人也可以成为信息的生产者和发布者。与传统媒体“主导受众型”不同，新媒体时代，人们有了更多的自由，可以发布新闻、自由阅读，信息接收者和传播者可以瞬间进行角色转换，主客体之间的界限变得越来越模糊，传播方式发生了实质性的改变。

2. 传播内容全面且复杂

信息化时代让世界各地的喜爱体育的人们都可以通过互联网共享到全球不同的体育信息资源，而新媒体拥有海量信息资源的多渠道媒体优势是其他传统体育媒体所不能及的。

新媒体使用者可以利用网络、智能手机等各种媒介手段对体育赛场上或者体育产品本身的问题加以探讨，传播内容丰富，涉及体育社会生活的各个方面。但由于新媒体打破了传统媒介“把关人”拥有的信息准入特权，使得传播过程中的内容参差不齐而又比较复杂。

3. 受众的组织形式发生了变化

著名学者布卢默将最初的媒体受众定义为大众：他们不仅数量多、分布广泛，而且彼此之间没有沟通和交流，互相不知晓，有意识或者无意识地成为线性信息传播模式下的终端接受者。由此可见，在传统媒体时代，媒体受众是分散的，相互间的交互极少。而在新媒体时代，互不相识的媒体消费者可以借助新媒体平台的互联互通性，相互之间进行交流和沟通，形成各种媒体消费者群体，对社会舆论产生影响。在生活中，我们已经屡屡可以看到各种虚拟社团，虚拟球迷组织发挥出巨大的影响力。

4. 改变信息的传递方向

传统媒体时代，受众被动地接收信息传送者推送的消息，传播方式是单向的；现如今的新媒体则改变了传统的传播方式，实现了由单向变为双向，由一点对多点变为多点对多点的传播方式。

5. 传播速度快，反馈及时

新媒体传播是一种数字化传播方式，它不受印刷、运输、发行等外界因素的干扰和限制，传播速度快、时效性强，信息发布接近于没有障碍，人们只要持有能连接网络的终端设备，就能第一时间接收到全球各地的体育赛事信息，真正实现了无时间、无地域限制。同时，由于其超文本的设计，给用户带来了诸多便利和好处，用户在阅读信息时，能按照自己的意愿和想法，实现内容的选择与跳转，实时地评论发表自己的看法，更好地适应用户主体地位及联想的思维规律。

三、体育新媒体营销的目标

体育组织希望新媒体营销达成的目标也许各有侧重，但总体来说，主要有以下几个目标：促销与品牌推广、加强客户关系管理、促进产品销售及市场调研。

1. 促销与品牌推广

体育组织使用微博、微信等新媒体渠道向消费者传递产品和品牌的信息，增加人们对品牌的了解和喜爱，树立品牌形象，激发消费者对产品的购买欲望，促使消费者购买。

2. 加强客户关系管理

大数据、移动互联等新媒体技术，为组织提供了记录消费者购买信息、页面浏览信息等客户信息的可能性。借助先进的数据挖掘和数据分析技术，组织可以更加了解消费者，同时也可以更有效地向消费者传递产品和服务的信息，加强与消费者的联系，增进组织与消费者的情感联结，提高消费者的忠诚度。

3. 促进产品销售

体育组织的网站、电商平台等新媒体购物平台成了许多人的常用购物平台。在新媒体购物平台上，新媒体技术可以多角度、全方位展示产品，让人们即使没拿到产品，也可以了解产品的实际情况，弥补了非现场购物的不足。新媒体购物平台的用户评论让消费者了解产品的角度更加丰富。体育组织运用新媒体购物平台可以向消费者提供更多了解产品、购买产品的渠道和方式，促进销售额增加。

4．市场调研

新媒体技术的开放性、互联互通性等特点使得新媒体平台上产生了海量的用户数据，营销人员通过对这些数据的分析和整理，可以了解和发现消费者的态度、兴趣、偏好、生活方式等有趣且真实的信息。这为营销者进行市场调研提供了新的思路和方法。

第二节　体育新媒体营销的主要类型

随着互联网和大数据时代的来临，移动碎片化的阅读模式成为主流，应运而生的新媒体营销也成为赛事推广的必要手段，尤其进入2010年后，以电脑网络媒体和手机媒体为主导的新媒介呈现出井喷式发展。

一、微博体育营销

微博始创于美国，也称作微型博客，英语称为microblog，是一个基于用户关系的信息分享、传播以及获取平台。用户可以通过Web、WAP以及各种客户端组建个人社区，以简短的文字更新信息，并实现即时分享。最早的微博网站是美国的Twitter，创办于2006年并于当年7月面向公众开放，Twitter甚至一度成为微博的代名词。2018上半年中国微博用户规模为3.37亿人，与2017年末相比增长2140万人，在整体网民数量中微博用户数比例达到42.1%。微博作为新兴媒介传播工具之一，其本身具备的媒介特质一改以往书籍、印刷、广播、电视，甚至是互联网门户网站的传播方式，它是网络化、移动化、自主化的统一体。

利用微博来进行体育营销作为一种全新的营销方式，在市场中的应用也不过短短数年时间，为了判断其是否适合体育营销，需要深入分析实际应用中微博营销对于相关企业与体育产品的作用。

1．体育微博营销的优点

（1）营销成本低。体育组织成本通常包括人力资本投入、场馆使用经费、购买转播权等费用 。传统的营销手段与方式需要预定活动场地、采购大量活动工具等，这些都大幅增加了体育组织的成本投入。而微博借助互联网平台实现用户之间随时随地交流，只需要通过微博发布体育产品信息，并通过其他用户的转发评论，扩大宣传范围，取得多米诺骨牌效应，其影响范围及影响力是传统营销方式很难比拟的。

（2）互动性强。微博基于互联网技术实现了信息传播、获取和共享，相较于原有的营销模式，微博营销实现了体育组织与消费者的实时交流。

（3）用户数据量大。以新浪微博为例，截至2019年12月新浪微博的活跃用户有4.3亿，有将近3万的娱乐明星和40多万的关键意见领袖（KOL）。在这庞大的用户中，有普通个人，有政府单位，也有企事业单位，用户类型多而复杂。在微博上，体育组织根据用户的微博内容和个人标签，便能大概了解用户的爱好和兴趣，相对准确地判断出用户是否是潜在的目标客户。对于传统营销来说，营销人员需要许多营销努力才可能获得大量的用户信息。而且，由于微博存在“病毒”传播的特性，如果体育组织“俘获”了一名用户，这个用户通过微博便可以引导有着相同需求的其他用户关注，进而不断地扩大和获得新的客户群。

（4）目标市场匹配度高。新浪微博的用户中，16～25岁的人群在整个活跃用户中占比61%。许多体育组织的目标客户群体也是16～25岁的年轻群体。例如，有数据显示，在中国市场中，耐克公司85%的销售额是由年轻消费者贡献的。对于将年轻人作为目标市场的体育组织，利用微博进行体育营销，可以精准地找到目标客户群体，从而有针对性地开展体育产品或企业产品和品牌文化的推广工作。

2. 微博体育营销的劣势

（1）营销信息不易引起消费者注意。微博平台整体信息量相当庞大，营销者发布的信息可能在一秒内被其他信息所掩盖，其宣传力度可能会有所下降。而且由于一条微博信息承载量并不大，营销人员如何能够在一条或数条微博中尽量全面地将体育产品或者相关企业的详细信息和特点直接传达给用户不是一件易事，并且一旦营销力度掌握不好，还会影响其他方式对于客户的吸引力。

（2）内容同质化严重。微博体育营销尚属于新鲜事物，许多手段和方法仍在探索阶段。部分体育产品以及相关企业在微博营销时缺乏考虑，大量发布一些同质化的信息，或者以硬广告形式推送给用户。这些营销手段与传统的营销手段实际上没有太大的差别，反而可能会引起用户的反感。因此，体育产品在利用微博营销时，一定要注意发布产品宣传广告的时机，并掌握好方式方法，巧用文字、图片和舆论热点来推广。现代社会的人群生活节奏快、空余时间少；因此，只有主题鲜明、信息价值高的微博内容才能够引起情感共鸣。

3. 微博体育营销策略

（1）传播形式新颖。微博是以用户个人为中心的自媒体，由于用户数量庞大且以普通人群为主，因此应以个人的草根文化为核心。每个人在刷微博互相交流时，心态都较为放松，随心所欲。因此，如果微博营销的形式过于传统或僵硬，那么营销效果将会大打折扣。用微博开展体育营销，用语尽量活泼亲切，贴近潮流，手段上则尽量利用微博多媒体的优点，发布一些有趣的体育视频或者图片来吸引受众。例如，李宁为了推广其羽毛球拍，就曾通过微博宣传了许多国家队球员练球时不同球拍所带来困扰的视频，吸引了许多球迷转发，类似于这样的微博能吸引受众的好奇和注意，然后潜移默化地推广营销者的体育产品。

（2）加强与粉丝的互动。微博信息具有时效性的特点，体育组织在进行微博营销时要经常性更新微博内容，让用户能第一时间了解到体育产品及企业的最新消息，不断地增强用户黏性，加深体育产品与用户之间的联系。互动性强是微博的一大优势，体育组织的官方微博应加强与用户之间的交流互动，并对用户所提及的问题和建议及时反馈，以便建立起体育组织与用户之间更为紧密的联系。

（3）合理利用热点。如果想要巧妙推广体育产品并且经常性保持关注度，就要学会在平淡时期制造话题，从而保持曝光率。要充分利用近期体育热点和话题。这些业已形成的体育热点往往已经吸引了不少用户的目光，所以在进行微博体育营销时，通过对这些热点信息的二次传播，可以吸引更多用户的关注。当然，体育组织不应只是简单转发热点信息，而应将最新的体育热点与体育组织建立起相应的联系，这样可以受到更多用户的关注和转发，达到营销目的。2012 年伦敦奥运赛场上，刘翔因伤退赛，无数中国观众再一次感到痛心。而作为刘翔赞助商之一的耐克公司，及时地在其官方微博上发布了“谁敢在巅峰从头来过，即使身体伤痛，内心不甘。让 13 亿人都用单脚陪你跳到终点。活出伟大，一起为飞翔而战！”的文案，不但让近千万受众对耐克适时且又精美的图片和微博口号津津乐道，而且也对刘翔的遭遇感到同情和惋惜。耐克通过微博营销，不但成功地进行了危机公关，而且还进一步巩固了耐克在消费者心中的良好印象。需注意的是，在借助热点进行营销的同时，要谨记合法、合理、有底线的原则，不能逾越法律的界限，否则将会导致体育组织声誉受损，陷入不必要的麻烦漩涡。

二、短视频体育营销

短视频是近年来兴起的网络社交新媒体，目前短视频尚未有明确的定义，相较于长视频，短视频范围比较宽泛，从几秒钟到几分钟不等。体育短视频则是体育与视频的结合，可以实时播放与体育密切相关的信息，是一种在智能终端中传播体育相关信息，以此来满足受众信息需求的一种视频形式。体育短视频营销则是一种依据体育视频来发布相关信息，树立良好形象，增强体育产品宣传与服务，实现营销目的的一种营销方法。对于体育营销者而言，体育短视频营销的主要目的在于提升体育产品和服务的价值，而这也是短视频营销的价值所在。

1. 短视频体育营销的特点

（1）信息立体化且难以复制。相较于其他新媒体形式，短视频的信息内容更加丰富和立体化，可以在短时间内传递声音、文字、动作等多种信息，这是图片、文字等其他媒介形式所做不到的。此外，不同于图片、文章等容易被复制粘贴的缺点，短视频可以添加水印、原创作者联系方式等，能够一定程度上保护原创内容作者的权益。短视频“短”的特点，在快节奏的生活方式下，尤其受到用户青睐。用户发布的内容只需有特色、内容精彩，就能在很大程度上引起大量用户的转发狂潮，达到大面积传播的效果。

（2）信息有利于记忆。通过调查研究发现，根据人脑的记忆习惯，广告记忆点与视频长度呈反比，即随着视频长度的增加，用户对广告的记忆度将随之下降。相较于 6 分钟视频，人们对于 1 分钟视频的记忆力明显更好。具有趣味性和实用性的短视频会大大地激发用户参与互动的兴趣，加强了用户对于产品的记忆。相较于其他视频营销方式，这种将社交与视频融于一体的短视频营销能使产品的传播效果扩大化，产品和服务的认知度也得到了显著的提升。

（3）短视频体育营销成本相对低廉。在电视媒介投放30秒的广告需要花费不菲的价格，而短视频营销门槛更低，成本也相对减少，这也是短视频营销的优势之一。体育短视频的内容创作者，可以是企业，也可以是个人，其内容制作、用户自发传播及粉丝维护的成本相对较低。

2. 短视频体育营销的注意事项

近年来，体育短视频在各网络平台的广泛传播使得许多品牌商和赛事运营方都看到了其中所蕴含的巨大利益。当我们利用短视频进行体育营销时还应考虑到受众的文化背景、个性和习惯，充分了解用户的消费需求，同时在进行体育短视频营销时应注意以下几个方面。

（1）视频内容。视频内容是短视频能否获得用户关注的重要因素。对于体育组织而言，好的视频内容不仅仅是能够吸引用户注意的，还应该是能够让用户对体育组织产生喜爱、有兴趣等正向态度的内容。如果内容仅仅是哗众取宠，即使用户受到了短视频的吸引，也会看过即忘，无法产生体育组织所期望的营销效果。

短视频体育营销需要视频内容富含趣味和实用的内容。短视频体育营销要在短时间内吸引短视频用户的注意，需要营销者充分利用短视频的社交化属性，一般而言，趣味和实用的内容更容易让用户分享。可以利用体育产品以及热点话题来制作一些有趣味性的短视频。例如，在某短视频平台上，皇家马德里足球俱乐部官方号发布球员们在日常训练和比赛中的短视频及训练比赛外有趣的互动视频，既让用户初步了解到顶级俱乐部及球员的日常工作状态，也进一步拉近了俱乐部与新旧球迷群体之间的距离。在短视频内容上，可以选择发布与体育产品制作与使用相关的实用信息，一定程度上满足用户对于体育产品制作的好奇心，同时也可提升用户对产品的信赖程度。在短视频内容上，体育组组织还可以运用短视频来展示品牌故事和形象。总之，只有短视频内容极具亮点和趣味性才能从多方位刺激用户感官。

（2）用户参与率。我国目前大部分用户尚未养成视频社交习惯。所谓的视频社交，其实也是用户原创内容模式的重构。近年来短视频的迅猛发展使得视频社交在我国得到发展。虽然我国拥有先进的基础通信设施，移动网络普及广、用户基数大等利于短视频传播的客观条件，但我国视频用户的社交习惯并未得到全面培养，这一点，在当前的短视频使用中体现明显。目前，大部分用户只停留在观看视频这一层面，并未进行二次传播。想要提高用户参与率，应该更加重视视频内容质量，并且培养用户的社交习惯，才能更好地将体育产品及服务推广出去。

在进行短视频营销时，要注意与用户受众之间的互动。这种互动能显著提升用户对体育产品及服务的信任感。通过互动，品牌拥有者将更加了解用户的需求，了解用户对于品牌的评价和好感度，并且可以及时对问题做出反馈。同时也可以鼓励用户积极地参与创作更多高质量的短视频，对于用户制作的与品牌相关的高质量短视频，营销者可以及时给予点赞、评价和分享，也可以促使一批用户转化为品牌忠诚者。对于用户在短视频中反馈的问题，营销者可以选择以评价或发布短视频的方式将问题予以澄清，努力减少负面口碑。在品牌发布短视频时，要重视用户的评论，同时也可以“抛砖引玉”，吸引用户参与上传自己的短视频。在与达人合作进行品牌植入时，也要重视达人粉丝的反馈，根据用户的反馈及时调整自己的营销策略

（3）短视频体育营销投放平台。选择合适的短视频体育营销投放平台是短视频体育营销的关键一环。不同的平台所面对的受众不一样，用户基数也不尽相同，一定程度上决定了随后营销者与用户的有效沟通程度。因此选择一个受众广、日均活跃用户数多且与体育组织目标客户匹配度大的平台能更有效地提升营销效果。

三、微信

微信是由腾讯公司在 2011 年 1 月推出的一款即时通信软件，微信具有发送文字短信、语音短信、视频、图片、群聊、朋友圈分享等功能。作为一款免费的即时通信应用，微信因其使用移动手机终端所带来的灵活便捷特性，迅速发展起来，成为最受欢迎的通信工具。

截至 2019 年的数据统计显示，微信用户量达到 11. 12 亿余人次。如此大的用户基数必定成了许多体育赛事方和企业进行体育营销的主战场之一。微信作为国内移动互联网知名手机应用程序，为体育产品或服务的营销都提供了一个资源丰富、成本低、宣传范围广的平台。与微博体育营销、短视频体育营销相比较，微信体育营销具有一定的独特优势。

1. 微信体育营销的优势

（1）点对点精准营销。微信拥有庞大的用户群，借助移动终端及准确定位等技术优势，开展微信体育营销可以将每个信息都推送给所选择的目标用户，并且能够让每个用户都接收到这个信息，继而帮助体育组织实现点对点精准化营销。

（2）微信公众号的营销功能强大。微信公众号是腾讯公司推出的给个人、企业和组织提供业务服务与用户管理能力的全新服务平台。微信公众号具有多种营销功能，包括提供客户服务、传播组织信息、销售产品等。体育组织借助微信公众号平台，可以在成本低廉的条件下，实现多种营销目标。

2. 微信体育营销注意事项

（1）信息传播过度。随着智能手机的普及，微信用户数量呈指数级增长，各类媒体、自媒体也开通并利用微信公众号的相关功能来实现自身利益。但由于部分企业急于通过这一平台进行营销活动，可能会导致过多的垃圾信息被过分渲染，用户频繁接收到各种无聊且繁杂的信息资讯。微信营销的目的之一是吸引用户的关注，但过度营销反而会让用户反感甚至是排斥，对体育组织产生负面影响。

（2）用户个人信息安全风险。微信在人们日常生活中扮演着越来越重要的角色。微信是基于位置信息的社交平台，用户在使用微信的过程中会将位置、通信录、短信等信息留存在微信服务器后台。此外，许多用户将银行卡在内的个人信息与微信绑定。大量的信息保存在微信中，用户的信息安全存在极大的风险。2013 年 9 月曾爆出有人利用微信传播高

危木马病毒的事件，首次将微信平台的安全性暴露在用户面前。此外，有相当一部分企业在通过微信进行营销活动时要求用户授权，对于部分用户而言，他们担心自己的个人信息会因此泄露，甚至可能会被不法分子盗取，从而拒绝授权，不参与到企业的营销活动当中，企业的营销效果也大打折扣。

（3）微信营销手段匮乏。微信营销是近年来才发展起来的一种营销手段，绝大多数的体育组织对微信营销的方式、方法、技巧等还不是十分了解，因此在进行营销时使用缺乏规范、实用的微信营销方法，使得微信营销仅仅存在于形式，用户体验感较低，无法满足用户需求和好奇心；使得品牌推广影响需求并未取得实际效果。

3. 微信体育营销策略

体育组织如果仅仅靠传统或网络媒体来进行产品营销推广是不够的，基于微信庞大的用户群体，体育组织需要借助微信平台进行二次传播来取得更好的营销效果。体育组织在进行微信营销时，应注意策略和方法。

（1）构建专业的微信营销团队。目前大多数的体育组织微信营销能力较弱，微信营销效果甚微。建立专业的微信营销团队，从组织整合营销战略出发，对微信营销进行系统的筹谋和规划是十分必要的。体育组织需要了解如何在微信平台上找到组织的目标消费者，并且思考如何有针对性地发布这些目标消费者感兴趣的议题，让这部分目标消费者对组织的满意度和忠诚度得到逐步提升。

（2）丰富微信发布的内容。体育组织可以通过官方微信公众号发布组织新闻、组织动态、新产品预告、商品打折、促销活动等信息，也可以发布一些与组织产品不直接相关，但与组织价值观、使命、愿景、所处行业等相关的内容与动态，在用户脑海中逐步树立品牌形象。企业发布的内容和形式可以多样化，既可以是图片、音频、文字，也可以是短视频等。例如，耐克公司经常在公众号上发布其新品的预热推送，也会时不时在用户朋友圈页面或者文章末尾处插入宣传产品的短视频或者微电影。此外，发布时间应选择在用户使用微信高峰时间段更新信息。一般用户同时接收信息的数量有限，因此企业发布信息的频率要适度，尽量不要刷屏，确保企业发布信息能够让绝大多数用户看到。

（3）注重微信内容推送后的互动性。体育组织进行微信营销时要与用户群体形成良好的互动关系，积极地、及时地与用户进行讨论和交流，构建有效的信息交互渠道。耐克的官方公众号经常在其文章后面使用欢快有趣的言语与用户交流沟通，从而进一步拉近了体育组织与用户之间的距离。体育组织最好能够对用户评论给予及时回复，使用户能够感受到企业是在真正地倾听用户的意见与建议，以此来建立企业与用户之间有效、有趣的交流互动机制。

第三节　新媒体环境下体育营销未来发展趋势与挑战

传统的体育营销传播手段以体育赞助、电视广告、明星代言等为主。在新媒体环境下逐渐发展起来的新媒体营销传播对传统的体育营销传播造成了强有力的冲击。许多体育组织开始倾向于采用新媒体传播来进行营销推广。但传统媒体相对于新媒体具有较高的权威性，体育组织在进行体育营销时，不应完全舍弃传统的营销方式，让新媒体和传统媒体优势互补，高互动性与权威性并重的特性在进行营销时能够产生更好的营销效果。

随着科技的不断进步，移动互联技术的普及范围越来越广，虚拟现实技术（VR）、增强现实技术（AR）、近场通信技术（NFC）、人脸识别等新技术正在被越来越多地运用到体育营销活动中。科技在改变体育产品的同时，也为体育营销传播提供了新的方式，如何与目标群体形成有效的互动是体育组织需要研究的新课题。英国广播公司（BBC）在2018年俄罗斯世界杯期间提供全程VR直播，29场比赛有超高清（UHD），用户可以通过智能手机或获支持的VR头显进入App客户端，让自己置身于俄罗斯的体育场内找到属于自己的豪华私人包厢。比赛期间，球迷可以在最靠近场地的座位观看赛事，也可以在空中包厢俯瞰全场。简而言之，新媒体技术的引入对于用户参与、欣赏体育项目创造了新途径，甚至可以足不出户就能参与互动，同时也让部分小众的传统体育项目重新收获关注度。

随着新媒体技术的进步和新媒体使用人群的快速增加，利用新媒体进行体育营销的手段变得丰富多样，各个领域之间的边界逐渐被打破，多领域结合营销慢慢地成为一种趋势。例如，体育+娱乐的跨界不仅仅将体育人群从单纯的体育爱好者延伸至明星粉丝层面，更能有效触动其他新用户群体，而对于企业或者赛事方而言也可以通过粉丝经济带来丰厚的收益。过往的体育营销比较注重线下宣传推广，如今营销者利用新媒体平台，通过线上互动和线下实体的营销结合，将线上的营销效果导入线下活动，实现体育营销的无缝衔接。展望未来，体育产业与新媒体技术相融合是大势所趋，从而将不断推动体育产业的创新发展。

重要概念

新媒体 体育新媒体 微信营销 微博营销 短视频营销 体育新媒体营销

复习题

1. 什么是体育新媒体营销？
2. 在运用微博进行体育营销时应注意哪些方面？

3. 如何看待未来体育新媒体在市场营销中所面临的机遇与挑战?

案例思考：打破社媒封锁，换了掌门人的 F1 已然走上改革之路

现在的 F1 相比十年前，已经不可相提并论，但在新媒体领域的改变让人憧憬着未来。与 2016 赛季相比，2017 赛季的电视和网络观众都有所增加，其中社交媒体的增长尤为显著。2017 赛季 F1 累计观众总和达到 14 亿，与 2016 年相比增加了 6.2%。其中，排在前四名的市场是德国、巴西、意大利和英国，而且全部呈现积极增长趋势。F1 官方表示，有 3.522 亿独立观众至少看过一次 F1 节目，这是自 2010 年以来该数据第一次没有下跌。

社交媒体方面，F1 总共在 Facebook、Twitter、Instagram 和 YouTube 上拥有 1190 万关注者。与 2016 年相比，这一数据上升了 54.9%，令 F1 成为 2017 年在社交媒介增长速度最快的体育品牌，领先于多项知名运动赛事，包括西班牙足球甲级联赛、欧洲冠军联赛、美国橄榄球职业联赛、英超联赛、美国职业棒球联赛、美国职业篮球联赛、美国职业冰球联赛和纳斯卡赛车。

2017 赛季，F1 在社交媒体和数字平台上花了大量心血，并放宽了对 F1 车队在社交媒体视频内容方面的一些限制；同时，赛事还大大增加了在自己平台上视频内容的数量。2017 年 F1 在 Facebook 上花费的时间比 2016 年增加了 1600%，而 Twitter 上的视频内容有 6400 万的浏览量，比上年增长了 165%。

2016 年 9 月美国自由媒体集团宣布以 80 亿美元的价格收购 F1，曾经为 F1 全球化立下汗马功劳、执掌 F1 四十年的“掌门人”伯尼·埃克莱斯顿被前 21 世纪福克斯媒体集团副主席蔡斯·凯瑞所取代，F1 未来将走向何方开始变得缥缈不定。尽管之前伯尼一直在寻求改变，不惜在媒体面前与全世界为敌，但是依旧没有改变 F1 已经面临许久的困境。

其中一方面便是 F1 吸引新粉丝的能力大幅下降，就连媒体曝光率也大不如前。这不仅体现在电视转播上，即便是赛事举办地的当地媒体也不再买账。就拿中国上海站来说，早期 F1 中国站的媒体报名可谓一票难求，但近两年，媒体数量缩水一大半，赛时的上海国际赛车场的热闹气氛也不同往日。

F1 的逐渐衰退与世界经济大环境不景气有一定的联系，毕竟这是一项烧钱的运动。当各支车队都在尽可能地降低成本，赛事方投入的运营资金有限时，赛事的精彩程度必然打折扣。自由媒体集团想要 F1 这项运动重回巅峰，这就要求新管理层应加强赛事营销方面的建设，将更多的年轻人带到赛场、直播画面前，甚至聊天工具里。在伯尼时代，F1 可从来没想过这些问题，他想的都是技术革新、规格改变，以及控制、控制、再控制，至于车队收入问题，那是他们自己的事。

伯尼时代，F1 对社交媒体使用有着极其严苛的规定，但当 F1 的收视率不断下降，伯尼想到了社交新媒体，如在 Twitter 和 YouTube 上开通 F1 的官方平台来进行品牌推广，但这也仅限于官方，车手个人就没有这个优待了。法国车手格罗斯让就曾经因为在 Facebook 上发布了一段媒体日的视频而被 F1 管理公司勒令删除，这让法国人感到愤怒。

蔡斯·凯瑞准备打破伯尼曾经的“不作为”了，他给予车队以及车手更多在社交媒体上与粉丝交流的自由，允许他们发布更多赛场动态。2018 年 F1 在巴塞罗那开启了新赛季的季前测试，从那时起，官方就发布新的规则，允许车队在自己的社交媒体上发布赛场内的小视频。

2015 年，天空体育还专门就 F1 车手和车队的社媒粉丝数做过研究。虽然从整体来看，F1 运动在社媒上并不算热门，但也没有想象中那么差。综合 Twitter、Facebook 和 Instagram 三大平台，汉密尔顿在所有车手中遥遥领先，放到整个体育界也能排进前十。车队方面，梅赛德斯车队的社媒粉丝数甚至比纽约扬基、达拉斯牛仔还要多。足以见得，F1 并不缺乏社媒关注度，只是 F1 方面并没有将这些资产兑现为有效的经济价值；换句话说，便是 F1 之前没有预见到粉丝对于社交媒体的热爱程度。

相关数据显示：全球近 1/3 的人口正在使用社交媒体，年增幅可达 10%，尤其是北美地区，用户普及率已然接近 60%。另外，受中国用户基础的影响，全球超过四分之一的移动社交媒体用户在东亚地区。在社交化和移动化的媒体时代，唯有发挥其效能，让粉丝价值、媒体价值放大才是正确方式，现如今 F1 终于意识到了这一点。

（来源：打破社媒封锁，换了掌门人的 F1 已然走上改革之路．禹唐体育．2017－03－06. http://ytsports. cn/news－13072. html？ cid＝64）

思考题

1. 为什么新媒体领域的改变对于 F1 未来的发展至关重要？
2. 简要说明 F1 未来该如何利用新媒体科技来发展。